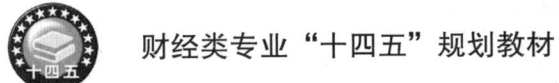
财经类专业"十四五"规划教材

企业财税咨询顾问

QIYE CAISHUI ZIXUN GUWEN

主　编／郑玉亮
副主编／杨若涵　赵婉婷　刘　聪
组　编／厦门网中网软件有限公司

立信会计出版社
LIXIN ACCOUNTING PUBLISHING HOUSE

图书在版编目(CIP)数据

企业财税咨询顾问 / 郑玉亮主编. —上海：立信会计出版社，2024.6
ISBN 978-7-5429-7607-9

Ⅰ.①企… Ⅱ.①郑… Ⅲ.①企业管理-财务管理-研究-中国②企业管理-税收管理-研究-中国 Ⅳ.①F279.23②F812.423

中国国家版本馆 CIP 数据核字(2024)第 091819 号

策划编辑　　王斯龙
责任编辑　　王斯龙
助理编辑　　汤　晏
美术编辑　　吴博闻

企业财税咨询顾问
QIYE CAISHUI ZIXUN GUWEN

出版发行	立信会计出版社		
地　　址	上海市中山西路 2230 号	邮政编码	200235
电　　话	(021)64411389	传　　真	(021)64411325
网　　址	www.lixinaph.com	电子邮箱	lixinaph2019@126.com
网上书店	http://lixin.jd.com		http://lxkjcbs.tmall.com
经　　销	各地新华书店		
印　　刷	常熟市人民印刷有限公司		
开　　本	787 毫米×1092 毫米	1/16	
印　　张	17		
字　　数	372 千字		
版　　次	2024 年 6 月第 1 版		
印　　次	2024 年 6 月第 1 次		
书　　号	ISBN 978-7-5429-7607-9/F		
定　　价	49.00 元		

如有印订差错，请与本社联系调换

前　言

随着金税四期工程的推进,企业更多的数据将被税务局掌握,数据监控也呈现全方位、立体化的特征,国家要实现从"以票管税"向"以数治税"分类精准监管转变。因此,企业在涉税业务中便更加需要精准掌握最新税收政策,利用税收政策,遵守税法的规定。

《企业财税咨询顾问》主要面向高职及应用型本科院校学生。本书从我国现行税制出发,以项目为主题、任务为驱动,对知识点进行分类。全书共有六个项目:项目一财税咨询服务及税收征管概述;项目二从我国最大的税种——增值税出发,介绍增值税的相关政策、税务筹划及纳税申报实例;项目三针对消费税在税务申报和筹划业务中的常见问题进行解答;项目四对企业所得税税收优惠政策等进行详细介绍;项目五针对个人所得税的新变化进行筹划及申报,并将个人所得税最新的热点问题进行总结归纳;项目六针对其他税种(如房产税、资源税、土地增值税、印花税、契税和附加税)进行筹划并对常见疑问进行解答。

本书有以下3个特色:

(1) 内容明确,紧跟税法新政。我国税收政策的不断变化,对企业生产经营产生的影响也随之变化。因此,在编写过程中,编者反复查询相关资料,查看最新的税收政策,以确保涉税业务处理的及时更新。

(2) 不同税种业务涵盖了企业全生命周期。本书从企业的设立、投资、经营等各个环节展开业务咨询,旨在帮助读者全面了解企业在不同阶段可能面临的税务问题,并提供相应的解决方案。

(3) 丰富的案例资源。编者从国家税务总局的官网查询了最新的税务咨询问题,并结合最新的税收政策,列举了一系列税务申报和税务筹划的案例。这些案例旨在帮助读者更好地理解和应用税收政策,提高税务筹划的效率。

本书由黑龙江林业职业技术学院郑玉亮担任主编,由黑龙江林业职业技术学校杨若涵、赵婉婷及湖北恩施学院刘聪担任副主编。郑玉亮负责本书的体系策划和审核定稿,郑玉亮负责项目一至项目四的编写;杨若涵负责项目五的编写;赵婉婷负责项目六的编写。黑龙江林业职业技术学院高级会计师刘耀军、助教徐婧负责对视频资料进行整理与复核,参与本书的编撰工作。本书涉及的企业案例、业务数据由厦门网中网软件有限公司提供,在此表示由衷感谢。

感谢各位读者选用本书,真诚地希望广大读者提出宝贵意见,以便我们进一步修订和完善。

编者
2024 年 4 月

目 录

项目一 财税咨询服务及税收征管概述 ·· 1
　　任务一　财税咨询服务概述 ·· 1
　　任务二　税收征管概述 ·· 6

项目二 企业增值税财税服务咨询 ·· 12
　　任务一　企业设立过程中增值税业务咨询 ·· 13
　　任务二　企业销售业务中增值税业务咨询 ·· 20
　　任务三　企业采购业务中增值税业务咨询 ·· 35
　　任务四　增值税税收优惠政策业务咨询 ··· 48
　　任务五　增值税税收申报实例 ··· 54

项目三 企业消费税财税服务咨询 ·· 82
　　任务一　企业设立过程中消费税业务咨询 ·· 82
　　任务二　企业生产经营过程中消费税业务咨询 ································· 91
　　任务三　消费税税收筹划业务咨询 ·· 111
　　任务四　消费税税收申报实例 ·· 128

项目四 企业所得税财税服务咨询 ··· 134
　　任务一　企业所得税理论概述 ·· 135
　　任务二　企业所得税税收优惠政策 ·· 144
　　任务三　企业所得税税收筹划咨询 ·· 154
　　任务四　企业所得税申报实例 ·· 188

项目五 个人所得税财税服务咨询 ··· 196
　　任务一　个人所得税理论概述 ·· 197
　　任务二　个人所得税筹划 ·· 232
　　任务三　个人所得税纳税申报 ·· 239

项目六　其他税种财税服务咨询 ·· 246
　　任务一　房产税及资源税业务咨询 ··· 246
　　任务二　其他小税种业务咨询 ··· 254

项目一 财税咨询服务及税收征管概述

思维导图

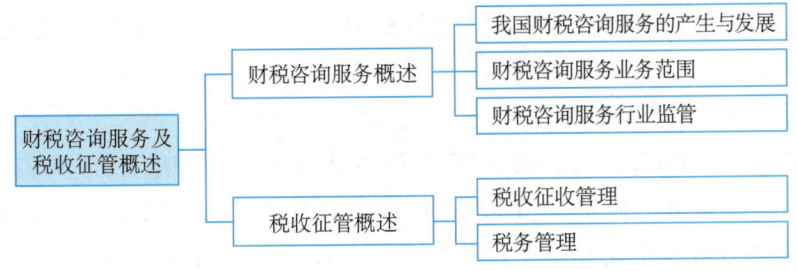

任务一 财税咨询服务概述

案例导入

企业负责人A：您好，我和朋友一起注册设立了一家公司，现有员工300余人，主要从事食品加工生产及销售，请问我的企业应该缴什么税？我应该怎样缴税？哪些费用可以在税前扣除？

财税咨询人员B：您好，我们是财税咨询公司，很高兴为您服务。我们公司可以帮您进行纳税申报、税务风险咨询等业务。

企业负责人A：请问找你们代理办理业务是符合国家法律规定的吗？需要我们提供一些什么资料，怎么保障我们公司的商业秘密？

财税咨询人员B：我们是专业的财税咨询公司，是在符合国家法律的条件下注册成立的，我们有专业的财税人员，一定能为您提供专业、优质的服务。所有的业务都在合法、合规的前提下开展，签订相关协议，保障客户的权益。

企业负责人A：需要单独办理税务登记证书吗？要提供什么资料？

财税咨询人员B：现在我国实行"多证合一"，不用单独办理税务登记证书，统一的社会信用代码即为税务登记证明。如果需要办理税务申报、登记和筹划等业务欢迎来我公司详细咨询。

【知识点1】 我国财税咨询服务的产生与发展

财税咨询服务是市场经济发展到一定阶段的产物,发达国家的财税咨询服务有近百年的历史,而我国由于市场经济起步较晚,财税咨询服务业务仅有40多年的发展历程。但是,随着我国建设服务型政府理念的确立,税务系统大力开展服务型税务机关建设,不断创新税务咨询的方法和手段,推进税务咨询工作科学发展。

(一) 第一阶段:财税咨询服务业务的雏形

1978年十一届三中全会确立改革开放以来,为适应经济发展需要同世界接轨,我国不断探索和进行税收制度改革。为了帮助纳税人准确适时纳税,各个地区退休的税务机关干部和相关人员组建了税务机构,为纳税人答疑解惑,提供政策解读的服务,这便是财税咨询服务业务的雏形。

(二) 第二阶段:财税咨询服务业务的兴起

1988年开始,我国逐步推行税收征管改革,在吉林和辽宁等地开始推行税务代理试点业务,并取得了一定成效。1993年开始实施的《中华人民共和国税收征收管理法》提出"纳税人、扣缴义务人可以委托税务代理人办理税务事宜";1994年国家税务总局颁布了《税务代理试行办法》,我国各地开始有步骤地开展税务代理的试点业务,税务代理市场开始启动,财税咨询服务业务正式兴起。

(三) 第三阶段:财税咨询服务业务的全面启动

进入20世纪90年代中后期,我国财税体制发生了一系列重大变化,以金税工程为代表的税收管理信息化建设实现了重大突破。1996年人事部(2008年改为人力资源和社会保障部)和国家税务总局联合下发了《注册税务师资格制度暂行规定》,标志着我国注册税务师制度的全面推行。2001年,修订后的《中华人民共和国税收征收管理法》明确规定,税务机关应当广泛宣传税收法律、法规,普及纳税知识,为纳税人提供纳税咨询服务。新税制的实施和税收征管的规范化和现代化,为纳税人带来更多的便捷服务。财税咨询服务业务范围拓宽,相关人员的服务意识得以提高。

(四) 第四阶段:财税咨询服务业务的规范完善

进入21世纪,财税咨询服务业务的定位更加清晰,从业人员队伍逐渐壮大,相关规章制度也得以完善。2016年,国家税务总局发布的《关于建立税务机关、涉税专业服务社会组织及其行业协会和纳税人三方沟通机制的通知》,对财税服务机构的相关行为给予了制度保障。2020年10月,为优化和健全财税服务机构的服务意识,国家税务总局出台了财税服务信用积分制度,并于2021年1月1日开始实施。

【知识点2】 财税咨询服务业务范围

财税咨询服务是税务师或者会计师,以及财税相关从业人员利用税收法律和财会的专业知识对纳税人、扣缴义务人以及其他个人或者组织的财税专业请求提供咨询和帮助的服务。该类服务既有有偿的服务也有无偿的服务。财税专业服务机构提供的服务一般为有偿咨询,税务机关则提供一些免费的咨询和服务,但更多的是偏向政策的解读。财税咨询服务主要是有偿咨询,即财税专业服务机构的咨询。财税咨询服务业务的具体范围如下。

(一) 纳税申报代理业务

该业务由相应的机构根据代理人委托,代理进行增值税纳税申报、代理消费税纳税申报、代理企业所得税纳税申报、代理个人所得税纳税申报、代理土地增值税纳税申报、代理房产税纳税申报、代理城镇土地使用税纳税申报以及代理其他税费纳税申报。

(二) 税收策划业务①

该业务是指服务机构根据代理人意愿,依据国家的法律法规,满足对方的需求提供纳税计划、纳税方案的业务。例如,配合委托人战略发展需要和重大经营调整提出相应方案。

(三) 税务咨询业务

该业务包括纳税申报咨询、税务信息提供、税务政策解答、税务事项办理辅导等。

(四) 财税鉴证业务

该业务是指鉴证人接受委托,按照税收法律法规及相关规定,对被鉴证人财税事项的合法性、合理性进行鉴定和证明,并出具书面专业意见的业务。其具体包括企业注销登记鉴证、研发费用税前加计扣除鉴证、高新技术企业专项认定鉴证、其他财税事项鉴证。

(五) 纳税情况审查

纳税情况审查包括企业信息公示委托纳税情况审查、税务机关委托纳税情况审查、司法机关委托纳税情况审查等。

(六) 其他税务事项

其他税务事项包括代为办理信息报告、发票办理、优惠办理、证明办理、社会保险费及非税收业务、出口退(免)税、国际税收、税务注销、财税争议、建账记账等。

特别提示:税收策划、财税鉴证、纳税情况审查,应当由具有税务师事务所、会计师事务所、律师事务所资质的财税专业服务机构从事,相关文书应由税务师、注册会计师、律师签字,并承担相应的责任。

【小试牛刀-多选题1-1-1】 下列各项中,应当由具有税务师事务所、会计师事务所、律师事务所资质的财税专业服务机构从事,相关文书应由税务师、注册会计师、律师签字,并承担相应的责任的有(   )。

A. 纳税申报代理　　B. 税务咨询　　C. 税收策划　　D. 财税鉴证
E. 财税信息技术服务

扫码查看答案解析

---

① 《涉税专业服务监管办法(试行)》国税〔2017〕13号。

【知识点3】 财税咨询服务行业监管

一、实名制管理

税务机关对财税咨询服务行业人员及机构进行实名制管理，依托国家金税平台，建立财税专业服务管理信息库。

（一）财税专业服务机构信息

（1）实名信息包括服务状态、统一社会信用代码、机构名称、法定代表人（执行事务合伙人）、机构类别、证书名称及编号、加入行业协会及行业协会会员编号等。

（2）财税专业服务机构及其财税服务人员有下列情形之一的，由税务机关责令限期改正或予以约谈：①未按照办税实名制要求提供财税专业服务机构和从事财税服务人员实名信息；②未按照业务信息采集要求报送从事财税专业服务有关情况的；③报送信息与实际不符的。逾期不改正的，由税务机关降低信用等级或纳入信用记录，暂停受理所代理的财税业务（暂停时间不超过6个月）；情节严重的，由税务机关纳入财税服务失信名录，予以公告并向社会信用平台推送，其所代理的财税业务，税务机关不予受理。

（二）从事财税服务人员信息

（1）实名信息包括从事财税服务人员的姓名、身份证号、专业资格证书编号等。

（2）财税专业服务机构应当于首次提供财税专业服务前，向主管税务机关报送《涉税专业服务机构（人员）基本信息采集表》。基本信息发生变更的，应当自变更之日起30日内向主管税务机关报送该表。

（三）财税专业服务协议要素信息

（1）实名信息包括机构名称、统一社会信用代码、委托人统一社会信用代码、委托人名称、委托协议采集编号、服务起止时间、服务项目、服务人员等。

（2）财税专业服务机构应当于首次为委托人提供业务委托协议约定的财税服务前，向主管税务机关报送《涉税专业服务协议要素信息采集表》。业务委托协议发生变更或者终止的，应当自变更或者终止之日起30日内向主管税务机关报送该表。

（3）财税专业服务机构难以区分一般税务咨询、专业税务顾问和税收策划三类财税业务的，可按一般税务咨询填报；对于实际提供纳税申报服务而不签署纳税申报表的，可按一般税务咨询填报。

（4）财税专业服务机构跨地区设立不具有法人资格分支机构（包括分所和分公司）的，可选择由总机构向所在地主管税务机关汇总报送分支机构财税专业服务信息，也可选择由分支机构自行向所在地主管税务机关报送财税专业服务信息。

扫码查看答案解析

【小试牛刀-单选题1-1-2】 财税专业服务机构对于实际提供纳税申报服务而不签署纳税申报表的，可按（　　）填报《涉税专业服务协议要素信息采集表》。
A. 纳税代理服务　　B. 纳税申报服务　　C. 一般税务咨询　　D. 专业税务顾问

二、信用评价

财税专业服务信用管理是指税务机关对财税专业服务机构从事财税专业服务情况进行信用评价,对财税服务人员的执业行为进行信用记录。财税专业服务信用信息分为财税专业服务机构信用信息和从事财税服务人员信用信息。

(一) 信用等级评价

省税务机关根据信用积分和信用等级标准对管辖的财税专业服务机构进行信用等级评价。

(1) 在一个评价周期内新设立的财税专业服务机构,不纳入信用等级评价范围。

(2) 每年 4 月 30 日前完成上一个评价周期信用等级评价工作。

(3) 信用等级评价结果自产生之日起有效期为 1 年。

(二) 信用积分

(1) 信用积分为评价周期内的累计积分,按月公告,下一个评价周期重新积分。评价周期为每年 1 月 1 日至 12 月 31 日。

(2) 第一个评价周期信用积分的基础分为财税专业服务机构当前纳税信用得分,以后每个评价周期的基础分为该机构上一评价周期信用积分的百分制得分。

(3) 财税专业服务机构未参加纳税信用级别评价的,第一个评价周期信用积分的基础分按照 70 分计算。

(三) 信用等级标准

财税专业服务机构信用(tax service credit,TSC)按照从高到低顺序分为五级。财税专业服务机构信用积分满分为 500 分。税务总局根据分数对服务机构进行分类。信用等级分类如表 1-1 所示。

表 1-1 信用等级分类

信用级别	信用分数范围
TSC5 级	信用积分 400 分以上
TSC4 级	信用积分 300 分以上不满 400 分
TSC3 级	信用积分 200 分以上不满 300 分
TSC2 级	信用积分 100 分以上不满 200 分
TSC1 级	信用积分不满 100 分

(四) 信用积分扣减

税务机关对财税专业服务机构违反《涉税专业服务监管办法(试行)》规定进行处理的,根据处理结果和《涉税专业服务机构信用积分指标体系及积分规则》,进行积分扣减和降低信用等级。

对从事财税服务人员违反《涉税专业服务监管办法(试行)》规定进行处理的,根据处理结果和《从事涉税服务人员个人信用积分指标体系及积分记录规则》,进行积分扣减和执业负面记录。

(五) 违规违纪责任

(1) 涉税专业服务机构和从事涉税服务人员违反《涉税专业服务监管办法(试行)》规定的,税务机关进行分类处理:①需要采取约谈方式的,应当事先向当事人送达《税务事项通知书》,通知当事人约谈的时间、地点和事由;②属于严重违法违规情形的,纳入涉税服务失信名录。

(2) 税务机关纳税服务部门将涉税专业服务机构及委托方纳税人涉嫌偷税(逃避缴纳税款)、逃避追缴欠税、骗取国家退税款、虚开发票等违法信息向税务稽查部门推送。

扫码查看答案解析

【小试牛刀-多选题1-1-3】 税务机关对涉税专业服务机构和从事涉税服务人员违法违规行为,处理正确的有(   )。

A. 违反《涉税专业服务监管办法(试行)》规定的,可以采取约谈方式
B. 违反《涉税专业服务监管办法(试行)》规定的,属于严重违法违规情形的,纳入涉税服务失信名录
C. 税务机关纳税服务部门将涉税专业服务机构及委托方纳税人首违不罚信息向税务稽查部门推送
D. 税务机关纳税服务部门将涉税专业服务机构及委托方纳税人涉嫌逃避缴纳税款违法信息向税务稽查部门推送
E. 税务机关纳税服务部门将涉税专业服务机构及委托方纳税人涉嫌骗取国家退税款违法信息向税务稽查部门推送

任务二 税收征管概述

【知识点1】 税收征收管理

一、税收征收管理的概念

税收征收管理是国家税务机关依照税收政策、法令、制度对税收分配全过程所进行的计划、组织、协调和监督控制的一种管理活动。

《中华人民共和国税收征收管理法》(以下简称《税收征收管理法》)规定,税收的开征、停征,以及减税、免税、退税、补税,依照法律的规定执行;法律授权国务院规定的,依照国务院制定的行政法规的规定执行。

任何机关、单位和个人不得违反法律、行政法规的规定,擅自作出税收开征、停征及减税、免税、退税、补税和其他同税收法律、行政法规相抵触的决定。

税收征收管理的内容主要有：开展税法宣传，贯彻税收法令；掌握税源变化，加强税源管理；组织税务登记、纳税申报等；进行纳税指导、管理，组织税款入库；税收证照管理；开展纳税检查。

二、税收征收管理的发展趋势

我国税收征收管理经历了三个发展阶段，税收征收管理的演进发展如图 1-1 所示。

"以票控税"阶段：这一阶段是《税收征收管理法》颁布后的一个重要阶段，以票控税是指税务部门根据纳税人的发票信息，对纳税人进行摸底，进而了解其经营业务，加强对税源的监督，最后达到管理的目的。

"信息管税"阶段：这一阶段是"十三五"时期开始实施的，"信息管税"是通过利用现代信息化手段，通过收集和利用相关的纳税资料，处理税务和纳税人端的信息不一致，进而增强纳税人和税务干部的税收风险意识，提高税源管理单位的专业能力，促进业务与技术的不断融合，健全我国税收管理机制，不断提高税务机关税收征收管理水平。

"以数治税"阶段：这一阶段是《关于进一步深化税收征管改革的意见》出台后，我国步入了由"以数治税"推动的"合成"时代，"以数治税"就是利用现代信息化技术，将税收问题进行全面的数字化，并形成一个数据系统，利用大数据进行深度剖析，实现对相关问题的智能管理，进而提高纳税人的遵从度和获得感。

图 1-1　税收征收管理的演进发展图

到 2023 年，我国基本建成"无风险不打扰、有违法要追究、全过程强智控"的税务执法新体系，实现从经验式执法向科学精确执法转变；基本建成"线下服务无死角、线上服务不打烊、定制服务广覆盖"的税费服务新体系，实现从无差别服务向精细化、智能化、个性化服务转变；基本建成以"双随机、一公开"监管和"互联网＋监管"为基本手段、以重点监管为补充、以"信用＋风险"监管为基础的税务监管新体系，实现从"以票管税"向"以数治税"分类精准监管转变。

到 2025 年，深化税收征收管理制度改革取得显著成效，我国基本建成功能强大的智慧税务，形成国内一流的智能化行政应用系统，全方位提高税务执法、服务、监管能力。

【知识点 2】 税务管理

税务登记是税收征收管理的首要环节，税务登记具体包括设立税务登记、变更税务登记和注销税务登记。

扫码了解政策详情

一、设立税务登记

(1) 领取加载统一社会信用代码证件的企业、农民专业合作社、个体工商户及其他组织无须单独到税务机关办理该事项,其领取的证件作为税务登记证件使用。

(2)"多证合一"改革之外的其他组织,如事业单位、社会组织、境外非政府组织等,应当依法向税务机关办理税务登记,领取税务登记证件。

(3) 纳税人采用新办纳税人"套餐式"服务的,可一并办理以下涉税事项:电子税务局开户、登记信息确认、财务会计制度及核算软件备案、纳税人存款账户账号报告、增值税一般纳税人登记、发票票种核定、增值税专用发票最高开票限额审批、实名办税、增值税税控系统专用设备初始发行、发票领用。

(4)"五证合一、一照一码"登记制度:①"五证"是指工商营业执照、组织机构代码证、税务登记证、社会保险登记证、统计登记证;②"一照一码"是指由市场监督管理部门核发一个加载法人和其他组织统一社会信用代码营业执照;③"五证合一"登记制度改革并非将税务登记取消了,税务登记的法律地位仍然存在,只是政府简政放权将此环节改为由市场监督管理部门"一口受理"("一口受理"即承担行政审批职能的部门全面实行"一个窗口"对外统一受理)。

二、变更税务登记

1. 变更税务登记的适用范围

(1) 变更纳税人名称、法定代表人的。

(2) 变更住所、经营地点的(不含改变主管税务机关的)。

(3) 变更经济性质或企业类型的。

(4) 变更经营范围、经营方式的。

(5) 变更产权关系的。

(6) 变更注册资金的。

2. 变更税务登记的时限要求

纳税人应自市场监督管理机关办理变更登记之日起 30 日内,向原税务登记机关申报办理变更税务登记。

纳税人按照规定不需要在市场监督管理机关办理变更登记,或者其变更登记的内容与工商登记内容无关的,应当自税务登记内容实际发生变化之日起 30 日内,或者自有关机关批准或者宣布变更之日起 30 日内,持有关证件到原税务登记机关申报办理变更税务登记。

自 2023 年 4 月 1 日起,纳税人在市场监督管理部门依法办理变更登记后,无需向税务机关报告登记变更信息;各省、自治区、直辖市和计划单列市税务机关根据市场监督管理部门共享的变更登记信息,在金税三期核心征管系统自动同步变更登记信息。处于非正常、非正常户注销等状态的纳税人变更登记信息的,核心征管系统在其恢复正常状态时自动变更。

3. 优化跨省迁移税费服务流程

（1）优化迁出流程。纳税人跨省迁移的,在市场监督管理部门办结住所变更登记后,向迁出地主管税务机关填报《跨省(市)迁移涉税事项报告表》。

对未处于税务检查状态,已缴销发票和税控设备,已结清税(费)款、滞纳金及罚款,以及不存在其他未办结涉税事项的纳税人,税务机关出具《跨省(市)迁移税收征管信息确认表》,告知纳税人在迁入地承继、延续享受的相关资质权益等信息,以及在规定时限内履行纳税申报义务。经纳税人确认后,税务机关及时办结迁出手续,有关信息推送至迁入地税务机关。

（2）优化迁入流程。迁入地主管税务机关应当在接收到纳税人信息后的一个工作日内完成主管税务科所分配、税(费)种认定并提醒纳税人在迁入地按规定期限进行纳税申报。

【小试牛刀-多选题1-2-1】 以下关于变更税务登记的规定,说法正确的有(　　)。
A. 改变住所、经营地点的(不含改变主管税务机关的),应办理变更税务登记
B. 纳税人应自市场监督管理机关办理变更登记之日起30日内,向原税务登记机关申报办理变更税务登记
C. 自2023年4月1日起,纳税人在市场监督管理部门依法办理变更登记后,无须向税务机关报告登记变更信息
D. 纳税人跨省迁移的,在市场监督管理部门办结住所变更登记后,向迁出地主管税务机关填报《跨省(市)迁移涉税事项报告表》
E. 迁入地主管税务机关应当在接收到纳税人信息后的10个工作日内完成主管税务科所分配、税(费)种认定并提醒纳税人在迁入地按规定期限进行纳税申报

扫码查看答案解析

三、注销税务登记

1. 注销税务登记的适用范围

纳税人发生解散、破产、撤销的;纳税人被市场监督管理机关吊销营业执照的;纳税人因住所、经营地点或产权关系变更而涉及改变主管税务机关的。

2. 注销税务登记的时限要求

纳税人应在向市场监督管理局办理注销登记前,持有关证件向主管税务机关申报办理注销税务登记。纳税人按规定不需要在市场监督管理局办理注销登记的,应当自有关机关批准或者宣告终止之日起15日内,持有关证件向主管税务机关申报办理注销税务登记。纳税人被市场监督管理局吊销营业执照,应自营业执照被吊销之日起15日内,向主管税务机关申报办理注销税务登记。

3. 注销税务登记的流程

清税完毕后,税务机关向纳税人出具《清税证明》,纳税人持《清税证明》到原登记机关办

理注销。

向市场监督管理部门申请简易注销的纳税人,符合下列情形之一的,可免于到税务机关办理《清税证明》:①未办理过涉税事宜的;②办理过涉税事宜但未领用发票、无欠税(滞纳金)及罚款且没有其他未办结涉税事项的。

4. 办理"一照一码"申报资料

纳税人办理"一照一码"户清税申报,应结清应纳税款、多退(免)税款、滞纳金和罚款,缴销发票和其他税务证件。

(1) 企业所得税纳税人办理"一照一码"户清税申报,就其清算所得向税务机关申报并依法缴纳企业所得税。

(2) 纳税人未办理土地增值税清算手续的,应在办理"一照一码"户清税申报前进行土地增值税清算。

(3) 出口企业应在结清出口退(免)税款后,办理"一照一码"户清税申报。

5. 非正常状态下注销手续

处于非正常状态纳税人在办理税务注销前,须先解除非正常状态,补办纳税申报手续。符合以下情形,税务机关可打印相应税种和相关附加的《批量零申报确认表》,经纳税人确认后,进行批量处理:

(1) 非正常状态期间增值税、消费税和相关附加需补办的申报均为零申报的。

(2) 非正常状态期间企业所得税月(季)度预缴需补办的申报均为零申报,且不存在弥补前期亏损情况的。

【小试牛刀-单选题1-2-2】 关于注销税务登记的说法错误的是(　　)。

A. 纳税人注销税务登记应结清应纳税款、滞纳金、罚款、缴销发票、税务登记证件和其他税务证件

B. 纳税人被市场监督管理局吊销营业执照的,应自被吊销之日起60日内,向主管税务机关申报办理注销税务登记

C. 纳税人应当在向市场监督管理局办理注销登记前,向主管税务机关申报办理注销税务登记

D. 非正常状态纳税人在办理注销税务登记前,须先解除非正常状态,再办理注销税务登记

扫码查看答案解析

四、税务登记的管理

除按照规定不需要发给税务登记证件的情况外,纳税人必须持税务登记证件开立银行账户、领购发票。纳税人办理其他税务事项时,应当出示税务登记证件,经税务机关核准相关信息后办理手续。

（1）税务机关对税务登记证件实行定期验证和换证制度。

（2）纳税人应当将税务登记证件正本在其生产、经营场所或者办公场所公开悬挂，接受税务机关检查。

（3）纳税人遗失税务登记证件的，应当在15日内书面报告主管税务机关，并登报声明作废。

（4）创新跨区域涉税事项报验管理制度：①纳税人跨省（自治区、直辖市和计划单列市）临时从事生产经营活动的，不再开具《外出经营活动税收管理证明》，改向机构所在地的税务机关填报《跨区域涉税事项报告表》；②纳税人在省（自治区、直辖市和计划单列市）内跨县（市）临时从事生产经营活动的，是否实施跨区域涉税事项报验管理由各省（自治区、直辖市和计划单列市）税务机关自行确定；③税务机关不再按照180天设置报验管理的固定有效期，改按跨区域经营合同执行期限作为有效期限；④合同延期的，纳税人可向经营地或机构所在地的税务机关办理报验管理有效期限延期手续。

【小试牛刀-单选题1-2-3】 纳税人跨区域经营，按（　　）作为有效期限。
A. 30天　　　　　　　　　　　　　　B. 90天
C. 180天　　　　　　　　　　　　　 D. 跨区域经营合同执行期限

扫码查看答案解析

思政小案例："以数治税"精准监管的金税四期即将全面推行，企业该如何应对？

扫码了解详情

项目二 企业增值税财税服务咨询

 思维导图

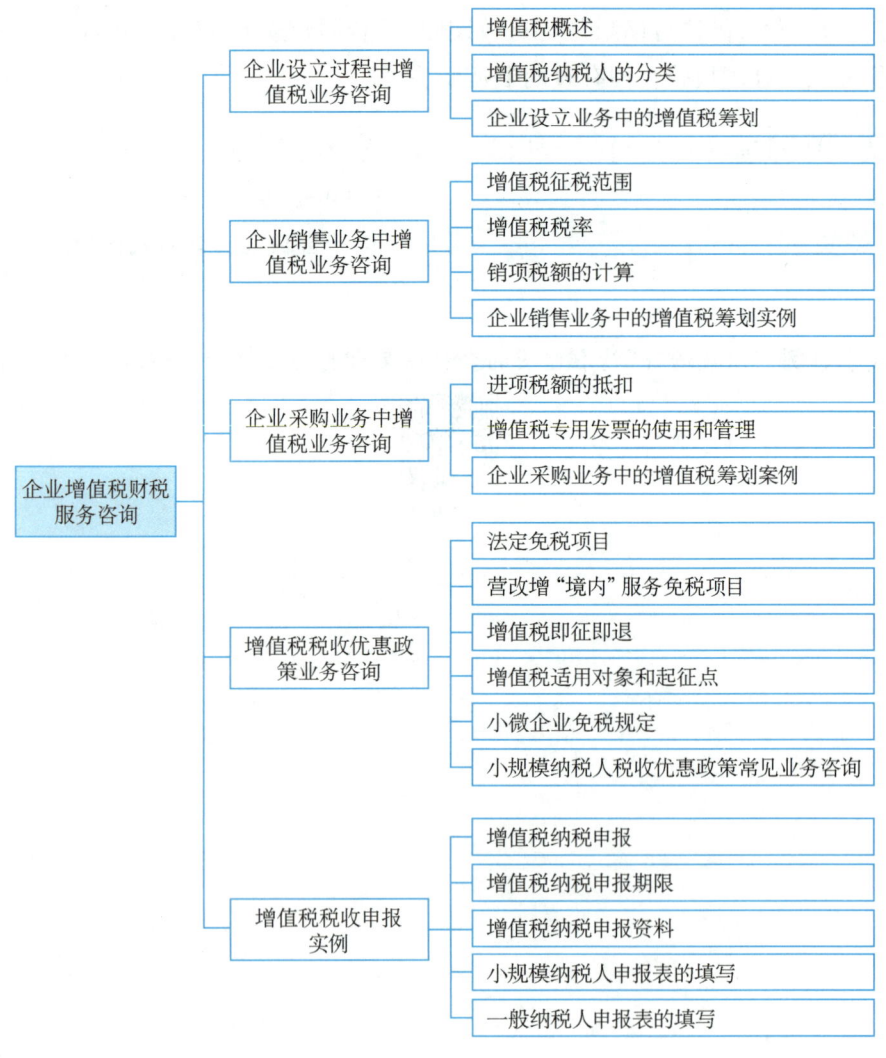

任务一　企业设立过程中增值税业务咨询

案例导入

某企业财务经理：您好，我是某企业财务经理，本企业主要从事食品零售，年含税销售额大概为900万元，会计制度也比较健全，需要缴纳增值税。但是纳税申报时被告知我们既可以选择成为一般纳税人，也可以选择成为小规模纳税人，到底应该怎么选择，想找你们公司咨询一下。

财税咨询人员：您好，很高兴为您服务。您能再具体描述一下您公司的业务吗？比如，每年购进货物的金额为多少，是否能够取得增值税专用发票。

某企业财务经理：就今年而言，发生的购货金额总计为480万元（不含税），也已经取得了增值税专用发票。

财税咨询人员：公司还有其他的支出吗？

某企业财务经理：有的，如办公费用、停车场租赁费、物业费、水电费、供暖费等其他杂费，每年可以取得增值税专用发票，可抵扣进项税额3 000元。

财务咨询人员：好的，根据您提供的信息，我们可以给您几个参考方案。方案一：……方案二：……

某企业财务经理：好的，感谢您提供的专业服务。

财务咨询人员：不客气，如果您有需要欢迎来我们公司，我们乐意为您提供更加专业的服务。

【知识点1】　增值税概述

一、增值税的概念

增值税——知识精讲

增值税是对在我国境内销售货物，提供加工修理修配劳务（加工修理修配劳务简称劳务），销售服务、无形资产或者不动产、进口货物的单位和个人，就其销售货物、劳务、服务、无形资产或者不动产的增值额和进口货物金额为计税依据而课征的一种流转税。

增值税是一种重要的流转税，是商品从生产者到流通商再到消费者的过程中，对其增值的部分征收的一种税。增值税的原理流程：生产者1销售原材料价值为100万元，流转到生产者2价值变为300万元，增值了200万元，流转到流通商3价值变为350万元，增值了50万元。增值税原理解析如图2-1所示。

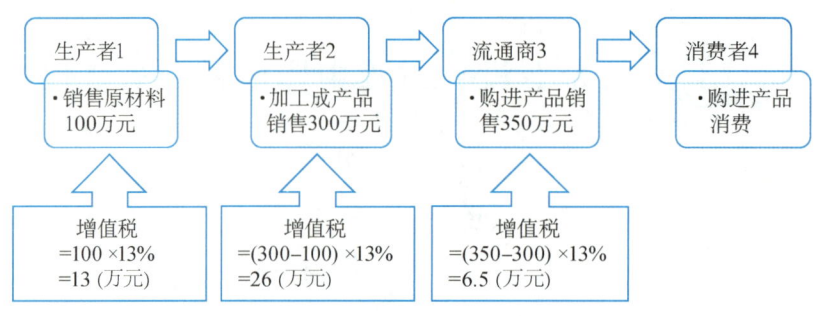

图 2-1 增值税原理解析图

二、增值税的由来与发展

传统的流转税包括产品税、营业税等,其特点是以企业销售货物或提供服务时取得的收入总额作为计税依据。由于大量货物或服务并不是最终消费,而是继续作为下游企业的投入,如果每个环节都是按照其收入总额全额计税,将产生严重的重复征税问题,尤其是加工工序越靠后的环节,其负担的税收将会越重。这一现象,不利于社会分工和经营模式的合理化,处于产业链不同环节中的企业,其税负水平也不公平。为了解决这一突出问题,出现了增值税(value added tax)。增值税在有的国家(如澳大利亚)被称为货物服务税(goods and service tax),在有的国家(如日本)被称为消费税(consumption tax),在我国台湾地区被称为加值型营业税,在其他一些国家还有别的名称。

增值税的真正征税对象是国内最终消费者,在税收实践中表现为对销售货物或提供服务过程中实现的增值额征收的一个税种,即对任何缴纳增值税的单位和个人,扣除了上一道环节生产经营者已纳过税的那部分转移的价值,只就本环节生产经营者没有纳过税的新增的价值征税。这一做法,避免了按销售额全额课税时产生的重复征税问题,有效适应了市场经济专业化分工日益细化的要求,解决了传统流转税制存在的社会化分工越细、重复征税越严重的突出矛盾。

1954 年,法国率先推行了增值税,因其有效地解决了传统流转税的重复征税问题,迅速被世界其他国家采用。20 世纪 60 年代,仅有不到 10 个国家开征增值税,截至 2021 年 3 月,世界上约有近 160 个国家和地区实行了增值税,收入之和约占全球税收总收入的 20%。大多数国家的增值税征税范围覆盖所有货物和服务,遵循目的地征税原则,实行消费型增值税,通常采用发票扣税法。

各国增值税标准税率介于 4% 和 27% 之间,平均数为 12.6%。从增值税税率结构看,设置单一税率(不包括零税率)和多档税率的国家数量相当,早期引入增值税的国家,其税率档次往往较多,而近年引入增值税的国家,往往采取单一税率,以更好地体现增值税的中性特点。因此,国际增值税的发展趋势是简并税率、简化税制、增强中性。

三、我国增值税制度的发展历程

增值税自20世纪70年代末被引进我国,至今已有40多年的历史。增值税在我国的发展历程实际上就是一部改革发展史。纵观我国增值税的发展历史,大致经历了四个阶段,如图2-2所示。

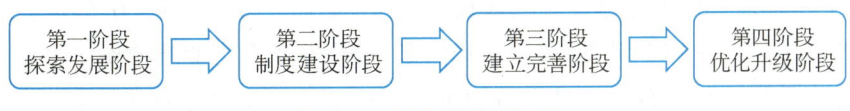

图 2-2 增值税发展历程

第一阶段:1979—1993年探索发展阶段。1979年下半年起,我国先后在上海、柳州、长沙等地进行增值税试点。各地试点时,大多局限于机器机械、农业机具和部分日用机械产品,没有统一的试行办法。1982年,在总结试点经验基础上,财政部颁布了《增值税暂行办法》,规定从1983年1月起,在全国范围内对农业机具及其零配件、机器机械及其零配件两个行业和缝纫机、自行车、电风扇等3项产品统一试行增值税,共设计了5档税率,并规定分别采用"扣额法"与"扣税法"两种征税办法从各地选点试行阶段进入统一试点阶段。

1984年国务院颁布了《中华人民共和国增值税条例(草案)》(以下简称《增值税条例(草案)》),标志着增值税已正式成为我国的一个新税种,被列入征税范围的共有机器机械及其零配件等12个税目,分别适用6档税率,并将增值税应税产品分为甲、乙两类,分别适用扣额法和扣税法。

《增值税条例(草案)》颁布之后,增值税的征收范围不断拓展,计算方法也不断改进。1986年,将日用机械等6类产品纳入增值税的征收范围。1987年又将服装等6类产品纳入增值税的征收范围。当年对所有行业统一采用扣税法,在具体操作上又分别采用购进扣税法与实耗扣税法两种形式,并统一了扣除范围。1988年又对建筑材料等3类产品实行增值税。1989年,为解决增值税计算方法上存在的问题,国家税务总局在总结武汉、上海试点经验的基础上,在全国进行价税分流购进扣税法的试点。模拟价外税,在会计核算上将价、税分离,进行不含税成本核算。当年又将工业企业的工业性加工、转让原材料改征增值税。至此,我国增值税已覆盖31大类税目的产品和劳务。除烟、酒、电力、石化、化工、鞭炮焰火等产品外的大部分工业品都被纳入增值税的征收范围。1993年7月,我国对征收增值税的企业统一用购进扣税法计算征收增值税。

第二阶段:1994—2004年制度建设阶段。1993年年底国务院颁布《中华人民共和国增值税暂行条例》。按照该条例的规定,我国从1994年1月1日起全面实施规范化的增值税。此次增值税改革具有以下几个显著特点:①征收范围已扩大到全部工业生产环节和商品流通领域;②实行价外税模式,采用凭增值税专用发票注明税款进行税款抵扣的制度;③实行购进扣税法;④最大限度地取消了减免税规定,使税制更为公平合理;⑤对内资、外资纳税人统一征收增值税;⑥简并了税率档次,由原来的12档税率简并为2档税率。该条例的颁布标志着我国已进入实施较为规范的增值税制度的阶段。1994年之后相当长一段时期,增值税制比较稳定,只是针对运行过程中出现的问题和情况,进行了一些微调。例如,初期对少数行业仍采取一定期限的税收优惠政策,以确保新旧税制的平稳过渡;对小规模纳税人的征收率几次下调等。

第三阶段:2004—2016年建立完善阶段。从2004年7月1日起,在东北3省率先进行增值税转型试点。2007年7月1日起,选择中部6省26个老工业基地城市进行扩大增值税抵扣范围试点。2008年7月1日试点范围扩大到内蒙古自治区东部呼伦贝尔等5个盟市,其试点原则及政策与东北、中部地区一致。2008年8月1日起,对四川汶川地震受灾严重地区进行扩大抵扣范围试点。在上述试点的基础上,2008年11月,国务院第三十四次常务会议颁布新修订的《中华人民共和国增值税暂行条例》决定,自2009年1月1日起在全国范围内实施增值税转型改革,购进的机器设备的进项税额可直接全额抵扣。该条例的修订颁布标志着有限的消费型增值税制度的确立。

对服务业营业税改征增值税(以下简称营改增)的试点始于2012年1月1日开始,先后在上海、北京、江苏等9个省市进行。2013年8月1日起,在全国范围内对交通运输(不含铁路运输)及部分现代服务业(包括研发技术、信息技术、文化创意、物流辅助、有形动产租赁、鉴证咨询、广播影视,简称"1+7"行业)进行统一试点,增值税税率增加至4档。2014年1月1日起对铁路运输业和邮政业进行营改增试点,6月1日起试点扩大到电信业。2016年3月24日,财政部、国家税务总局向社会公布了《营业税改征增值税试点实施办法》《营业税改征增值税试点有关事项的规定》《营业税改征增值税试点过渡政策的规定》和《跨境应税行为适用增值税零税率和免税政策的规定》,至此,营改增全面推开所有的实施细则及配套文件全部"亮相"。2016年5月1日起,营业税改征增值税试点全面推开。2017年10月30日,国务院常务会议通过《国务院关于废止〈中华人民共和国营业税暂行条例〉和修改〈中华人民共和国增值税暂行条例〉的决定(草案)》,标志着实施60多年的营业税正式退出历史舞台。

第四阶段:2017年至今优化升级阶段。营改增全面试点以后,国务院修改了分税制财政管理体制的相关规定,即将海关代征的增值税以外的其他增值税收入中央政府、地方政府分享的比例,调整为中央政府、地方政府各得50%。2022年7月5日,经中共中央、国务院批准,国务院办公厅发布《国务院2022年度立法工作计划》,其中包括提请全国人大常委会审议的《中华人民共和国增值税法(草案)》。

从纳税人的角度来看,为了更好地发挥增值税制度的优势,随着税制的完善和征收管理水平的提高,一般纳税人的范围应当逐步扩大,至于收入比较少,需要适当照顾的小型微利企业、个体工商户和其他个人,可以通过设置免征额、降低征收率等方式处理。从税率的角度来看,为了进一步增强增值税的中性、简化税制和便于征收管理,同时体现一定的社会和经济政策,目前一般纳税人适用的4档税率可以简并为3档,即适用一般商品的基本税率、适用人民生活必需品的低税率和适用出口货物的零税率。税率由17%降为16%,又进一步降至13%,但中国周边的20个开征增值税的国家和地区中,有14个国家和地区的增值税基本税率低于13%。相比之下,目前中国增值税13%的基本税率仍偏高了一些。

【知识点2】 增值税纳税人的分类

在我国增值税纳税人(以下简称纳税人)分为:小规模纳税人和一般纳税人。

一、小规模纳税人的标准

小规模纳税人是指销售货物、劳务、服务、无形资产、不动产年应征增值税销售额之和在规定标准以下,会计核算不健全,不能按规定报送有关税务资料的纳税人。具体标准如下:

增值税——操作视频

(1) 自2018年5月1日起,增值税小规模纳税人标准统一为年应税销售额500万元及以下。

(2) 年应税销售额超过小规模纳税人标准的其他个人(指自然人)按小规模纳税人纳税(不属于一般纳税人)。

(3) 对于原增值税纳税人,超过小规模纳税人标准的非企业性单位、不经常发生应税行为的企业可选择按小规模纳税人纳税;对于营改增试点纳税人,年应税销售额超过小规模纳税人标准但不经常发生应税行为的单位和个体工商户可选择按照小规模纳税人纳税。

二、一般纳税人的标准

自2018年5月1日起,纳税人年应税销售额超过财政部、国家税务总局规定的小规模纳税人标准的,除税法另有规定外,应当向其机构所在地主管税务机关办理一般纳税人登记。

销售服务、无形资产或者不动产(以下简称应税行为)有扣除项目的增值税纳税人,其应税行为年应税销售额按未扣除之前的销售额计算。增值税纳税人偶然发生的销售无形资产、转让不动产的销售额,不计入应税行为年应税销售额。

年应税销售额未超过规定标准的增值税纳税人,会计核算健全,能够提供准确税务资料的,可以向主管税务机关办理一般纳税人登记。会计核算健全是指能够按照国家统一的会计制度规定设置账簿,根据合法、有效凭证进行核算。增值税纳税人的身份认定,如表2-1所示。

表2-1 增值税纳税人的身份认定

规定类别	范围	认定身份
一般规定	年应税销售额>500万元	一般纳税人
	年应税销售额≤500万元	小规模纳税人

(续表)

规定类别	范围	认定身份
特殊规定1	不经常发生应税行为的单位、个体工商户	年应税销售额>500万元,可选择按小规模纳税人
	非企业性单位	
	不经常发生应税行为的企业	
特殊规定2	其他个人(自然人)	无论销售额多少,均为小规模纳税人

三、小规模纳税人和一般纳税人的征税管理

小规模纳税人实行简易计税办法,不得抵扣进项税额。符合增值税一般纳税人条件的增值税纳税人应当向主管税务机关办理资格登记,以取得法定资格;未办理一般纳税人登记手续的,应按销售额依照增值税税率计算应纳税额,不得抵扣进项税,也不得使用增值税专用发票。除国家税务总局另有规定外,纳税人一经登记为一般纳税人后,不得再转为小规模纳税人。

纳税人年应税销售额超过规定的小规模纳税人标准的,应当向主管税务机关办理一般纳税人登记(按照政策规定,选择按小规模纳税人纳税的和年应税销售额超过规定标准的其他个人除外)。增值税纳税征管标准如表2-2所示。

表2-2 增值税纳税征管标准

项目	内容	
时段	连续不超过12个月或4个季度(不按自然年度,也不是对月对日)	
销售额	纳税申报销售额+稽查查补销售额+纳税评估调整销售额	纳税申报销售额:开票(自开、代开)+未开票+免税
		稽查查补销售额、纳税评估调整销售额:计入查补当月(季),不追溯税款所属期
差额征税扣除问题	有扣除项目的纳税人,其应税行为年应税销售额按未扣除之前的销售额计算	
偶发销售无形资产不动产问题	纳税人偶然发生的销售无形资产、转让不动产的销售额,不计入应税行为的年应税销售额	

【问】以购买货物为例,一般纳税人与小规模纳税人选择供应商的纳税人身份时,需要注意什么问题。假设一般纳税人适用的增值税税率为13%,小规模纳税人适用的征收率为3%。

【答】一般纳税人从其他一般纳税人购货,若取得税率为13%的增值税普通发票,则进项税额不得抵扣;若取得税率为13%的增值税专用发票且符合抵扣条件,则进项税额可以抵扣但同时又应当注意此进项税额实际上先由购买方承担了,然后再抵扣。一般纳税人从小规模纳税人购货,若取得增值税普通发票,则进项税额不得抵扣;若取得税率为3%的增值税

专用发票且符合抵扣条件,则进项税额可以抵扣。因此,一般纳税人选择供货商的纳税人身份时,不能仅仅考虑含增值税的购货价格,还应考虑进项税额可否抵扣。小规模纳税人从其他小规模纳税人购货,可取得税率为3%的增值税普通发票或者增值税专用发票;小规模纳税人从一般纳税人购货,可取得税率为13%的增值税普通发票或者增值税专用发票。小规模纳税人不管从何处购货,进项税额都不允许抵扣。因此,小规模纳税人选择供货商的纳税人身份时,主要应当考虑含增值税的购货价格。

【小试牛刀-单选题2-1-1】 下列纳税人中,必须办理一般纳税人登记的是(　　)。
A. 其他个人
B. 非企业性单位
C. 不经常发生应税行为的单位
D. 年应税销售额超过500万元且经常发生应税行为的工业企业

扫码查看答案解析

【小试牛刀-多选题2-1-2】 根据增值税纳税人登记管理的规定,下列说法正确的有(　　)。
A. 个体工商户年应税销售额超过小规模纳税人标准的,不能登记为一般纳税人
B. 增值税纳税人应税销售额超过小规模纳税人标准的,除另有规定外,应当向主管税务机关办理一般纳税人登记
C. 非企业性单位、不经常发生应税行为的企业,可以选择按照小规模纳税人纳税
D. 纳税人登记时所依据的年应纳税销售额,不包括税务机关代开发票的销售额
E. 纳税人偶然发生的销售无形资产、转让不动产的销售额,不计入应税行为年应税销售额

扫码查看答案解析

【知识点3】 企业设立业务中的增值税筹划

税法对不同身份或类型的纳税人在税负上的差别待遇,为企业通过纳税人身份或类型的选择进行筹划提供了可能性。对于增值税纳税人身份的选择,可以通过比较相同情况下企业选择一般计税方法纳税人和简易计税方法纳税人身份时其净利润的高低来筹划。具体计算公式如下:

一般纳税人增值税销项税额＝销售金额×适用税率
一般纳税人增值税进项税额＝购进货物金额×税率
一般纳税人增值税应纳税额＝增值税销项税额－增值税进项税额
小规模纳税人应纳税额＝销售金额×征收率

【例2-1-1】 某企业的含税销售额为900万元,会计制度核算比较健全,符合一般纳税人条件,适用13%的税率。该企业的年购货金额为480万元(不含税),可取得增值税专用发

票。请问该企业应该选择一般纳税人还是小规模纳税人的身份？

【解析】

该企业年购货价税合计＝480×(1＋13％)＝542.4(万元)

该企业应缴增值税＝900×13％÷(1＋13％)－480×13％＝41.14(万元)

假设将该企业分设成两个零售企业，均设为独立核算单位。分设后两个企业的年销售额均450万元(含税销售额)，它们都符合小规模纳税人的条件，适用3％的征收率。

两个企业年购货价税合计＝480×(1＋13％)＝542.4(万元)

两个企业应缴增值税＝900×3％÷(1＋3％)＝26.21(万元)

通过身份的转变，该企业税负减少了。

【案例导入的解析】

(1) 如果选择成为一般纳税人：

应缴纳增值税＝900×13％÷(1＋13％)－480×13％－0.3＝40.84(万元)

(2) 如果选择成为小规模纳税人：

应缴纳增值税＝900×3％÷(1＋3％)＝26.21(万元)

对比两种身份，该企业应该选择成为小规模纳税人。

扫码查看答案解析

【小试牛刀-案例分析】 某食品生产企业年销售额为600万元(含税)，会计核算制度健全，符合一般计税方法纳税人条件。该企业年购货金额为240万元(含税)，可取得增值税专用发票。该企业应该选择成为一般纳税人还是小规模纳税人？

任务二　企业销售业务中增值税业务咨询

案例导入

客户A：您好，我公司将一栋写字楼以及地下车库对外出租，针对某疫情防控形势，公司与租户签订补充协议，约定免收租户1个月的租金，以及长租车位1个月的停车费。请问，我公司免收的租金和停车费，需要视同销售并纳增值税吗？

财税咨询人员：您好，是这样的，按照《国家税务总局关于土地价款扣除时间等增值税征管问题的公告》(国家税务总局公告2016年第86号)规定，纳税人出租不动产，租赁合同中约定免租期的，不属于《营业税改征增值税试点实施办法》(财税〔2016〕36号附件1)第十四条规定的视同销售服务，不征收增值税。

《销售服务、无形资产、不动产注释》(财税〔2016〕36号印发)规定，车辆停放服务按照不动产经营租赁服务缴纳增值税。你单位通过签订租赁补充协议约定免租期,免收租户1个月的租金和停车费,均无须视同销售,不用缴纳增值税。

客户B:我公司是一家销售、修理汽车的4S店。销售保养卡后,在客户未修理车前是否可以开具零税率或不征税发票?客户修车后是否可以再给客户开具专用发票?相关依据是什么?

财税咨询人员:《国家税务总局关于营改增试点若干征管问题的公告》(国家税务总局公告2016年第53号)第三条规定,单用途商业预付卡(以下简称单用途卡)业务按照以下规定执行:单用途卡发卡企业或者售卡企业(以下统称售卡方)销售单用途卡,或者接受单用途卡持卡人充值取得的预收资金,不缴纳增值税。售卡方可按照本公告第九条的规定,向购卡人、充值人开具增值税普通发票,不得开具增值税专用发票。

【知识点1】 增值税征税范围

一、征税范围的规定

增值税是对在我国境内销售货物,提供加工修理修配劳务(加工修理修配劳务简称劳务),销售服务、无形资产或者不动产,进口货物的单位和个人,就其销售货物、劳务、服务、无形资产或者不动产的增值额和进口货物金额为计税依据而课征的一种流转税。

(一)销售或进口货物

销售货物是指有偿(从购买方取得货币、货物或者其他经济利益)转让货物(有形动产,包括电力、热力、气体在内)的所有权。

进口货物是指申报进入中国海关境内的货物。只要是报关进口的应税货物,均属于增值税的征税范围,除享受免税政策外,在进口环节缴纳增值税。

应征增值税的具体货物如表2-3所示。

表2-3 应征增值税的货物

项目	具体内容	税率(2019年4月1日起)
货物	"一般"货物(包括电力)	13%
	农产品、自来水、暖气、冷气、热水、煤气、石油液化气、天然气、沼气等货物	9%

(二)提供加工修理修配劳务

加工是指受托方接受来料承做货物,加工后的货物所有权仍属于委托方的业务,即通常所说的受托加工业务或者委托加工业务。

修理修配是指受托方对损伤和丧失功能的货物进行修复,使其恢复原状和功能的业务。

提供加工修理修配劳务都是指有偿提供加工修理修配劳务。单位或个体工商户聘用的员工为本单位或雇主提供加工修理修配劳务则不包括在内。有偿是指取得货币、货物或其他经济利益。不同形式的劳务征税的具体内容和税率如表 2-4 所示。

表 2-4 不同劳务的具体内容和税率

项目		具体内容	税率（2019年4月1日起）
劳务	委托加工	委托方提供原料及主要材料，受托方按照委托方的要求制造货物并收取加工费	13%
	修理修配	受托对损伤和丧失功能的货物进行修复，使其恢复原状和功能的业务	

注：①单位或个体工商户聘用的员工为本单位或雇主提供加工、修理修配劳务不属于增值税征税范围。②并网费问题，供电企业利用自身电力设备对并入电网的企业自备电厂生产的电力产品进行电压调节，属于提供加工劳务。供电企业进行电力调压并按照电量向电厂收取的并网服务费应当征收增值税。③垃圾、污泥污水等废弃物处理问题依据《国家税务总局关于明确二手车经销等若干增值税征管问题的公告》不同的处理方式适用不同的税率。

【政策原文】《国家税务总局关于明确二手车经销等若干增值税征管问题的公告》（国家税务总局公告2020年第9号）

纳税人受托对垃圾、污泥、污水、废气等废弃物进行专业化处理，即运用填埋、焚烧、净化、制肥等方式，对废弃物进行减量化、资源化和无害化处理处置，按照以下规定适用增值税税率：

（1）采取填埋、焚烧等方式进行专业化处理后未产生货物的，受托方属于提供《销售服务、无形资产、不动产注释》（财税〔2016〕36号印发）"现代服务"中的"专业技术服务"，其收取的处理费用适用6%的增值税税率。

（2）专业化处理后产生货物，且货物归属委托方的，受托方属于提供"加工劳务"，其收取的处理费用适用13%的增值税税率。

（3）专业化处理后产生货物，且货物归属受托方的，受托方属于提供"专业技术服务"，其收取的处理费用适用6%的增值税税率。受托方将产生的货物用于销售时，适用货物的增值税税率。

（三）销售服务、无形资产或者不动产

销售服务、无形资产或者不动产是指有偿提供服务、有偿转让无形资产或者不动产。

（1）销售服务是指交通运输服务，邮政服务，电信服务，建筑服务，金融服务，现代服务，生活服务。

【问】 固定电话、有线电视、宽带、水、电、燃气、暖气等经营者向用户收取的安装费、初装费、开户费、扩容费按何税目缴纳增值税？

【答】 按照《财政部国家税务总局关于全面推开营业税改征增值税试点的通知》（财税〔2016〕36号）的规定固定电话、有线电视、宽带、水、电、燃气、暖气等经营者向用户收取的安装费、初装费、开户费、扩容费以及类似收费，按照安装服务缴纳增值税。

(2) 销售无形资产是指转让无形资产所有权或者使用权的业务活动。无形资产是指不具有实物形态,但能带来经济利益的资产,包括技术、商标、著作权、商誉、自然资源使用权和其他权益性无形资产。

(3) 销售不动产是指转让不动产所有权的业务活动。不动产是指不能移动或者移动后会引起性质、形状改变的财产,包括建筑物、构筑物等。

下列非经营活动的情形不在征收增值税的范围内:

(1) 行政单位收取的同时满足以下条件的政府性基金或者行政事业性收费:①由国务院或者财政部批准设立的政府性基金,由国务院或者省级人民政府及其财政、价格主管部门批准设立的行政事业性收费;②收取时开具省级以上(含省级)财政部门监(印)制的财政票据;③所收款项全额上缴财政。

(2) 单位或者个体工商户聘用的员工为本单位或者雇主提供取得工资的服务。

(3) 单位或者个体工商户为聘用的员工提供的服务。

(4) 财政部和国家税务总局规定的其他情形。

(四) 征税范围的特殊项目

(1) 货物期货(包括商品期货和贵金属期货)应当征收增值税,在期货的实物交割环节纳税。

(2) 银行销售金银的业务,应当征收增值税。

(3) 典当业的死当物品销售业务和寄售业代委托人销售寄售物品的业务,均应征收增值税。

(4) 电力公司向发电企业收取的过网费,应当征收增值税。

(五) 征税范围的特殊行为

1. 视同销售货物

(1) 将货物交付其他单位或者个人代销。

(2) 销售代销货物。

(3) 设有两个以上机构并实行统一核算的纳税人,将货物从一个机构移送到其他机构用于销售,但相关机构设在同一县(市)的除外。

(4) 将自产或者委托加工的货物用于非增值税应税项目。

(5) 将自产或者委托加工的货物用于集体福利或者个人消费。

(6) 将自产、委托加工或者购进的货物作为投资,提供给其他单位或者个体工商户。

(7) 将自产、委托加工或者购进的货物分配给股东或者投资者。

(8) 将自产、委托加工或者购进的货物无偿赠送给其他单位或者个人。

2. 视同销售服务、无形资产或者不动产

(1) 单位或者个体工商户向其他单位或者个人无偿提供服务,但用于公益事业或者以社会公众为对象的除外。

(2) 单位或者个人向其他单位或者个人无偿转让无形资产或者不动产,但用于公益事业或者以社会公众为对象的除外。

（3）财政部和国家税务总局规定的其他情形。

注意：纳税人出租不动产，租赁合同中约定免租期的，不属于视同销售服务。

3. 混合销售行为

一项销售行为如果既涉及货物又涉及服务。从事货物的生产、批发或者零售的单位和个体工商户的混合销售行为，按照销售货物缴纳增值税；其他单位和个体工商户的混合销售行为，按照销售服务缴纳增值税。

【问】 如何理解混合销售行为？

【答】 混合销售行为成立的行为标准有两点，一是其销售行为必须是一项行为；二是该项行为必须既涉及服务又涉及货物，货物是指增值税税法中规定的有形动产，包括电力、热力和气体；服务是指属于改征范围的交通运输服务、建筑服务、金融保险服务、邮政服务、电信服务、现代服务、生活服务等。我们在确定混合销售是否成立时，其行为标准中的上述两点必须同时存在，如果一项销售行为只涉及销售服务，不涉及货物，这种行为就不是混合销售行为；反之，如果涉及销售服务和涉及货物的行为，不是存在一项销售行为之中，这种行为也不是混合销售行为。例如：生产货物的单位，在销售货物的同时附带运输，这种销售货物及提供运输的行为属于混合销售行为，所收取的货物款项及运输费用应一律按销售货物计算缴纳增值税。也就是说，销售服务是为直接销售一批货物而提供的，两者之间是紧密的从属关系。

4. 兼营行为

纳税人销售货物、加工修理修配劳务、服务、无形资产或者不动产适用不同税率或者征收率的，应当分别核算适用不同税率或者征收率的销售额。未分别核算销售额的，按照以下方法从高适用税率或者征收率：①兼有不同税率的销售货物、加工修理修配劳务、服务、无形资产或者不动产，从高适用税率；②兼有不同征收率的销售货物、加工修理修配劳务、服务、无形资产或者不动产，从高适用征收率；③兼有不同税率和征收率的销售货物、加工修理修配劳务、服务、无形资产或者不动产，从高适用税率。

【问】 纳税人销售活动板房后同时提供拆除服务适用混合销售行为还是兼营行为呢？

【答】 根据《营业税改征增值税试点实施办法》（财税〔2016〕36号附件1）第四十条规定，一项销售行为如果既涉及服务又涉及货物，为混合销售。从事货物的生产、批发或者零售的单位和个体工商户的混合销售行为，按照销售货物缴纳增值税；其他单位和个体工商户的混合销售行为，按照销售服务缴纳增值税。

本条所称从事货物的生产、批发或者零售的单位和个体工商户，包括以从事货物的生产、批发或者零售为主，并兼营销售服务的单位和个体工商户在内。

根据《销售服务、无形资产、不动产注释》（财税〔2016〕36号印发）规定，建筑服务是指各类建筑物、构筑物及其附属设施的建造、修缮、装饰，线路、管道、设备、设施等的安装以及其他工程作业的业务活动，包括工程服务、安装服务、修缮服务、装饰服务和其他建筑服务。

其中,其他建筑服务是指上列工程作业之外的各种工程作业服务,如钻井(打井)、拆除建筑物或者构筑物、平整土地、园林绿化、疏浚(不包括航道疏浚)、建筑物平移、搭脚手架、爆破、矿山穿孔、表面附着物(包括岩层、土层、沙层等)剥离和清理等工程作业。

根据《国家税务总局关于进一步明确营改增有关征管问题的公告》(国家税务总局公告2017年第11号)第一条的规定,纳税人销售活动板房、机器设备、钢结构件等自产货物的同时提供建筑、安装服务,不属于《营业税改征增值税试点实施办法》(财税〔2016〕36号附件1)第四十条规定的混合销售,应分别核算货物和建筑服务的销售额,分别适用不同的税率或者征收率。

(六)不征收增值税项目

(1)根据国家指令无偿提供的铁路运输服务、航空运输服务,属于《营业税改征增值税试点实施办法》(财税〔2016〕36号附件1)第十四条规定的用于公益事业的服务。

(2)存款利息。

(3)被保险人获得的保险赔付。

(4)房地产主管部门或其指定机构、公积金管理中心、开发企业,以及物业管理单位代收的住宅专项维修资金。

(5)纳税人在资产重组过程中,通过合并、分立、出售、置换等方式,将全部或者部分实物资产及与其相关联的债权、负债和劳动力一并转让给其他单位和个人,其中涉及的货物转让行为。

(6)纳税人在资产重组过程中,通过合并、分立、出售、置换等方式,将全部或者部分实物资产以及与其相关联的债权、负债和劳动力一并转让给其他单位和个人,其中涉及的不动产、土地使用权转让行为。

自2020年1月1日起,纳税人取得的财政补贴收入,与其销售货物、劳务、服务、无形资产、不动产的收入或者数量直接挂钩的,应按规定计算缴纳增值税。纳税人取得的其他情形的财政补贴收入,不属于增值税应税收入,不征收增值税。

【小试牛刀-单选题2-2-1】 根据增值税的相关规定,下列表述正确的是( )。
A. 单位取得存款利息应缴纳增值税
B. 单位获得的保险赔付需要缴纳增值税
C. 工会组织收取的工会经费应缴纳增值税
D. 单位2019年取得的中央财政补贴不缴纳增值税

扫码查看答案解析

(七)财政部、国家税务总局规定的税收优惠政策

(1)资源综合利用产品和劳务增值税优惠政策。

(2)医疗卫生的增值税优惠政策。

(3)修理修配劳务的增值税优惠。

(4) 软件产品的增值税优惠。

(5) 蔬菜流通环节增值税免税政策。

(6) 制种行业增值税政策。制种企业在规定的生产经营模式下生产种子,属于农业生产者销售自产农产品,免征增值税。

(7) 自2018年11月30日至2027年12月31日,对经国务院批准对外开放的货物期货品种保税交割业务,暂免征收增值税。

【问】 某公司生产并销售用砍伐的野生红柳枝做成的烤肉扦子,是否免征增值税?

【答】 根据《农业产品征税范围注释》(财税字〔1995〕52号)规定,用砍伐的野生红柳枝做成的烤肉扦子不属于农产品,应按适用税率征收增值税,开具发票应按规定缴纳税款。

【知识点2】 增值税税率

一般纳税人一般情况下采用一般计税方法按照税率计算缴纳增值税。

一、基本税率

增值税的基本税率为13%,适用于纳税人销售或者进口货物(适用9%的低税率的除外)、提供加工修理修配劳务、销售有形动产、租赁服务。

二、低税率

增值税的低税率分为两档。

(一) 低税率9%

(1) 一般纳税人销售或者进口下列货物,税率为9%:农产品(含粮食,不含淀粉;含干姜、姜黄,不含麦芽、复合胶、人发制品)、自来水、暖气、石油液化气、天然气、食用植物油(含橄榄油,不含肉桂油、桉油、香茅油)、冷气、热水、煤气、居民用煤炭制品、食用盐、农机、饲料、农药、农膜、化肥、沼气、二甲醚、图书、报纸、杂志、音像制品、电子出版物。具体适用9%税率的货物如表2-5所示。

表2-5 适用9%税率的货物

序号	项目	序号	项目
1	农业产品	7	煤气
2	食用植物油	8	石油液化气
3	自来水	9	天然气
4	食用盐	10	二甲醚
5	暖气、热水	11	沼气
6	冷气	12	居民用煤炭制品

(续表)

序号	项目	序号	项目
13	图书、报纸、杂志	17	化肥
14	音像制品	18	农药
15	电子出版物	19	农膜
16	饲料	20	农机

（2）纳税人销售交通运输、邮政、基础电信、建筑、不动产租赁服务，销售不动产，转让土地使用权，税率为9%。

（二）低税率 6%

纳税人销售增值电信服务、金融服务、现代服务和生活服务，销售土地使用权以外的无形资产，税率为6%。

三、零税率

（1）纳税人出口货物适用零税率。

（2）在中华人民共和国境内的单位和个人销售国际运输服务、航天运输服务。

（3）向境外单位提供的完全在境外消费的研发服务、合同能源管理服务、设计服务、广播影视节目（作品）的制作和发行服务、软件服务、电路设计及测试服务、信息系统服务、业务流程管理服务、离岸服务外包业务、转让技术服务或者无形资产（以下统称"跨境应税行为"），适用增值税零税率。

扫码了解政策详情

四、征收率

一般纳税人特殊情况下采用简易计税方法适用征收率。小规模纳税人缴纳增值税采用简易计税方法适用征收率。我国增值税的法定征收率是3%；一些特殊项目适用3%的征收率减按2%征收增值税；自2020年5月1日至2023年12月31日，从事二手车经销的纳税人销售其收购的二手车，减按0.5%征收率征收增值税。全面"营改增"后的与不动产有关的特殊项目适用5%的征收率；一些特殊项目适用5%的征收率减按1.5%征收增值税。

《关于增值税小规模纳税人减免增值税政策的公告》（财政部 税务总局公告2023年第19号）第二条规定，增值税小规模纳税人适用3%征收率的应税销售收入，减按1%征收率征收增值税。

【问】 我是一家餐饮公司，为按月申报的增值税小规模纳税人，2023年8月25日为客户开具了2万元的3%征收率增值税普通发票。8月实际月销售额为15万元，均为3%征收率的销售收入，我公司客户为个人，无法收回已开具发票，请问我公司还能够享受3%征收率销售收入减按1%征收率征收增值税政策吗？

【答】 增值税小规模纳税人适用3%征收率的应税销售收入,减按1%征收率征收增值税。你公司3%征收率的销售收入15万元,可以在申报纳税时直接进行减税申报,享受3%征收率销售收入减按1%征收率征收增值税政策。为减轻办税负担,无需对已开具的3%征收率的增值税普通发票进行作废或换开。但需要注意的是,按照《中华人民共和国发票管理办法》等相关规定,纳税人应如实开具发票。《国家税务总局关于增值税小规模纳税人减免增值税等政策有关征管事项的公告》(国家税务总局公告2023年第1号)第五条规定,小规模纳税人取得应税销售收入,适用减按1%征收率征收增值税政策的,应按照1%征收率开具增值税发票。因此,今后您享受3%征收率销售收入减按1%征收率征收增值税政策时,如需开具增值税普通发票,应按照1%征收率开具。

扫码查看答案解析

【小试牛刀-多选题2-2-2】 下列行为属于增值税零税率适用范围的有(　　)。
A. 向境外单位提供在境内消费的研发服务
B. 航天运输服务
C. 在境外载运旅客或者货物入境
D. 向境外单位提供完全在境外消费的设计服务
E. 在境内载运旅客或者货物出境

【知识点3】 销项税额的计算

销项税额是指纳税人销售货物、提供加工修理修配劳务、销售服务、无形资产或者不动产按照销售额和增值税税率计算并收取的增值税额。其计算公式为:

$$销项税额 = 销售额 \times 税率$$

一、一般销售方式下销售额的确定

一般销售方式下销售货物、提供加工修理修配劳务的销售额是指纳税人销售货物或提供应税劳务向购买方收取的全部价款和价外费用,但是不包括收取的销项税额。

一般销售方式下销售服务、无形资产或者不动产的销售额是指纳税人销售服务、无形资产或者不动产向购买方收取的全部价款和价外费用,财政部和国家税务总局另有规定的除外。价外费用指价外收取的各种性质的收费,但不包括代为收取的政府性基金或者行政事业性收费,以及以委托方名义开具发票代委托方收取的款项。

【例2-2-1】 甲服装厂为增值税一般纳税人,本年5月销售服装并开具增值税专用发票,取得含税销售额350万元;销售服装并开具增值税普通发票,取得含税销售额120万元;将外购的布料用于集体福利,该布料购进价为20万元,同类布料不含税销售价为32万元。该服装适用增值税税率为13%。

将外购的布料用于集体福利,不视同销售货物,无须计算销项税额,其进项税额也不得从销项税额中抵扣;销售服装时不论是否开具增值税专用发票,均应计算销项税额。

增值税销项税额=(350+120)÷(1+13%)×13%=54.07(万元)

二、价税合并收取情况下销售额的确定

含税销售额需换算成不含税销售额,作为增值税的计税依据。其换算公式为:

销售额=含税销售额÷(1+税率)

【小试牛刀-单选题2-2-3】 甲服装厂为增值税一般纳税人,2023年10月将100件自产服装发给职工作为福利。该批服装成本904元/件,甲服装厂同类服装含增值税单价1 356元/件。已知,增值税税率为13%,计算甲服装厂当月该笔业务增值税销项税额。下列算式中,正确的是( )。

A. 100×1 356×13%=17 628(元)
B. 100×1 356÷(1+13%)×13%=15 600(元)
C. 100×904×13%=11 752(元)
D. 100×904÷(1+13%)×13%=10 400(元)

扫码查看答案解析

三、特殊销售方式销售额的确定

(一)采取折扣方式销售

折扣销售,在会计上又称商业折扣,是指销货方在销售货物时,因购货方购货数量较大或与销售方有特殊关系等原因而给予对方价格上的优惠(直接打折)。

销售额和折扣额在同一张发票上的"金额"栏分别注明的,可按折扣后的销售额征收增值税。未在同一张发票"金额"栏分别注明折扣额,而仅在发票的"备注"栏注明折扣额的,折扣额不得从销售额中扣除。

销售折扣,在会计上又称现金折扣,是指销货方在销售货物或提供应税劳务后,为了鼓励购货方及早偿还货款而协议许诺给予购货方的一种折扣优待(如:10天内付款,货款折扣2%;20天内付款,货款折扣1%;30天内全价付款)。

【小试牛刀-单选题2-2-4】 甲公司为增值税一般纳税人,2023年10月采取折扣方式销售货物一批,不含增值税销售额10万元,由于购买方购买数量较大给予10%的折扣,销售额和折扣额在同一张发票上(金额栏)分别注明。已知增值税税率为13%,计算甲公司当月该笔业务增值税销项税额。下列算式中,正确的是( )。

A. 10×(1-10%)×13%=1.17(万元)   B. 10×13%=1.3(万元)
C. 10×10%×13%=0.13(万元)   D. 10×(1+13%)×13%=1.469(万元)

扫码查看答案解析

(二)采取以旧换新方式销售

金银首饰以外的以旧换新业务,应按新货物的同期销售价格确定销售额,不得减除旧货

物的收购价格。对于换取的旧货物,若取得增值税专用发票等合法扣税凭证,则增值税专用发票等合法扣税凭证上注明的进项税额可以从销项税额中抵扣。

金银首饰以旧换新业务,按销售方实际收到的不含增值税的全部价款征税。

扫码查看答案解析

【小试牛刀-单选题2-2-5】 甲公司为增值税一般纳税人,2023年10月采用以旧换新方式销售手机。新手机含增值税售价395.5万元,回收的旧手机折价56.5万元。实际收取含增值税价款339万元。已知增值税税率为13%。下列计算甲公司当月上述业务增值税销项税额的算式中,正确的是(   )。

A. 395.5÷(1+13%)×13%=45.5(万元)
B. 339÷(1+13%)×13%=39(万元)
C. 395.5×13%=51.415(万元)
D. 339×13%=44.07(万元)

扫码查看答案解析

【小试牛刀-单选题2-2-6】 甲首饰店是增值税一般纳税人。2023年11月采取"以旧换新"方式销售一批金项链。该批金项链含增值税售价为135 600元,换回的旧项链作价124 300元,甲首饰店实际收取差价款11 300元。已知增值税税率为13%。下列计算甲首饰店当月该笔业务增值税销项税额的算式中,正确的是(   )。

A. 135 600÷(1+13%)×13%=15 600(元)
B. 124 300÷(1+13%)×13%=14 300(元)
C. 135 600×13%=17 628(元)
D. 11 300÷(1+13%)×13%=1 300(元)

(三)采取以物易物方式销售

以物易物的双方以各自发出货物核算销售额并计算销项税额。对于一般纳税人之间的以物易物,双方是否可以抵扣进项税额,需要看能否取得对方开具的增值税专用发票等合法扣税凭证、换入的货物是否属于可以抵扣进项税额的货物等。

扫码查看答案解析

【小试牛刀-单选题2-2-7】 甲企业2023年3月以含税价格65 540元(成本价为45 666元)的自产产品与乙公司换取含税价格为47 460元的原材料一批,乙企业另支付其交换差价18 080元,交换货物均适用13%增值税税率,成本利润率8%。双方均为增值税一般纳税人,均对此取得增值税专用发票。甲企业该业务应计算增值税销项税额(   )元。

A. 7 540.00   B. 9 620.00   C. 6 318.00   D. 2 080.60

(四)采取还本销售方式销售

还本销售是指销售方将货物出售之后,按约定的时间,一次或分次将货款部分或全部退还给购货方,退还的货款即为还本支出。

(五) 包装物押金核算

纳税人销售货物时另收取包装物押金,目的是促使购货方及早退回包装物以便周转使用。包装物押金是否计入销售额,根据税法规定,纳税人为销售货物而出租出借包装物收取的押金,单独记账核算的,时间在1年以内又未逾期的,不并入销售额征税,但对因逾期未收回包装物不再退还的押金,应按所包装货物的适用税率计算销项税额。

【小试牛刀-单选题 2-2-8】 甲公司为增值税一般纳税人,2022年6月销售啤酒取得含增值税销售额 678 000 元,另收取包装物押金 60 000 元,且单独记账核算。已知增值税税率为 13%,下列计算甲公司当月该笔业务销售啤酒增值税销项税额的算式中,正确的是( )。

A. 678 000÷(1+13%)×13%=78 000(元)
B. 678 000÷(1+13%)×13%+60 000×13%=85 800(元)
C. (678 000+60 000)×13%=95 940(元)
D. 678 000×13%=88 140(元)

扫码查看答案解析

(六) 贷款服务

自 2018 年 1 月 1 日起,金融机构开展贴现、转贴现业务,以其实际持有票据期间取得的利息收入作为贷款服务销售额计算缴纳增值税。

(七) 直接收费金融服务

直接收费金融服务是以提供直接收费金融服务收取的手续费、佣金、酬金、管理费、服务费、经手费、开户费、过户费、结算费、转托管费等各类费用为销售额。

【小试牛刀-单选题 2-2-9】 关于增值税的销售额,下列说法正确的是( )。
A. 贷款服务以取得的利息收入扣除手续费计算缴纳增值税
B. 提供直接收费金融服务收取的过户费,不征收增值税
C. 以物易物方式销售货物,以各自发出的货物核算销售额
D. 纳税人收取的包装物押金一律并入销售额征税

扫码查看答案解析

(八) 特殊的电信销售服务

销售电信服务时,附带赠送用户识别卡、电信终端等货物或者电信服务的,应将其取得的全部价款和价外费用进行分别核算,按各自适用的税率计算缴纳增值税。

四、需要核定的销售额的确定

纳税人销售货物价格明显偏低并无正当理由或者有视同销售货物行为而无销售额者,在计算时,其销售额要按照如下规定的顺序来确定:

(1) 按纳税人最近时期同类货物的平均销售价格确定。

(2) 按其他纳税人最近时期同类货物的平均销售价格确定。

如果用以上两种方法均不能确定其销售额的,可按组成计税价格确定销售额。其计算公式为:

(1) 若销售的货物不属于消费税应税消费品:

$$组成计税价格 = 成本 + 利润 = 成本 \times (1 + 成本利润率)$$

(2) 若销售的货物属于消费税应税消费品:

第一种情形:实行从价定率办法计算纳税,组成计税价格计算公式为:

$$组成计税价格 = 成本 + 利润 + 消费税税额$$
$$= 成本 \times (1 + 成本利润率) + 消费税税额$$
$$= 成本 \times (1 + 成本利润率) \div (1 - 消费税比例税率)$$

第二种情形:实行从量定额办法计算纳税,组成计税价格计算公式为:

$$组成计税价格 = 成本 + 利润 + 消费税税额$$
$$= 成本 \times (1 + 成本利润率) + 消费税税额$$
$$= 成本 \times (1 + 成本利润率) + 课税数量 \times 消费税定额税率$$

第三种情形:实行复合计税办法计算纳税,组成计税价格计算公式为:

$$组成计税价格 = 成本 + 利润 + 消费税税额$$
$$= 成本 \times (1 + 成本利润率) + 消费税税额$$
$$= [成本 \times (1 + 成本利润率) + 课税数量 \times 消费税定额税率]$$
$$\div (1 - 消费税比例税率)$$

【知识点4】 企业销售业务中的增值税筹划实例

【例2-2-2】 甲公司下设两个非独立核算的业务经营部门,即供电器材销售部和工程安装施工队。供电器材销售部主要负责销售输电设备等货物,工程安装施工队主要负责输电设备的调试等工程。甲公司取得不含税销售收入2 800万元,提供设备调试服务取得的不含税收入为2 200万元,购买生产用原材料2 000万元,可抵扣的进项税额为260万元。甲公司为增值税一般计税方法纳税人,税务机关对其发生的混合交易行为一并征收增值税。

(1) 判断甲公司该项交易行为是混合销售还是兼营销售行为?

(2) 甲公司如何决策能够降低税负?

【解析】 (1) 该项交易行为为混合销售行为,既有销售服务同时又提供了设备调试服务,应该从高税率计算增值税。

(2) 在现行的方案下,甲公司应缴纳税额的计算如下:

增值税销项税额 = (2 800 + 2 200) × 13% = 650(万元)

增值税应纳税额 = 增值税销项税额 − 增值税进项税额 = 650 − 260 = 390(万元)

经过分析,甲公司调试设备收入比例较高,但没有相应的进项税额可以抵扣。该公司可以将负责设备调试的工程安装施工队单独组建成一个公司,并独立核算,自行缴纳税款。设备调试收入适用的税率为9%。

销售业务应缴纳增值税=2 800×13%−260=104(万元)

设备调试收入应缴纳增值税=2 200×9%=198(万元)

合计应纳税额=198+104=302(万元)

经比较,甲公司将工程安装施工队单独组建一个公司税负更低。

【例2-2-3】 某物流有限公司为一般计税方法纳税人,它在提供装卸搬运服务的同时,还为一家体育器械公司提供一部分交通运输服务。某月,该公司取得交通运输收入100万元(含税),装卸搬运服务收入50万元(含税),计算该公司应缴纳多少增值税?

【解析】 方案一:未分别核算的情况。交通运输业适用的增值税税率为9%,装卸搬运服务适用的税率为6%。如果未分别核算,则从高适用税率。

应缴纳增值税=(100+50)×9%÷(1+9%)=12.39(万元)

方案二:分别进行核算的情况。

应缴纳增值税=100×9%÷(1+9%)+50×6%÷(1+6%)=11.09(万元)

经计算,方法二可以节省1.3万元的税额。

【例2-2-4】 A手机商城为增值税一般纳税人,增值税税率13%,A手机商城代理为为手机的成本价为2 200元/台(可取得13%的增值税专票),平时市场售价为3 200元/台(备注:均为含税价)。春节期间为了促销欲采用三种方案:

【解析】 活动方案一:A手机商城的为为手机降价至3 000元/台。购买为为手机,赠送市场价100元的为为无线耳机礼品一个(成本含税价30元),并且可以参与抽取现金1 000元奖励的抽奖活动,奖金抽取概率5%。发票开具的手机金额3 000元,无线耳机金额0元。

活动方案二:春节活动售价不变,可以赠送一份1年的手机延保险及全损维修险,延保险单独售价300元/台,保险预计发生维修成本300元/台。开具为为手机销售发票2 900元及延保险300元给客户。

活动方案三:春节活动立减300元/台,折扣体现在发票中。

根据参考资料中的案例介绍,该公司应当选择哪套方案?具体计算结果如表2-6所示。

表2-6　三种方案对比分析表　　　　　　　单位:元

项目	方案一	方案二	方案三
营业收入	2 654.87	2 831.86	2 566.37
销项税额	345.13	368.14	333.63
产品成本	1 973.45	1 946.90	1 946.90
进项税额	256.55	253.10	253.10
应缴纳增值税	88.58	115.04	80.53

(续表)

项目	方案一	方案二	方案三
费用	50.00	300.00	0
利润	631.42	584.96	619.47

根据上述计算,该公司应该选择方案一。

【例2-2-5】 甲商场为扩大销售,准备在中秋节开展一次促销活动,促销活动共有以下三种方案可供选择。

方案一:让利20%销售商品,即甲商场1 000元的商品以800元价格销售。

方案二:返还20%现金,即甲商场在销售1 000元商品的同时,向顾客赠送200元现金。

方案三:赠送商品,即甲商场在销售800元商品的同时,另外再赠送200元的商品(视同销售)。

以销售1 000元的商品为基数,参与该活动的商品购进成本为600元。以上均为含税价格,增值税税率为13%,城市维护建设税及教育费附加的税率分别为7%和3%。经测算,甲商场每销售1 000元商品可以在企业所得税前扣除的工资和其他费用为60元(不含税)。该商场该选择哪套方案?

【解析】

方案一:商业折扣

应缴增值税=(800−600)÷(1+13%)×13%=23.01(元)

应纳税所得额=(800−600)÷(1+13%)−23.01×0.1−60=114.69(元)

应缴企业所得税=114.69×25%=28.67(元)

税后利润=(800−600)÷(1+13%)−23.01×0.1−60−28.67=86.02(元)

方案二:销售返现

应缴增值税=(1 000−600)÷(1+13%)×13%=46.02(元)

应纳税所得额=(1 000−600)÷(1+13%)−46.02×0.1−60=289.38(元)

税后利润=[(1 000−600)÷(1+13%)−46.02×0.1−60]×0.75−200=17.04(元)

方案三:赠送商品

应缴增值税=(800+200−600)÷(1+13%)×13%=46.02(元)

应纳税所得额=(800−600)÷(1+13%)−46.02×0.1−60−200÷(1+13%)×13%=89.38(元)

税后利润=89.38×0.75=67.04(元)

根据上述计算,该商场为扩大销售,应选择方案一为促销方式。

任务三　企业采购业务中增值税业务咨询

案例导入

客户1：我是个体工商户，属于按季申报的增值税小规模纳税人。2023年1月5日，自行开具了1张征收率为3%的增值税专用发票，提供给下游客户用于抵扣进项税额，尚未申报纳税。请问对于这笔销售收入，如果我要享受减按1%征收增值税政策，是否必须追回已开具的征收率为3%的专用发票？

财税咨询人员A：《财政部　税务总局关于明确增值税小规模纳税人减免增值税等政策的公告》（财政部　税务总局公告2023年第1号）第二条规定，自2023年1月1日至2023年12月31日，增值税小规模纳税人适用3%征收率的应税销售收入，减按1%征收率征收增值税。

您取得适用3%征收率的应税销售收入，可以享受减按1%征收率征收增值税政策。但增值税专用发票具有抵扣功能，您已向购买方开具3%征收率的增值税专用发票，应在增值税专用发票全部联次追回予以作废或者按规定开具红字专用发票后，方可就此笔业务适用减征增值税政策。否则，需要就已开具增值税专用发票的应税销售收入按3%征收率申报缴纳增值税。

客户2：我单位从事垃圾处理业务，按照国家税务总局公告2020年第9号文件，属于提供专业技术服务。我单位2019年全年垃圾处理业务销售额占全部销售额的比重超过50%，请问我单位2020年可以享受进项税额加计抵减政策吗？

财税咨询人员A：《国家税务总局关于明确二手车经销等若干增值税征管问题的公告》（国家税务总局公告2020年第9号）第二条明确，纳税人受托对垃圾、污泥、污水、废气等废弃物进行专业化处理，即运用填埋、焚烧、净化、制肥等方式，对废弃物进行减量化、资源化和无害化处理处置，按照以下规定适用增值税税率：

（1）采取填埋、焚烧等方式进行专业化处理后未产生货物的，受托方属于提供《销售服务、无形资产、不动产注释》（财税〔2016〕36号文件印发）"现代服务"中的"专业技术服务"，其收取的处理费用适用6%的增值税税率。

（2）专业化处理后产生货物，且货物归属委托方的，受托方属于提供"加工劳务"，其收取的处理费用适用13%的增值税税率。

（3）专业化处理后产生货物，且货物归属受托方的，受托方属于提供"专业技术服务"，其收取的处理费用适用6%的增值税税率。受托方将产生的货物用于销售时，适用货物的增值税税率。

上述规定自2020年5月1日起施行，此前已发生未处理的事项，按照本公告执行，已处理的事项不再调整。

你公司是否可以在2020年适用加计抵减政策，应以你公司2019年提供的邮政服务、电信服务、现代服务和生活服务销售额占比是否超过50%进行判断，其中垃圾处理业务以你公司2019年实际申报缴纳增值税适用的税目税率为准。

客户3：我们是生产、生活性服务业纳税人，取得邮政服务、电信服务、现代服务、生活服务四项服务以外的进项税额可以加计抵减吗？

财税咨询人员A：适用加计抵减政策的纳税人，当期可抵扣进项税额，均可以进行加计抵减，不仅限于邮政服务、电信服务、现代服务、生活服务四项服务对应的进项税额，出口货物劳务、发生跨境应税行为除外。

客户4：我公司为从事交通运输业的增值税一般纳税人，租入货车用于交通运输。请问对于我公司取得的有形动产租赁的13%税率的增值税专用发票，其进项税额是否可以抵扣我公司因提供交通运输服务而产生的税率为9%的销项税额？

财税咨询人员A：可以，根据《营业税改征增值税试点实施办法》（财税〔2016〕36号附件1）的规定，一般纳税人发生应税行为适用一般计税方法计税。一般计税方法的应纳税额是指当期销项税额抵扣当期进项税额后的余额。应纳税额的计算公式为：应纳增值税＝当期销项税额－当期进项税额。当期销项税额小于当期进项税额不足抵扣时，其不足部分可以结转下期继续抵扣。

【知识点1】 进项税额的抵扣

操作视频——
进项税额勾
选认证

进项税额是指纳税人购进货物、加工修理修配劳务、服务、无形资产或者不动产，支付或者负担的增值税额。

一、准予从销项税额中抵扣的进项税额

（一）凭票抵扣

（1）从销售方取得的"增值税专用发票"（含税控机动车销售统一发票）上注明的增值税额。

（2）从海关取得的"海关进口增值税专用缴款书"上注明的增值税额。

（3）从境外单位或者个人购进劳务、服务、无形资产或者境内的不动产，从税务机关或者扣缴义务人取得的代扣代缴税款的"完税凭证"上注明的增值税额。

（二）计算抵扣

1."农产品"的抵扣政策

如果购进农产品取得增值税专用发票或者海关进口增值税专用缴款书，则凭票抵扣。如果从适用3%征收率的小规模纳税人处购入农产品，取得3%税率的"增值税专用发票"或者从农业生产者处购进"免税"农产品，用于生产或委托加工13%税率的货物，适用10%的扣除率；用于生产或委托加工9%税率的货物或6%税率的服务，适用9%的扣除率。计算公式为：

进项税额＝买价(金额)×扣除率(9%或10%)

例如,甲向乙购入一批橙子,如果乙是一般纳税人,并取得了增值税专用发票,价款10万元,税款0.9万元。乙清洗包装后直接出售,可凭票抵扣0.9万元。如果加工成橙汁出售,凭票可抵扣0.9万元,实际执行时还可以1%的加计扣除额度。假设是从境外机构进口的橙子,凭进口增值税专用缴款书,进行进项税额抵扣。如果乙是小规模纳税人取得增值税专用发票,价款为10万元,税款为0.3万元,乙清洗包装后直接出售,可凭票抵扣0.9万元。如果加工成橙汁出售,可抵扣1万元(10×10%)。

2. 购进国内旅客运输服务的抵扣政策

自2019年4月1日起,购进国内旅客运输服务,其进项税额允许从销项税额中抵扣。具体的抵扣政策根据所乘交通工具而定,不同交通工具取得的抵扣标准不同,抵扣依据和计算方法也不尽相同,如表2-7所示。

表2-7 抵扣凭证与计算方法

抵扣凭证	计算方法
增值税电子普通发票	发票上注明的税额(凭票抵扣)
注明旅客身份信息的航空运输电子客票行程单	(票价＋燃油附加费)÷(1＋9%)×9% 【提示】 不包括代收的"民航发展基金"
注明旅客身份信息的铁路车票	票面金额÷(1＋9%)×9%
注明旅客身份信息的公路、水路等其他客票	票面金额÷(1＋3%)×3%

【小试牛刀-单选题2-3-1】 甲公司销售部李某国内出差,取得注明李某身份信息的航空运输电子客票行程单,记载往返票价和燃油附加费合计3 270元、机场建设费(民航发展基金)100元。下列计算甲公司当月取得航空运输电子客票行程单准予抵扣进项税额的算式中,正确的是( )。

A. 3 270÷(1＋9%)×9%＝270(元)
B. 3 270÷(1＋9%)×9%＋100×9%＝279(元)
C. 3 270×9%＝294.3(元)
D. (3 270＋100)×9%＝303.3(元)

扫码查看答案解析

【小试牛刀-多选题2-3-2】 根据增值税法律制度的规定,一般纳税人购进货物、服务取得的下列合法凭证中,属于增值税扣税凭证的有( )。

A. 农产品销售发票
B. 增值税专用发票
C. 注明旅客身份信息的国内航空运输电子客票行程单
D. 海关进口增值税专用缴款书

扫码查看答案解析

二、不得抵扣的进项税额

以下四种情形,进项税额不得从销项税额中抵扣。

(一) 不再产生后续销项税额

用于简易计税方法计税项目、免征增值税项目、集体福利或者个人消费的购进货物、劳务、服务、无形资产和不动产的情形,因其后续不再发生商品流转而产生的销项税额,销售链条终止,对应的增值税进项税额不得抵扣。

1. 固定资产、无形资产、不动产

不得抵扣的固定资产、无形资产、不动产,仅指专用于上述项目的固定资产、无形资产(不包括其他权益性无形资产)、不动产。

2. 货物

一般纳税人"兼营"简易计税方法计税项目、免税项目而无法划分不得抵扣的进项税额的,按照下列公式计算不得抵扣的进项税额:

$$\text{不得抵扣的进项税额} = \text{当期无法划分的全部进项税额} \times (\text{当期简易计税方法计税项目销售额} + \text{免征增值税项目销售额}) \div \text{当期全部销售额}$$

(二) 非正常损失

以下项目的进项税额不得从销项税额中抵扣:

(1) 非正常损失的购进货物,以及相关的加工修理修配劳务和交通运输服务。

(2) 非正常损失的在产品、产成品所耗用的购进货物(不包括固定资产)、加工修理修配劳务和交通运输服务。

(3) 非正常损失的不动产,以及该不动产所耗用的购进货物、设计服务和建筑服务。

(4) 非正常损失的不动产在建工程(纳税人新建、改建、扩建、修缮、装饰不动产)所耗用的购进货物、设计服务和建筑服务。

【问】 甲公司为增值税一般纳税人,2024年5月购入一辆汽车自用,该汽车的不含税价格为24万元,机动车销售统一发票上注明的增值税税款为3.12万元,甲公司取得的机动车销售统一发票符合抵扣规定。汽车折旧期限为5年,采用直线法计提折旧。2024年6月该汽车因管理不善被盗,无法直接确定进项税额。请问甲公司2024年6月需转出的进项税额是多少。

【答】 甲公司需按照固定资产净值计算应转出的进项税额,即:

进项税额转出额 = $(24 - 24 \div 5 \div 12) \times 13\% = 3.07$(万元)

(三) 营改增特殊项目

(1) 购进的"贷款服务、餐饮服务、居民日常服务和娱乐服务"。

(2) 纳税人接受贷款服务向贷款方支付的与该笔贷款直接相关的投融资顾问费、手续费、咨询费等,其进项税额不得从销项税额中抵扣。

(四) 会计核算不健全

一般纳税人会计核算不健全,不能够准确提供税务资料,或应当办理一般纳税人资格登记而未办理,按照适用税率征收增值税,不得抵扣进项税额,不得使用增值税专用发票。

三、进项税额结转抵扣、留抵税额等情况的税务处理

(1) 纳税人在计算应纳税额时,如果出现当期销项税额小于当期进项税额不足抵扣的情况,当期进项税额不足抵扣的部分可以结转下期继续抵扣。

(2) 增值税一般纳税人(原纳税人)在资产重组中将全部资产、负债、劳动力一并转让给其他增值税一般纳税人(新纳税人),并按程序办理注销税务登记的,其在办理注销税务登记前尚未抵扣的进项税额可以结转至新纳税人处继续抵扣。

(3) 增值税一般纳税人注销或取消辅导期一般纳税人资格,转为小规模纳税人时,其存货不作进项税额转出处理,其留抵税额也不予以退税。

(4) 加计抵减政策:①加计抵减10%政策。自2019年4月1日至2022年12月31日,允许生产、生活性服务业纳税人按照当期可抵扣进项税额加计10%,抵减应纳税额。②加计抵减15%政策。自2019年10月1日至2022年12月31日,允许生活性服务业纳税人按照当期可抵扣进项税额加计15%,抵减应纳税额。③自2023年1月1日至2023年12月31日,允许生产性服务业纳税人按照当期可抵扣进项税额加计5%抵减应纳税额。允许生活性服务业纳税人按照当期可抵扣进项税额加计10%抵减应纳税额。

【问】 享受增值税加计抵减政策的生产、生活性服务业销售比重如何判定?

【答】 根据《财政部、税务总局、海关总署关于深化增值税改革有关政策的公告》(财政部 税务总局 海关总署公告〔2019〕39号),享受增值税加计扣除的生产生活服务业纳税人,销售比重可以分为以下两种情况:2019年3月31日前设立的纳税人,自2018年4月至2019年3月期间提供邮政服务、电信服务、现代服务、生活服务,销售额占全部销售额比重超过50%的,可自2019年4月1日起适用加计扣除政策。注意:如果经营期不满12个月的,按照实际经营期的销售额计算。而在2019年4月1日后设立的,自设立之日起三个月提供四项服务,销售额占全部销售额比重超过50%的,自登记为一般纳税人之日起,适用加计扣除政策。

【问】 某公司是重庆市一家提供建筑服务的企业,属于按季申报的增值税小规模纳税人,第三季度预计取得含税收入45.4万元,同时某公司期初结转的扣除项目还有5万元。请问公司在办理第三季度纳税申报时,《增值税及附加税费纳税申报表(小规模纳税人适用)附列资料》应当如何计算填写?

【答】《国家税务总局关于支持个体工商户复工复业等税收征收管理事项的公告》(国家税务总局公告2020年第5号)第三条第二款规定,《增值税及附加税费纳税申报表(小规模纳税人适用)附列资料》第8栏"不含税销售额"计算公式调整为:第8栏=第7栏÷(1+征收率),如表2-8所示。

表 2-8　增值税及附加税费申报表(小规模纳税人适用)附列资料

(服务、不动产和无形资产扣除项目明细)

纳税人识别号：　　　　　　　　　　纳税人名称：
所属时期：　　至　　　　　　　　　　填表日期：　　　　　　　　金额单位：元至角分

应税行为(3%征收率)扣除额计算			
期初余额	本期发生额	本期扣除额	期末余额
1	2	3(3≤1+2 之和,且 3≤5)	4=1+2-3

应税行为(3%征收率)计税销售额计算			
全部含税收入 (适用 3%征收率)	本期扣除额	含税销售额	不含税销售额
5	6=3	7=5-6	8=7÷1.03

应税行为(5%征收率)扣除额计算			
期初余额	本期发生额	本期扣除额	期末余额
9	10	11(11≤9+10 之和,且 11≤13)	12=9+10-11

应税行为(5%征收率)计税销售额计算			
全部含税收入 (适用 5%征收率)	本期扣除额	含税销售额	不含税销售额
13	14=11	15=13-14	16=15÷1.05

公司在办理三季度增值税纳税申报时,《增值税及附加税费纳税申报表(小规模纳税人适用)附列资料》第 1 栏至第 7 栏依次填报 5 万元、0.5 万元、0、45.4 万元、5 万元、40.4 万元。在计算填写第 8 栏时,计算公式中的征收率为 1%,第 8 栏应填写 40 万元[40.4÷(1+1%)]。在填报《增值税及附加税费纳税申报表(小规模纳税人适用)》时,第 1 栏"应征增值税不含税销售额(3%征收率)"填写为 40 万元,对应减征的增值税应纳税额 0.8 万元(40×2%),填写在第 16 栏"本期应纳税额减征额"栏次。同时,你公司应当将本期减征的增值税应纳税额填入《增值税减免税明细表》减税项目相应栏次,填报时应准确选择减税项目代码,准确填写减税项目本期发生额等相关栏次。

【知识点 2】　增值税专用发票的使用和管理

增值税专用发票是增值税一般纳税人销售货物、劳务、服务、无形资产或者不动产开具的发票,是作为一般纳税人的购买方支付增值税额并可按照增值税有关规定据以抵扣增值税进项税额的凭证。一般纳税人应通过增值税防伪税控系统使用专用发票。对于一般纳税人来说，包括申领、开具、缴销、认证纸质专用发票及其相应的数据电文。

一、增值税专用发票的申领和开具范围

（一）申领范围

自2020年2月1日起，全面推行小规模纳税人自行开具增值税专用发票之后，增值税一般纳税人和增值税小规模纳税人均可以申领和使用增值税专用发票。有下列情形之一的，不得申领增值税专用发票：

（1）会计核算不健全，不能向税务机关准确提供增值税销项税额、进项税额、应纳税额数据及其他有关增值税税务资料的。上述其他有关增值税税务资料的内容，由省、自治区、直辖市和计划单列市国家税务局确定。

（2）应当办理一般纳税人资格登记而未办理的。

（3）有《中华人民共和国税收征收管理法》规定的税收违法行为，拒不接受税务机关处理的。

（4）有下列行为之一，经税务机关责令限期改正而仍未改正者：虚开增值税专用发票；私自印制专用发票；向税务机关以外的单位和个人买取专用发票；借用他人专用发票；未按照规定开具增值税专用发票；未按规定保管专用发票和专用设备；未按规定申请办理防伪税控系统变更发行；未按规定接收税务机关检查。

（二）开具范围

纳税人发生应税销售行为，应当向索取增值税专用发票的购买方开具增值税专用发票，并在增值税专用发票上分别注明销售额和销项税额。

属于下列情形之一的，不得开具增值税专用发票：

（1）应税销售行为的购买方为消费者个人的。

（2）发生应税销售行为适用免税规定的。

（3）部分适用增值税简易征收政策规定的：①增值税一般纳税人的单采血浆站销售非临床用人体血液选择简易计税的。②纳税人销售旧货，按简易办法依3%征收率减按2%征收增值税的。③纳税人销售自己使用过的固定资产，适用按简易办法依3%征收率减按2%征收增值税政策的。

纳税人销售自己使用过的固定资产，适用简易办法依照3%征收率减按2%征收增值税政策的，可以放弃减税，按照简易办法依照3%征收率缴纳增值税，并可以开具增值税专用发票。

（4）法律、法规及国家税务总局规定的其他情形。

【问】 公司为增值税一般纳税人，请问向小规模纳税人销售货物时能否开具增值税专用发票？

【答】 根据《增值税暂行条例》的规定，纳税人发生应税销售行为，应当向索取增值税专用发票的购买方开具增值税专用发票，并在增值税专用发票上分别注明销售额和销项税额。属于下列情形之一的，不得开具增值税专用发票：①应税销售行为的购买方为消费者个人

的;②发生应税销售行为适用免税规定的。根据《增值税专用发票使用规定》(国税发〔2006〕156号)第十条的规定,商业企业一般纳税人零售的烟、酒、食品、服装、鞋帽(不包括劳保专用部分)、化妆品等消费品不得开具增值税专用发票。税法并没有明确规定一般纳税人不得向小规模纳税人开具增值税专用发票。

因此,如果增值税一般纳税人向小规模纳税人的销售行为不属于上述规定的不得开具增值税专用发票情形的,在购买方索取的情况下,增值税一般纳税人可以向小规模纳税人开具增值税专用发票。但因小规模纳税人即使取得增值税专用发票,发票上的进项税额也不能抵扣。因此,一般情况下,一般纳税人向小规模纳税人开具的是增值税普通发票。

二、增值税专用发票的基本内容和开具要求

(一)增值税专用发票的联次

增值税专用发票由基本联次或者基本联次附加其他联次构成,分为三联版和六联版两种。基本联次为三联:第一联为记账联,是销售方记账凭证;第二联为抵扣联,是购买方扣税凭证;第三联为发票联,是购买方记账凭证。其他联次用途由纳税人自行确定。纳税人办理产权过户手续需要使用发票的,可以使用增值税专用发票第六联。

(二)增值税专用发票的基本内容

增值税专用发票的基本内容包括购销双方的纳税人名称;购销双方的地址;购销双方的纳税人识别号;发票字轨号码;销售货物、劳务、服务、无形资产或者不动产的名称、计量单位、数量;不包括增值税在内的单价及总金额;增值税税率、增值税税额、开具的日期。

(三)增值税专用发票的开具要求

(1)项目齐全,与实际交易相符。

(2)字迹清楚,不得压线、错格。

(3)发票联和抵扣联加盖发票专用章。

(4)按照增值税纳税义务发生时间开具。

三、增值税专用发票进项税额的抵扣时限

自2020年3月1日起,增值税一般纳税人取得2017年1月1日及以后开具的增值税专用发票、海关进口增值税专用缴款书、机动车销售统一发票、收费公路通行费增值税电子普通发票,取消认证确认、稽核比对、申报抵扣的期限。纳税人在进行增值税纳税申报时,应当通过本省(自治区、直辖市和计划单列市)增值税发票综合服务平台对上述扣税凭证信息进行用途确认。

自2020年3月1日起,增值税一般纳税人取得2016年12月31日及以前开具的增值税专用发票、海关进口增值税专用缴款书、机动车销售统一发票,超过认证确认、稽核比对、申报抵扣期限,但符合规定条件的,仍可按《国家税务总局关于逾期增值税扣税凭证抵扣问题的公告》(国家税务总局公告2011年第50号,2017年第36号、2018年第31号修正)、《国

家税务总局关于未按期申报抵扣增值税扣税凭证有关问题的公告》(国家税务总局公告 2011 年第 78 号,2018 年第 31 号修正)规定,继续抵扣进项税额。

四、开具红字专用发票的处理流程

2016 年 8 月 1 日起,国家税务总局针对红字发票开具的有关问题规定如下。

第一,增值税一般纳税人开具增值税专用发票(以下简称专用发票)后,发生销货退回、开票有误、应税服务中止等情形但不符合发票作废条件,或者因销货部分退回及发生销售折让,需要开具红字专用发票的,按以下方法处理:

(1)购买方取得增值税专用发票已用于申报抵扣的,购买方可在增值税发票管理新系统中填开并上传《开具红字增值税专用发票信息表》,在填开《开具红字增值税专用发票信息表》时不填写相对应的蓝字增值税专用发票信息,应暂依《开具红字增值税专用发票信息表》所列增值税税额从当期进项税额中转出,待取得销售方开具的红字增值税专用发票后,与《开具红字增值税专用发票信息表》一并作为记账凭证。

(2)主管税务机关通过网络接收纳税人上传的《开具红字增值税专用发票信息表》,系统自动校验通过后,生成带有红字发票信息表编号的《开具红字增值税专用发票信息表》,并将信息同步至纳税人端系统中。

(3)销售方凭税务机关系统校验通过的《开具红字增值税专用发票信息表》开具红字增值税专用发票,在新系统中以销项负数开具。红字增值税专用发票应与《开具红字增值税专用发票信息表》一一对应。

(4)纳税人也可凭《开具红字增值税专用发票信息表》电子信息或纸质资料到税务机关对《开具红字增值税专用发票信息表》内容进行系统校验。

第二,税务机关为小规模纳税人代开专用发票,需要开具红字专用发票的,按照一般纳税人开具红字专用发票的方法处理。

第三,纳税人需要开具红字增值税普通发票的,可以在所对应的蓝字发票金额范围内开具多份红字发票。红字机动车销售统一发票需要与原蓝字机动车销售统一发票一一对应。

五、增值税专用发票不得作为抵扣进项税额凭证的规定

(1)无法认证,纳税人识别号认证不符,专用发票号码、代码不符等情形的,不得作为增值税进项税额的抵扣凭证,税务机关退还原件,购买方可要求销售方重新开具专用发票。

(2)重复认证、密文有误、认证不符、列为失控专用发票等情形的,暂时不得作为增值税进项税额的抵扣凭证,税务机关扣留原件,查明原因,分别情况进行处理。

(3)增值税专用发票抵扣联无法认证的,可使用增值税专用发票发票联到主管税务机关认证。

【案例分享】 李女士是某工业企业的会计,该企业今年 7 月从北京光彩世纪贸易有限

公司(以下简称北京光彩)购买了价值为9.9万元的布,并取得增值税专用发票,货款一次性付清。在前不久,河南省郑州市国税局稽查局在对北京光彩的发票进行协查的过程中,发现了李女士所在企业取得的这份增值税专用发票是失控发票。稽查部门根据税法规定,追缴了李女士所在企业已抵扣的进项税金,并从税款缴纳期限届满次日起至实际缴纳税款之日止,按日加收滞纳金。

李女士对这项政策甚是不理解,认为失控发票的责任应在开具方。为此,郑州市国税稽查局对其作了解释:失控发票是指防伪税控企业丢失被盗金税卡中未开具的发票,以及被列为非正常户的防伪税控企业未向税务机关申报或未按规定缴纳税款的发票。按规定此类发票不得抵扣增值税。

六、增值税专用发票丢失的处理

一般纳税人丢失已开具专用发票的发票联和抵扣联,如果丢失前已认证相符的,购买方凭销售方提供的相应专用发票记账联复印件及销售方所在地主管税务机关出具的"丢失增值税专用发票已报税证明单",经购买方主管税务机关审核同意后,可作为增值税进项税额的抵扣凭证;如果丢失前未认证的,购买方凭销售方提供的相应专用发票记账联复印件到主管税务机关进行认证,认证相符的凭该专用发票记账联复印件及销售方所在地主管税务机关出具的"丢失增值税专用发票已报税证明单",经购买方主管税务机关审核同意后,可作为增值税进项税额的抵扣凭证。

七、在新办纳税人中实行增值税专用发票电子化有关事项

增值税专用发票电子化的发展主要分为以下几个阶段:

(1) 2013—2015年局部试点阶段:试点主要针对较为发达地区的重点城市,将区域性电子发票系统与电子商务交易平台对接,重点是建立监控电子商务交易的电子发票系统,总结电子发票推进的难点和经验,为后续电子发票全国推广奠定基础。

(2) 2016年广泛推广阶段:电子发票在全国范围推广,但由于不同电子发票第三方服务平台尚未打通,微信凭借强大的C端流量优势,整合不同电子发票服务平台,打破了平台之间的藩篱。至此,掌握大量C端用户的互联网企业成为电子发票行业重要角色。2016年3月31日,微信在北京发布了电子发票解决方案。大账房网络科技股份有限公司(以下简称大账房)成为首批合作伙伴,是第一款接入微信的电子发票报销应用商。

(3) 2017—2020年全面覆盖阶段:从国家税务总局出台相关政策大力推动"互联网+税务"改革,到各大行业积极响应推广电子发票应用,可以预见一个全新的电子发票时代已经来临。未来电子发票将进一步推广和普及,电子发票的使用不仅仅局限在大型企业,中小企业的电子发票应用与研究也将进一步深化,切实解决中小企业在过渡期的困难。大账房凭借自身优质的产品和服务,不仅为大中型企业提供电子发票综合服务,也为中小企业提供电子发票开具、报销服务平台。

(4) 2021年全面数字化的电子发票(以下简称全电发票)阶段:建成全国统一的电子发票服务平台,24小时在线免费为纳税人提供电子发票申领、开具、交付、查验等服务。到2025年基本实现发票全领域、全环节、全要素电子化,着力降低制度性交易成本。

【问1】 什么是全电发票?

【答】 全电发票是与纸质发票具有同等法律效力的全新发票,不以纸质形式存在、不用介质支撑、无须申请领用、发票验旧及申请增版增量。纸质发票的票面信息全面数字化,将多个票种集成归并为电子发票单一票种,全电发票实行全国统一赋码、自动流转交付。

【问2】 某建筑企业的上游供应商中有很多都是零散的个体户、个人,其提供的水泥、砂石、木料及劳务等大多无法开具增值税专用发票,在营改增之后,其感到增值税税负骤然增加,请问有何解决方案?

【答】 建筑业企业一般计税方法纳税人可以选择适用一般计税方法计税,在特殊情形下可以选择适用简易计税方法计税。在不符合适用简易计税方法的情况下,建筑业企业将面对高达9%的增值税销项税率,是否能够取得足够的可以抵扣的进项税额发票决定着企业实际税负的高低。建筑业的上游供应商中有很多都是零散的个体户、个人,其提供的水泥、砂石、木料及劳务等大多无法开具增值税专用发票,建筑业企业也就无法以其抵扣销项税额,直接面临9%的实际税率。根据财税〔2016〕36号文件的规定,建筑业企业将工程及劳务分包的,可以以分包后的余额作为营业额申报缴纳增值税。因此,建筑业企业可以考虑将部分无法取得可抵扣进项税额发票的工程及劳务,分包给相关方并由其开具合法凭证。

【问3】 湖北某机电设备公司是专业生产机电设备的企业(甲方),属于一般计税方法纳税人。该公司准备从上海某钢管公司(乙方)购进一批不锈钢管件,并与乙方签订了购销合同。但是,由于乙方属于简易计税方法纳税人,因而没有增值税专用发票,故甲方不愿与乙方签约。甲方又四处打听是否有一般计税方法纳税人生产乙公司的产品。虽经多方询问,但没有结果,所以甲方不得不回来找乙方协商。

乙方不能开具增值税发票,会给甲方增加税收负担。迫于这种压力,乙方与甲方商定,由乙方的供应商——四川某钢材公司(丙方)给甲方开具增值税专用发票。具体的操作流程是:甲方与乙方签订采购合同,甲方向乙方付货款,乙方向甲方发货;由丙方开具发票给甲方。显然,甲方向乙方购买的是不锈钢管件,而丙方向甲方开具的发票是不锈钢材料,发票开具的产品名称与实际产品名称不符。以这种方式取得发票将导致的结果是甲方恶意取得虚开的增值税发票,丙方虚开(替别人开)增值税发票。如何操作才能避免税务风险?

【答】 假设甲方需要购进200万元不锈钢管件,根据加工方乙方的实际情况,生产这200万元的产品需要购进140万元原材料。那么,可以由甲方直接与丙方签订购销合同,并付140万元给丙方,再将丙方的货物直接移送给乙方,然后与乙方签订60万元的加工合同,由乙方给甲方加工成所需要的产品。这样,甲方就能从丙方取得140万元的增值税专用发票,从乙方取得3%的增值税专用发票。

这种"委托加工"的业务方式不仅合法,而且从丙方取得的 140 万元原材料的增值税专用发票可以抵扣增值税 18.2 万元(140×13%),从乙方取得的加工费增值税专用发票可以抵扣增值税 1.8 万元(60×3%)。这样,虽然所支付的 60 万元加工费无法按照 13% 的税率得到抵扣,但是可以避免取得虚开增值税专用发票的风险。

思政小案例:"以数治税"——中国全面数字化电子发票时代来临

扫码了解详情

【知识点 3】 企业采购业务中的增值税筹划案例

发票的使用与填开——知识精讲

发票的使用与填开——操作视频

【例 2-3-1】 某商贸公司为一般计税方法纳税人,10 月 25 日采购一批商品,进价为 2 000 万元(含增值税),销售价格为 2 400 万元(含增值税)。该商贸公司应如何选择采购对象能够让企业税负率较低?

【解析】 在选择采购对象时,该公司有三种选择。第一,选择一般计税方法纳税人为供货商;第二,选择可以开具增值税专用发票的工业企业简易计税方法纳税人为供货商;第三,选择不能开具增值税专用发票的简易计税方法纳税人为供货商。

方案一:应缴纳增值税 = 2 400×13%÷(1+13%) − 2 000×13%÷(1+13%)
= 46.02(万元)

方案二:应缴纳增值税 = 2 400×13%÷(1+13%) − 2 000×3%÷(1+3%)
= 217.85(万元)

方案三:应缴纳增值税 = 2 400×13%÷(1+13%) = 276.11(万元)

根据以上方案的计算,该公司应该选择一般计税方法纳税人作为供货商,其税负最轻,选择不能开具增值税专用发票的简易计税方法纳税人作为供货商的税负最重。

【例 2-3-2】 某电视机厂为一般计税方法纳税人,适用的增值税税率为 13%,预计每年可实现含税销售收入 800 万元,同时需要外购电子元件 200 件。现有甲、乙两个企业提供货源。其中,甲企业为生产电子元件的一般计税方法纳税人,能够开具增值税专用发票,适用税率 13%;乙企业为生产电子元件的简易计税方法纳税人,能够开具增值税征收率为 3% 的专用发票。甲、乙两个企业提供的电子元件质量相同,但含税价格不同,分别为每件 3 万元和 2.5 万元。该电视机厂应当如何选择供货方?

【解析】 从甲企业购进:

应缴纳增值税 = 800×13%÷(1+13%) − 200×3×13%÷(1+13%) = 23.02(万元)
现金流净增 = 800 − 200×3 − 23.02 = 176.98(万元)

利润＝800÷(1+13%)−200×3÷(1+13%)=176.99(万元)

从乙企业购进：

应纳增值税税额＝800×13%÷(1+13%)−200×2.5×3%÷(1+3%)=77.48(万元)

现金流净增＝800−200×2.5−77.48=222.52(万元)

利润＝800÷(1+13%)−200×2.5÷(1+3%)=222.53(万元)

由此可知，如果从乙企业进货，甲企业应纳的增值税税额较多，但其现金净流量及利润都增加了，所以从现金流及利润角度考虑，甲企业应选择从乙企业进货。

【小试牛刀-案例分析】 北京小碗有限公司主要生产蒸锅、炒锅等不锈钢厨房用品，是增值税一般纳税人，适用的增值税税率为13%。本年初预计销售额为1 000万元(含税)，需要采购不锈钢原材料200吨。现有甲、乙、丙三家供货商可以选择。这三家供货商的产品质量均满足企业对原材料的要求。该公司本年其他可以抵扣的增值税进项税额约为15万元。请根据表2-9计算各方案，并选择较为节税的一家供货商方案：

方案一：甲供货商为一般纳税人，每吨不锈钢含税价为3 390元，能够开具增值税专用发票，税率为13%。

方案二：乙供货商为小规模纳税人，每吨含税价为3 090元，可以自行开具增值税专用发票，征收率为3%。

方案三：丙供货商为小规模纳税人，每吨含税价为2 900元，只能开具增值税普通发票。

表2-9 三种方案对比分析表

项目	方案一	方案二	方案三
每吨钢材增值税进项税额(元)			
每吨钢材采购成本(元)			
本期应缴纳增值税(万元)			
税后利润(万元)			

(假设企业所购原材料均被耗用，所生产产品均已出售，除原材料以外的其他成本费用为0，城市维护建设税税率为7%，教育费附加为3%，地方教育附加为2%，企业所得税税率为25%。)

【解析】 增值税小规模纳税人(其他个人除外)发生增值税应税行为，需要开具增值税专用发票的，可以使用增值税发票管理系统自行开具。选择自行开具增值税专用发票的小规模纳税人，税务机关不再为其代开增值税专用发票。

增值税小规模纳税人应当就开具增值税专用发票的销售额计算增值税应纳税额，并在规定的纳税申报期内向主管税务机关申报缴纳。在填写增值税纳税申报表时，应当将当期开具增值税专用发票的销售额，按照3%和5%的征收率，分别填写在《增值税纳税申报表》(小规模纳税人适用)第2栏和第5栏"税务机关代开的增值税专用发票不含税销售额"的"本期数"相应栏次中。

方案一：甲供货商：每吨钢材增值税进项税额＝3 390÷(1＋13％)×13％＝390(元)，每吨钢材采购成本＝3 390－390＝3 000(元)，本期应纳增值税＝1 000÷(1＋13％)×13％－200×390÷10 000－15＝92.24(万元)，甲公司的税后利润＝[1 000÷(1＋13％)－200×3 000÷10 000－92.24×12％]×(1－25％)＝610.42(万元)。

方案二：乙供货商：每吨钢材增值税进项税额＝3 090÷(1＋3％)×3％＝90(元)，每吨钢材采购成本＝3 090－90＝3 000(元)，本期应纳增值税＝1 000÷(1＋13％)×13％－200×90÷10 000－15＝98.24(万元)，乙公司的税后利润＝[1 000÷(1＋13％)－200×3 000÷10 000－98.24×12％]×(1－25％)＝609.88(万元)。

方案三：丙供货商：每吨钢材增值税进项税额＝0，每吨钢材采购成本＝2 900(元)，本期应纳增值税＝1 000÷(1＋13％)×13％－15＝100.04(万元)，丙公司的税后利润＝[1 000÷(1＋13％)－200×2 900÷10 000－100.04×12％]×(1－25％)＝611.21(万元)。

三种方案对比分析表如表2-10所示。

表2-10　三种方案对比分析表

项目	方案一	方案二	方案三
每吨钢材增值税进项税额(元)	390.00	90.00	0
每吨钢材采购成本(元)	3 000.00	3 000.00	2 900.00
本期应缴纳增值税(万元)	92.24	98.24	100.04
税后利润(万元)	610.42	609.88	611.21

从计算结果看，从丙供货商处购入原材料，该公司能获得的税后利润最大，应该选择该方案。从案例计算过程可以看出，如果该公司在决策时仅仅考虑税负率的高低作为决策依据，有可能做出不恰当的选择。比较科学合理的决策依据是企业税后利润，它直接反映了该公司当期经营业绩的好坏和经营成果的大小。

任务四　增值税税收优惠政策业务咨询

案例导入

客户A：您好，我是正茂机械公司的财务经理。关于我司子公司的销售业务，想听听您的咨询建议。

财务咨询人员：您好，很高兴能为贵司服务。请描述一下该业务具体情况吧。

客户A：正茂机械公司是一家专门研发及生产农用挖掘机设备的企业，生产出来的挖掘机由下属一家子公司专门的销售代理商进行销售。

财务咨询人员：目前您对商品销售价格有怎样的预期？

客户A：目前一辆农用挖掘机市场售价10万元，出售给子公司代理商的售价是8万元。以上价格都是含税售价。

财务咨询人员：其他杂费呢？

客户A：无其他相关费用。

财务咨询人员：我们暂时不考虑城市维护建设税及教育费附加，它们的影响比较小。

客户A：好的。

财务咨询人员：贵司的顾虑主要是什么呢？

客户A：能否为我们公司的业务提供税收筹划方案。

财务咨询人员：好的，目前有两个方案：方案1，原销售模式；方案2，降低出售给子公司的代理商售价，以每辆7万元出售给代理商。

……（计算过程）

经过测算建议选择第×种方案。

客户A：好的，感谢贵公司。你们的专业性值得我们信赖。

财务咨询人员：不客气，这是我们应该做的。

一、法定免税项目

（1）农业生产者销售的"自产"农产品。

（2）避孕药品和用具。

（3）"古旧"图书。

（4）直接用于"科学研究、科学试验和教学"的进口仪器、设备。

（5）"外国政府、国际组织"（不包括外国企业）无偿援助的进口物资和设备。

（6）由"残疾人的组织"直接进口供残疾人专用的物品。

（7）销售自己（指"其他个人"）使用过的物品。

【小试牛刀-单选题2-4-1】 根据增值税法律制度的规定，下列各项中，免征增值税的是（　　）。

A. 李某销售1年内购进的住房

B. 王某销售自己使用过的手机

C. 医疗设备公司进口供残疾人使用的轮椅

D. 超市销售购进的大米

扫码查看答案解析

二、营改增"境内"服务免税项目

（1）医疗机构提供的医疗服务。

（2）托儿所、幼儿园提供的保育和教育服务。

（3）从事学历教育的学校提供的教育服务。

（4）纪念馆、博物馆、文化馆、文物保护单位管理机构、美术馆、展览馆、书画院、图书馆在自己的场所提供文化体育服务取得的第一道门票收入。

（5）学生勤工俭学提供的服务。

（6）家政服务企业由员工制家政服务员提供家政服务取得的收入。

（7）纳税人为居民提供必需生活物资快递收派服务取得的收入。

（8）农业机耕、排灌、病虫害防治、植物保护、农牧保险及相关技术培训业务，家禽、牲畜、水生动物的配种和疾病防治。

（9）婚姻介绍服务。

（10）"个人"销售"自建自用住房"。

（11）"四技"合同（技术转让、技术开发、技术咨询、技术服务）。

（12）"个人"转让著作权。

（13）福利彩票、体育彩票的发行收入。

（14）残疾人员本人为社会提供的服务。

（15）残疾人福利机构提供的育养服务。

（16）养老机构提供的养老服务。

（17）殡葬服务。

【小试牛刀-多选题2-4-2】 根据增值税法律制度的规定，纳税人发生的下列业务中，免征增值税的有（　　）。
A. 其他个人销售自己使用过的物品　　B. 提供婚姻介绍服务
C. 提供技术开发　　D. 进口直接用于科学研究的设备

三、增值税即征即退

一般纳税人提供"管道运输服务、有形动产融资租赁服务与有形动产融资性售后回租"服务，"实际税负超过3%的部分"实行增值税即征即退政策。

四、增值税适用对象和起征点

1. 适用对象

增值税的起征点适用范围限于个人，且不适用于登记为一般纳税人的个体工商户。

2. 起征点

（1）按期纳税：销售货物的，为月销售额5 000～20 000元；销售应税劳务的，为月销售额5 000～20 000元。

(2) 按次纳税：按次纳税的，为每次（日）销售额 300~500 元。

目前，很多省都已经发文，将起征点调整到了 20 000 元的最高金额，具体参照当地税务局的规定。

综上所述，个人增值税起征点与各位纳税人的具体营业额有关，一般以每月的营业额为征纳标准，营业额越高的所需要缴纳的增值税也越高。而增值税的缴纳凭证是认证后的发票，所以各位纳税人需要事先将增值税发票进行认证抵扣。

五、小微企业免税规定

(1) 自 2022 年 4 月 1 日至 2022 年 12 月 31 日，增值税小规模纳税人适用 3% 征收率的应税销售收入，免征增值税。为支持小微企业和个体工商户发展，我国 2023 年初明确继续对月销售额 10 万元以下的增值税小规模纳税人免征增值税，对适用 3% 征收率的增值税小规模纳税人减按 1% 征收率征收增值税。2023 年 8 月 1 日，按照国务院部署，将上述政策执行期限延长至 2027 年 12 月 31 日，进一步稳定了市场预期，提振了小微企业发展信心。

(2) 其他个人采取一次性收取租金形式出租不动产，取得的租金收入，可在租金对应的租赁期内平均分摊，分摊后的月租金收入不超过 15 万元的，免征增值税。

【例 2-4-1】 B 市茶叶生产公司的主要生产流程如下：通过种植茶树来生产茶叶，将生产出来自制茶叶经过风选、拣别、碎块、干燥和匀堆等工序进一步加工精制成精制茶。销售给各大商业公司，或直接通过销售网络转销给 B 市及其他地区的居民。按照现行增值税法的相关规定，精制茶适用的增值税税率为 13%。该公司的进项税额主要有两部分：一是购进农业生产资料的进项税额；二是公司水费、电费和修理用配件等按规定可以进行抵扣的进项税额。与销项税额相比，这两部分进项税额的比例很小。经过一段时间的运营，公司的增值税税负高达 9%。该公司应如何进行税收筹划以减轻税收负担？（暂不考虑地方教育附加。）

【解析】 从公司的客观情况来看，税负高的原因在于公司可抵扣的进项税额比例太低。因此，公司进行税收筹划的关键在于如何增加进项税额的抵扣。围绕进项税额，公司可以采取以下筹划方案：公司将整个生产流程分成两部分，即在茶叶种植园种植茶树和生产茶叶，以及在精制茶加工厂对初制茶叶进行精加工后再销售。茶叶种植园和精制茶加工厂均实行独立核算。分开后，茶叶种植园属于农产品生产单位，其生产销售的初制茶叶按规定可以免征增值税，精制茶加工厂从茶叶种植园购入的初制茶叶可以抵扣 10% 的进项税额。

在筹划方案实施前，假定每年公司购进农业生产资料允许抵扣的进项税额为 12 万元，其他水电费、修理用配件等的进项税额为 8 万元，全年精制茶不含税销售收入为 500 万元，则，

应纳增值税税额＝销项税额－进项税额＝500×13%－(12＋8)＝45(万元)

税负率＝45÷500×100%＝9%

在筹划方案实施后，独立出来的茶叶种植园销售自产的初制茶叶免征增值税，假定茶叶

种植园销售给精制茶加工厂的初制茶叶售价为350万元,其他资料不变,则有

应纳增值税=销项税额-进项税额=500×13%-(350×10%+8)=22(万元)

税负率=22÷500×100%=4.4%

由此可见,该筹划方案的实施取得了良好的收益,筹划方案实施后比实施前节省增值税税额23万元(45-22),节省城市维护建设税和教育费附加合计2.3万元[23×(7%+3%)],税收负担下降了4.6%(9%-4.4%)。

需要注意的是,由于茶叶种植园与精制茶加工厂存在关联关系,农产品生产单位(即茶叶种植园)必须按照独立企业之间的正常售价销售产品给精制茶加工厂,不能一味地为增加精制茶加工厂的进项税额而擅自抬高售价,否则税务机关将依法调整精制茶加工厂的原材料购进价和进项税额。

六、小规模纳税人税收优惠政策常见业务咨询

【问1】 我是按月申报的增值税小规模纳税人,每月销售额在10万元左右,2023年5月,为客户开具发票时无法确认当月总收入会否超过10万元,请问如果我要享受今年新出台的小规模纳税人优惠政策,应如何开具发票?

【答】《财政部 税务总局关于明确增值税小规模纳税人减免增值税等政策的公告》(财政部 税务总局公告2023年第1号)规定,自2023年1月1日至2023年12月31日,对月销售额10万元以下(含本数)的增值税小规模纳税人,免征增值税。增值税小规模纳税人适用3%征收率的应税销售收入,减按1%征收率征收增值税。

您在无法确定当月销售额是否会超过10万元的情况下,适用3%征收率的应税销售收入,应先按照1%征收率开具增值税普通发票。申报纳税时,如月销售额未超过10万元,可以在申报纳税时进行免税申报,如月销售额超过10万元,可以在申报纳税时减按1%征收率申报缴纳增值税。

【问2】 我是按月申报的增值税小规模纳税人,2023年5月为客户开具发票时按照习惯开具了3%征收率的增值税普通发票,如实际月销售额未超过10万元,请问我能够享受免税优惠政策吗?

【答】《财政部 税务总局关于明确增值税小规模纳税人减免增值税等政策的公告》(财政部 税务总局公告2023年第1号)规定,自2023年1月1日至2023年12月31日,对月销售额10万元以下(含本数)的增值税小规模纳税人,免征增值税。

您的月销售额如未超过10万元,可以在申报纳税时直接进行免税申报,享受免征增值税政策。

【问3】 我公司是一家餐饮公司,为按月申报的增值税小规模纳税人,由于对新出台政策不熟悉,2023年5月25日为客户开具了2万元的3%征收率增值税普通发票。5月实际月销售额为15万元,均为3%征收率的销售收入,我公司客户为个人,无法收回已开具发票,请问我公司还能够享受3%征收率销售收入减按1%征收率征收增值税政策吗?

【答】《财政部 税务总局关于明确增值税小规模纳税人减免增值税等政策的公告》(财政部 税务总局公告2023年第1号)规定,自2023年1月1日至2023年12月31日,增值税小规模纳税人适用3%征收率的应税销售收入,减按1%征收率征收增值税。

你公司按照3%征收率的销售收入15万元,可以在申报纳税时直接进行减税申报,享受3%征收率销售收入减按1%征收率征收增值税政策。为减轻你公司的办税负担,无须对已开具的3%征收率的增值税普通发票进行作废或换开。但需要注意的是,按照《中华人民共和国发票管理办法》等相关规定,纳税人应如实开具发票。《国家税务总局关于增值税小规模纳税人减免增值税等政策有关征管事项的公告》(国家税务总局公告2023年第1号)第五条规定,小规模纳税人取得应税销售收入,适用减按1%征收率征收增值税政策的,应按照1%征收率开具增值税发票。因此,今后你公司享受3%征收率销售收入减按1%征收率征收增值税政策时,如需开具增值税普通发票,应按照1%征收率开具。

【问4】 我公司是零售摩托车的增值税小规模纳税人,2023年5月销售额为9万元,为客户开具发票时因无法确认本月销售额是否会超过10万元,开具了1%征收率的机动车销售统一发票,请问我公司还能享受月销售额10万元以下免税政策吗?我公司的个别客户为增值税一般纳税人,是否能够抵扣进项税额?

【答】《财政部 税务总局关于明确增值税小规模纳税人减免增值税等政策的公告》(财政部 税务总局公告2023年第1号)规定,自2023年1月1日至2023年12月31日,对月销售额10万元以下(含本数)的增值税小规模纳税人,免征增值税。

你公司的月销售额未超过10万元,可以在申报纳税时直接进行免税申报,享受免征增值税政策。你公司的客户如为一般纳税人,可以凭你公司开具的1%征收率的机动车销售统一发票,抵扣对应的进项税额。

【问5】 我公司是零售摩托车的增值税小规模纳税人,2023年5月销售额为20万元,均为客户开具了3%征收率的机动车销售统一发票,请问我公司还能享受3%征收率销售收入减按1%征收增值税政策吗?我公司的个别客户为增值税一般纳税人,是否能够抵扣进项税额?

【答】《财政部 税务总局关于明确增值税小规模纳税人减免增值税等政策的公告》(财政部 税务总局公告2023年第1号)规定,自2023年1月1日至2023年12月31日,增值税小规模纳税人适用3%征收率的应税销售收入,减按1%征收率征收增值税。

根据上述规定,你公司可以享受3%征收率销售收入减按1%征收增值税政策。但由于你公司开具的3%征收率的机动车销售统一发票,具有抵扣功能,你公司的客户如为一般纳税人,可以凭你公司开具的3%征收率的机动车销售统一发票,抵扣对应的进项税额。因此,你公司需要追回已开具的3%征收率的机动车销售统一发票,重新开具1%征收率的机动车销售统一发票,方能享受减税政策。如无法追回,则需要按照3%征收率计算缴纳增值税。今后你公司要享受3%征收率销售收入减按1%征收增值税政策时,如需开具机动车销售统一发票,注意应按照1%征收率开具。

【问6】 我公司是零售摩托车的增值税小规模纳税人,2023年5月销售额为9万元,均为客户开具了3%征收率的机动车销售统一发票,请问我公司还能享受免征增值税政策吗?我公司的个别客户为增值税一般纳税人,是否能够抵扣进项税额?

【答】《财政部 税务总局关于明确增值税小规模纳税人减免增值税等政策的公告》(财政部 税务总局公告2023年第1号)规定,自2023年1月1日至2023年12月31日,对月销售额10万元以下(含本数)的增值税小规模纳税人,免征增值税。

根据上述规定,你公司可以享受免征增值税政策。但由于你公司开具的3%征收率的机动车销售统一发票,具有抵扣功能,您的客户如为一般纳税人,可以凭你公司开具的3%征收率的机动车销售统一发票,抵扣对应的进项税额。因此,你公司需要追回已开具的3%征收率的机动车销售统一发票,重新开具免税的机动车销售统一发票,方能享受免征政策。如无法追回,则需要按照3%征收率计算缴纳增值税。

今后开具发票时,你公司在无法确定当月销售额是否会超过10万元的情况下,可先按照1%征收率开具机动车销售统一发票。申报纳税时,如月销售额未超过10万元,可以在申报纳税时进行免税申报;如月销售额超过10万元,可以在申报纳税时减按1%征收率申报缴纳增值税。

思政小视频:减税降费政策持续释放

扫码了解详情

任务五 增值税税收申报实例

案例导入

深圳市康达人家政服务有限公司(简称康达人家政)系小规模纳税人,从事家政服务等经营项目,2021年第二季度发生业务如下:

(1) 该季度提供家政服务取得不含税收入172 000元,其中代开增值税专用发票不含税金额12 500元,已预缴税款;销售洗涤剂取得销售收入35 000元;销售清洁工具取得销售收入73 500元。

(2) 该季度销售车位取得不含税收入480 000元,购买时车位支付含税价款336 000元。

(3) 该季度购买税控盘取得增值税普通发票,价税合计金额 200 元,取得税控设备技术维护费价税合计金额 280 元。

2021 年第二季度销售业务开票情况如表 2-11 至表 2-17 所示。相关凭证如图 2-1 至图 2-4 所示。

表 2-11 销售情况业务表

开票情况	应税项目	金额(元)
增值税普通发票	*生活服务*居民日常服务	25 600
增值税普通发票	*洗涤剂*合成洗涤剂	17 000
增值税普通发票	*日用杂品*清洁清扫类工具	26 000
增值税普通发票	*不动产*车位	480 000
电子普通发票	*生活服务*居民日常服务	25 900
电子普通发票	*洗涤剂*合成洗涤剂	18 000
电子普通发票	*日用杂品*清洁清扫类工具	24 000
代开专票	*生活服务*居民日常服务	12 500
未开发票	*日用杂品*清洁清扫类工具	23 500
未开发票	*生活服务*居民日常服务	108 000

表 2-12 增值税普通发票汇总表(4 月) 单位:元

项目名称	合计	13%税率	9%税率	6%税率	3%征收率	其他
销项正数金额	0	0	0	0	0	0
销项正数金额	25 800	0	0	0	25 800	0
销项负数金额	0	0	0	0	0	0
销项负数金额	0	0	0	0	0	0
实际销售金额	25 800	0	0	0	25 800	0
销项正数税额	0	0	0	0	0	0
销项正数税额	774	0	0	0	774	0
销项负数金额	0	0	0	0	0	0
销项负数金额	0	0	0	0	0	0
实际销售金额	774	0	0	0	774	0

表 2-13 增值税电子普通发票汇总表(4 月) 单位:元

项目名称	合计	13%税率	9%税率	6%税率	3%征收率	其他
销项正数金额	0	0	0	0	0	0
销项正数金额	21 000	0	0	0	21 000	0
销项负数金额	0	0	0	0	0	0

(续表)

项目名称	合计	13%税率	9%税率	6%税率	3%征收率	其他
销项负数金额	0	0	0	0	0	0
实际销售金额	21 000	0	0	0	21 000	0
销项正数税额	0	0	0	0	0	0
销项正数税额	630	0	0	0	630	0
销项负数金额	0	0	0	0	0	0
销项负数金额	0	0	0	0	0	0
实际销售金额	630	0	0	0	630	0

表 2-14　增值税普通发票汇总表(5 月)　　　　　　　　　单位:元

项目名称	合计	13%税率	9%税率	6%税率	3%征收率	其他
销项正数金额	0	0	0	0	0	0
销项正数金额	16 000	0	0	0	16 000	0
销项负数金额	0	0	0	0	0	0
销项负数金额	0	0	0	0	0	0
实际销售金额	16 000	0	0	0	16 000	0
销项正数税额	0	0	0	0	0	0
销项正数税额	480	0	0	0	480	0
销项负数金额	0	0	0	0	0	0
销项负数金额	0	0	0	0	0	0
实际销售金额	480	0	0	0	480	0

表 2-15　增值税电子普通发票汇总表(5 月)　　　　　　　单位:元

项目名称	合计	13%税率	9%税率	6%税率	3%征收率	其他
销项正数金额	0	0	0	0	0	0
销项正数金额	26 800	0	0	0	26 800	0
销项负数金额	0	0	0	0	0	0
销项负数金额	0	0	0	0	0	0
实际销售金额	26 800	0	0	0	26 800	0
销项正数税额	0	0	0	0	0	0
销项正数税额	804	0	0	0	804	0
销项负数金额	0	0	0	0	0	0
销项负数金额	0	0	0	0	0	0
实际销售金额	804	0	0	0	804	0

表 2-16　增值税普通发票汇总表(6月)　　　　　　　　　　单位:元

项目名称	合计	13%税率	9%税率	6%税率	3%征收率	其他
销项正数金额	0	0	0	0	0	0
销项正数金额	506 800	0	0	0	26 800	480 000
销项负数金额	0	0	0	0	0	0
销项负数金额	0	0	0	0	0	0
实际销售金额	506 800	0	0	0	26 800	480 000
销项正数税额	0	0	0	0	0	0
销项正数税额	24 804	0	0	0	804	24 000
销项负数金额	0	0	0	0	0	0
销项负数金额	0	0	0	0	0	0
实际销售金额	24 804	0	0	0	804	24 000

表 2-17　增值税电子普通发票汇总表(6月)　　　　　　　　单位:元

项目名称	合计	13%税率	9%税率	6%税率	3%征收率	其他
销项正数金额	0	0	0	0	0	0
销项正数金额	20 100	0	0	0	20 100	0
销项负数金额	0	0	0	0	0	0
销项负数金额	0	0	0	0	0	0
实际销售金额	20 100	0	0	0	20 100	0
销项正数税额	0	0	0	0	0	0
销项正数税额	603	0	0	0	603	0
销项负数金额	0	0	0	0	0	0
销项负数金额	0	0	0	0	0	0
实际销售金额	603	0	0	0	603	0

图 2-1　代开增值税发票

图 2-2 税收完税凭证

图 2-3 税控盘普通发票

图 2-4　税控盘技术服务费普通发票

【知识点 1】　增值税纳税申报

一、纳税申报表格填写

登录电子税务局:点击"我要办税"—"申报纳税"—"增值税小规模纳税人申报(增值税一般纳税人)"—"填表申报"—"立即填表"。

二、纳税地点

1. 固定业户

纳税地点一般为机构所在地。总、分机构不在同一县(市)的,应当分别向各自所在地主管税务机关申报纳税。经批准可由总机构汇总纳税的,向总机构所在地主管税务机关申报纳税。到外县(市)经营的,向机构所在地报告,向其机构所在地主管税务机关申报纳税。未报告的,向销售地或劳务发生地申报。未报告同时也未向销售地或劳务发生地申报,由机构所在地税务机关补征。

2. 非固定业户

(1) 销售地或劳务发生地申报。

(2) 未申报的,回机构所在地或居住地补征。

一般纳税人增值税计算

一般纳税人增值税申报

一般纳税人增值税操作视频

3. 进口货物

向报关地海关申报纳税。

4. 扣缴义务人

向其机构所在地或者居住地的主管税务机关申报缴纳其扣缴的税款。

【知识点2】 增值税纳税申报期限

根据《增值税暂行条例》及其实施细则和《营业税改征增值税试点实施办法》的规定,增值税的纳税期限分别为1日、3日、5日、10日、15日、1个月或者1个季度。

纳税人的具体纳税期限,由税务机关根据纳税人应纳税额的大小分别核定;不能按照固定期限纳税的,可以按次纳税。

纳税人以1个月或者1个季度为一个纳税期的,自期满之日起15日内申报纳税;以1日、3日、5日、10日或者15日为一个纳税期的,自期满之日起5日内预缴税款,于次月1日起15日内申报纳税并结清上月应纳税款。

扣缴义务人解缴税款的期限,依照上述规定执行。

纳税人进口货物,应当自海关填发进口增值税专用缴款书之日起15日内缴纳税款。

小规模纳税人纳税期限为1个季度,以1个季度为纳税期限的增值税小规模纳税人(含个体工商户及临时税务登记中的个人,下同)发生增值税应税销售行为,季度销售额合计未超过30万元(含本数,下同)的,免征增值税。

小规模纳税人发生增值税应税销售行为,季度销售额合计超过30万元,但扣除本期发生的销售不动产的销售额后未超过30万元的,其销售货物,提供加工、修理修配劳务、服务、无形资产的销售额免征增值税。

一般纳税人在处理视同销售业务时,需要将无票视同销售的业务逐笔采集,小规模纳税人无须采集,但是要计入当期销售额中进行纳税申报。具体纳税时间和纳税期限如表2-18所示。

表2-18 增值税纳税、报税缴款期限表

纳税期限	1日、3日、5日、10日、15日、1个月、1季度	不能按照固定期限纳税的,可以按次纳税
	小规模纳税人:选择按月或者按季度,一经选择,一个会计年度内不得变更	
	营改增后按季度纳税也适用于银行、财务公司、信托投资公司、信用社	
报缴税款期限	纳税期<1个月	期满之日起5日内预缴,次月15日内申报结清
	以月(季)纳税	自期满之日起15日内
	进口货物	海关填发缴款书之日起15日内

【知识点3】 增值税纳税申报资料

一、一般纳税人纳税申报表及其附列资料(必报资料)

(1)《增值税及附加税费申报表(一般纳税人适用)》(主表)。

(2)《增值税及附加税费申报表附列资料(一)》(本期销售情况明细)。

(3)《增值税及附加税费申报表附列资料(二)》(本期进项税额明细)。

(4)《增值税及附加税费申报表附列资料(三)》(服务、不动产和无形资产扣除项目明细)分情况填报按照有关规定(某些营改增业务)可以从取得的全部价款和价外费用中扣除价款的,需填报;其他情况不填写。

(5)《增值税及附加税费申报表附列资料(四)》(税额抵减情况表)分情况填报:纳税人按规定预征的税款,以及纳税人享受5%、10%加计抵减政策时填报。

(6)《增值税及附加税费申报表附列资料(五)》(附加税费情况表)。

(7)《增值税减免税申报明细表》。

二、小规模纳税人纳税申报表及其附列资料(必报资料)

(1)《增值税及附加税费申报表(小规模纳税人适用)》(主表)。

(2)《增值税及附加税费申报表(小规模纳税人适用)附列资料(一)》分情况填报:纳税人按照有关规定(某些营改增业务)可以从取得的全部价款和价外费用中扣除价款的,需填报;其他情况不填写。

(3)《增值税及附加税费申报表(小规模纳税人适用)附列资料(二)》(附加税费情况表)。

(4)小规模纳税人除享受支持小微企业免征增值税政策或未达起征点免征增值税政策外,享受其他增值税减免税优惠政策的,还应填报《增值税减免税申报明细表》。

【问】 小规模纳税人可以根据经营需要自行选择按月或者按季申报吗?

【答】 纳税人可以自行选择纳税期限。小规模纳税人纳税期限不同,其享受免税政策的效果可能存在差异。《关于增值税小规模纳税人减免增值税政策的公告》(财政部 税务总局公告2023年第19号)为进一步支持小微企业和个体工商户发展,对月销售额10万元以下(含本数)的增值税小规模纳税人,免征增值税。增值税小规模纳税人适用3%征收率的应税销售收入,减按1%征收率征收增值税;适用3%预征率的预缴增值税项目,减按1%预征率预缴增值税。该政策延续至2027年12月31日。

三、纳税申报其他资料

(1)通过增值税发票管理系统开票软件中机动车发票开具模块所开具的机动车销售统一发票的存根联。

(2) 符合抵扣条件且在本期申报抵扣的增值税专用发票(含机动车销售统一发票)的抵扣联。

(3) 符合抵扣条件且在本期申报抵扣的海关进口增值税专用缴款书、购进农产品取得的普通发票的复印件。

(4) 符合抵扣条件且在本期申报抵扣的税收完税凭证及其清单,书面合同、付款证明和境外单位的对账单或发票。

(5) 已开具的农产品收购凭证存根联或报查联。

(6) 纳税人销售服务、不动产和无形资产,在确定服务、不动产和无形资产销售额时,按照有关规定从取得的全部价款和价外费用中扣除价款的合法凭证及其清单。

(7) 主管税务机关规定的其他资料。

四、增值税及附加税费预缴表

(1) 纳税人跨县(市)提供建筑服务、房地产开发企业预售自行开发的房地产项目、纳税人出租与机构所在地不在同一县(市)的不动产,按规定需要在项目所在地或不动产所在地主管税务机关预缴税款时,需填写《增值税及附加税费预缴表》和《增值税及附加税费预缴表附列资料》(附加税费情况表)。

(2) 纳税人向主管税务机关申报纳税时,在当期增值税应纳税额中抵减预缴税款时,应同时报送《增值税及附加税费预缴表》和《增值税及附加税费预缴表附列资料》(附加税费情况表),并以完税凭证作为合法有效凭证。

【知识点 4】 小规模纳税人申报表的填写

一、填写主表增值税及附加税费申报表

根据背景材料,填写《增值税及附加税费申报表》,具体填写数据如表 2-19 所示。

表 2-19 增值税及附加税费申报表
(小规模纳税人适用)   单位:元

项目		栏次	本期数		本年累计	
			货物及劳务	服务、不动产和无形资产	货物及劳务	服务、不动产和无形资产
一、计税依据	(一) 应征增值税不含税销售额(3%征收率)	1		12 500.0	0	12 500.0
	增值税专用发票不含税销售额	2		12 500.0	0	12 500.0
	其他增值税发票不含税销售额	3			0	0

(续表)

项目		栏次	本期数		本年累计	
			货物及劳务	服务、不动产和无形资产	货物及劳务	服务、不动产和无形资产
一、计税依据	(二)应征增值税不含税销售额(5%征收率)	4		160 000.0		160 000.0
	增值税专用发票不含税销售额	5				0
	其他增值税发票不含税销售额	6		480 000.0	0	480 000.0
	(三)销售使用过的固定资产不含税销售额	7(7≥8)				0
	其中:其他增值税发票不含税销售额	8				0
	(四)免税销售额	9=10+11+12	108 500.0	159 500.0	203 500.0	292 000.0
	其中:小微企业免税销售额	10	108 500.0	159 500.0	203 500.0	292 000.0
	未达起征点销售额	11			0	0
	其他免税销售额	12			0	0
	(五)出口免税销售额	13(13≥14)			0	0
	其中:其他增值税发票不含税销售额	14			0	0
	本期应纳税额	15		8 375.0	0	8 375.0
	本期应纳税额减征额	16		480.0	0	480.0
	本期免税额	17	3 255.0	4 785.0	6 105.0	8 760.0
	其中:小微企业免税额	18	3 255.0	4 785.0	6 105.0	8 760.0
	未达起征点免税额	19			0	0
	应纳税额合计	20=15−16	0	7 895.0	0	7 895.0
	本期预缴税额	21		375.0		
	本期应补(退)税额	22=20−21	0	7 520.0		
	城市维护建设税本期应补(退)税额	23	263.2		263.2	

（续表）

项目		栏次	本期数		本年累计	
			货物及劳务	服务、不动产和无形资产	货物及劳务	服务、不动产和无形资产
一、计税依据	教育费附加本期应补(退)费额	24		112.8		112.8
	地方教育附加本期应补(退)费额	25		75.2		75.2

填表说明：

小规模纳税人发生增值税应税销售行为，合计月销售额未超过 150 000 元(以 1 个季度为 1 个纳税期的，季度销售额未超过 450 000 元，下同)的，免征增值税。

本季度销售货物、劳务、服务、无形资产 280 500 元，未超过 450 000 元，则这部分享受小微企业税收减免，免征增值税。(税务局代开专票预缴税款)

(1) 第 1、第 2 栏服务、不动产和无形资产金额：12 500 元。根据背景单据代开发票金额 12 500 填列。

(2) 第 4 栏服务、不动产和无形资产金额：160 000 元。根据附列资料一的第 16 栏得出。

(3) 第 6 栏服务、不动产和无形资产金额：480 000 元。根据背景单据经营业务说明第 2 条本季度销售车位取得不含税收入 480 000 元填列。

(4) 第 9、第 10 栏：货物及劳务小微企业免税销售额：108 500 元。根据背景单据本期销售情况统计表得知销售合成洗涤剂和清洁清扫类工具合计金额 108 500 元。

(5) 第 9、第 10 栏：服务、不动产和无形资产金额免税销售额：159 500 元。根据背景单据本期销售情况统计表得知本期提供居民日常服务金额 172 000 元，扣除代开发票 12 500 元，得出服务、不动产和无形资产金额免税销售额 159 500 元。

(6) 第 15 栏：本期应纳税额：8 375 元。本期应纳税额＝12 500×0.03＋160 000×0.05＝8 375(元)。

(7) 第 16 栏：本期应纳税额减征额：480。根据减免表第 4 栏填写。

(8) 第 17、第 18 栏：货物及劳务小微企业免税额：3 255 元。小微企业免税额＝108 500×0.03＝3 255(元)。

(9) 第 17、第 18 栏：服务、不动产和无形资产金额免税额：4 785 元。小微企业免税额＝159 500×0.03＝4 785(元)。

(10) 第 19 栏：服务、不动产和无形资产金额本期预缴税额：375 元。根据背景单据代开发票税额 375 元填列。

(11) 附加税费第 23、第 24、第 25 栏：城市维护建设税本期应补(退)税额、教育费附加本期应补(退)费额、地方教育附加本期应补(退)费额根据附表五第 9 列本期应补(退)税额自动读取。

二、填写增值税及附加税费申报表

根据背景材料，填写《增值税及附加税费申报表(小规模纳税人适用)附列资料(一)》，具体填写数据如表 2-20 所示。

表 2-20　增值税及附加税费申报表(小规模纳税人适用)附列资料(一)

（服务、不动产和无形资产扣除项目明细）　　　　　　　　　　　　　　　单位：元

应税行为(3%征收率)扣除额计算			
期初余额	本期发生额	本期扣除额	期末余额
1	2	3(3≤1+2 之和，且 3≤5)	4＝1+2－3
0	0	0	0

(续表)

应税行为(3%征收率)计税销售额计算			
全部含税收入 (适用3%征收率)	本期扣除额	含税销售额	不含税销售额
5	6＝3	7＝5－6	8＝7÷1.03
	0	0	0
应税行为(5%征收率)扣除额计算			
期初余额	本期发生额	本期扣除额	期末余额
9	10	11(11≤9＋10之和,且11≤13)	12＝9＋10－11
0	336 000	336 000	0
应税行为(5%征收率)计税销售额计算			
全部含税收入 (适用5%征收率)	本期扣除额	含税销售额	不含税销售额
13	14＝11	15＝13－14	16＝15÷1.05
504 000	336 000	168 000	160 000

填表说明：
(1) 第10栏本期发生额：336 000元。根据背景单据经济业务说明,取得车位支付价款336 000元填列。
(2) 第13栏全部含税收入(适用5%征收率)：504 000元。根据背景单据经济业务说明,销售取得不含税金额480 000元,价税合计金额则为504 000元。

三、填写增值税及附加税费申报表(小规模纳税人适用)附列资料(二)

根据背景材料,填写《增值税及附加税费申报表(小规模纳税人适用)附列资料(二)》,具体填写数据如表2-21所示。

表2-21　增值税及附加税费申报表(小规模纳税人适用)附列资料(二)
（附加税费情况表）　　　　　　　　　　　　　　　　　　单位：元

税(费)种 列次	计税(费) 依据 增值税 税额	税(费) 率(征 收率)	本期应 纳税 (费)额	本期减免税 (费)额		增值税小规模纳税人 "六税两费"减征政策		本期已 缴税 (费)额	本期应补 (退)税 (费)额
				减免性 质代码	减免税 (费)额	减征 比例	减征额		
	1	2	3＝1×2	4	5	6	7＝(3－5) ×6	8	9＝3－5－ 7－8
城市维护建设税	7 520.0	7％	526.4			50％	263.2		263.2
教育费附加	7 520.0	3％	225.6			50％	112.8		112.8
地方教育附加	7 520.0	2％	150.4			50％	75.2		75.2

(续表)

税(费)种列次	计税(费)依据 增值税税额	税(费)率(征收率)	本期应纳税(费)额	本期减免税(费)额		增值税小规模纳税人"六税两费"减征政策		本期已缴税(费)额	本期应补(退)税(费)额
				减免性质代码	减免税(费)额	减征比例	减征额		
	1	2	3=1×2	4	5	6	7=(3-5)×6	8	9=3-5-7-8
合计			902.4				451.2		451.2

填表说明:
城市维护建设税＝增值税税额×7%
教育费附加＝增值税税额×3%
地方教育附加＝增值税税额×2%

增值税减免税申报明细表:《关于增值税税控系统专用设备和技术维护费用抵减增值税税额有关政策的通知》(财税〔2012〕15号)规定,自2011年12月1日起,增值税纳税人购买增值税税控系统专用设备支付的费用以及缴纳的技术维护费可在增值税应纳税额中全额抵减。

【知识点5】 一般纳税人申报表的填写

一般纳税人申报表的填写通过以下案例进行讲解。

某宾馆位于市区,系增值税一般纳税人,设有客房部、餐饮部、商场等业务部门,分别从事住宿服务、餐饮服务、会议服务、货物销售等经营业务,各业务部门的收入和成本费用等分别进行明细核算。

其他有关涉税情况:2023年4月30日,该宾馆无留抵税额。服务、不动产和无形资产扣除项目无期末余额。加计抵减期末无余额。税额抵减期末无余额。当期开具的增值税发票都已按规定进行报税。

取得的增值税专用发票、海关进口增值税专用缴款书和通行费电子发票都已登录增值税发票综合服务平台查询、选择用于申报抵扣。

该宾馆2023年适用生活性服务业增值税加计抵减10%优惠政策。

该宾馆可享受小微企业"六税两费"减免政策。

扫码了解详情

《关于进一步实施小微企业"六税两费"减免政策的公告》规定,由省、自治区、直辖市人民政府根据本地区实际情况,以及宏观调控需要确定,决定对增值税小规模纳税人、小型微利企业和个体工商户在50%的税额幅度内减征资源税、城市维护建设税、房产税、城镇土地使用税、印花税(不含证券交易印花税)、耕地占用税和教育费附加、地方教育附加。

【问】 纳税人申报享受"六税两费"减免优惠时怎么操作?

【答】 本次减免优惠实行自行申报享受方式,纳税人不需额外提交资料。纳税人申报时,根据自身实际情况在有关申报表单中勾选相应的减免政策适用主体选项并确认适用减免政策起止时间后,系统将自动填列相应的减免性质代码、自动计算减免税款。

需要提醒大家注意的是,小微企业"六税两费"减免政策的执行期限是2022年1月1日至2024年12月31日。纳税人符合条件但未及时申报享受"六税两费"减免优惠的,可依法申请抵减以后纳税期的应纳税费款或者申请退还。对申请抵减的,系统将在纳税人下次申报时,自动抵减同税费种的应纳税费款;对申请退还的,减征税款将按程序予以退还。

该宾馆2023年5月发生与增值税相关的业务如下。

一、收入方面

(1) 住宿服务价税合计收入为2 226 000元。其中:

开具增值税专用发票的金额合计100 000元、税额合计6 000元。

开具增值税普通发票的金额合计600 000元、税额合计36 000元。

以宾馆发行的单用途商业预付卡结算住宿服务费价税合计530 000元和零星个人住宿价税合计954 000元,未开具发票。

另外,因住客损坏住宿设施而收取赔偿款合计21 200元,也未开具发票。

【相关税款的确认】

住宿服务销项税额$=100\,000\times6\%+600\,000\times6\%+(530\,000+954\,000)\div(1+6\%)\times6\%+21\,200\div(1+6\%)\times6\%=127\,200$(元)

【相关申报表的填写】

开具增值税专用发票:销售额为100 000元,销项(应纳)税额6 000元。开具其他发票:销售额为600 000元,销项(应纳)税额36 000元。未开具发票:销售额为1 420 000元,销项(应纳)税额85 200元。

(2) 餐饮服务价税合计收入为1 060 000元。其中:开具增值税普通发票金额合计700 000元、税额合计42 000元;以宾馆发行的单用途商业预付卡结算餐饮服务合计42 400元和零星个人餐饮服务价税合计275 600元未开具发票。

【相关税款的确认】

餐饮服务的销项税额$=700\,000\times6\%+(42\,400+275\,600)\div(1+6\%)\times6\%$
$=60\,000$(元)

(3) 会展服务价税合计为848 000元。均开具增值税专用发票,金额合计800 000元、税额合计48 000元。

【相关税款的确认】

会展服务销项税额$=800\,000\times6\%=48\,000$(元)

(4) 商场销售货物价税合计为783 000元,均采取现金或转账结算。其中:出售农林特产取得价税合计收入为218 000元,开具增值税专用发票金额合计60 000元、税额合计5 400元,开具增值税普通发票合计金额90 000元、税额合计8 100元,其余50 000元未开具发票。出售服装、工艺品等货物取得价税合计收入为565 000元,开具增值税专用发票金额合计 400 000 元、税额合计 52 000 元,开具增值税普通发票金额合计 70 000 元、税额 9 100 元,其余未开具发票。

另外,因 2023 年 3 月销售的一批工艺品存在质量问题,经协商,商场于 5 月退货,购买方无法退回原开具的增值税专用发票的发票联和抵扣联,凭购买方填写并上传、税务机关校验的《开具红字增值税专用发票信息表》,开具红字增值税专用发票金额 80 000 元、税额 10 400 元(适用 13% 税率)。

【相关税款的确认】

货物销售相关的销项税额 = 218 000÷(1+9%)×9% + 565 000÷(1+13%)×13% − 10 400
= 72 600(元)

【相关申报表的填写】

填写《增值税及附加税费申报表(小规模纳税人适用)附列资料(一)》,如表 2-22 所示。

表 2-22 增值税及附加税费申报表(小规模纳税人适用)附列资料(一)

(13%税率的货物及劳务销售额及应纳税额)

项目及栏次		开具增值税专用发票		开具其他发票		未开具发票	
		销售额	销项(应纳)税额	销售额	销项(应纳)税额	销售额	销项(应纳)税额
		1	2	3	4	5	6
13%税率的货物及加工修理修配劳务	1	320 000	41 600	70 000	9 100	30 000	3 900

备注:增值税专用发票销售额 = 400 000 − 80 000 = 320 000(元),销项税额 = 320 000×13% = 41 600(元)。

(5)将营改增前购买的电视机以价税合计金额 160 000 元出售,宾馆选择按 3% 征收率并减按 2% 计税,开具增值税普通发票金额 155 339.81 元、税额 4 660.19 元。

【相关税款的确认】

旧电视机出售应缴纳的增值税 = 160 000÷(1+3%)×3% = 4 660.19(元)

同时,按 1% 减征增值税为 1 553.4 元。

【相关申报表的填写】

填写《增值税及附加税费申报表(小规模纳税人适用)附列资料(一)》,如表 2-23 和表 2-24 所示。

表 2-23 增值税及附加税费申报表(小规模纳税人适用)附列资料(一)

(3%征收率的货物及劳务销售额及应纳税额)

项目及栏次		开具其他发票	
		销售额	销项(应纳)税额
		3	4
3%征收率的货物及加工修理修配劳务	11	155 339.81	4 660.19

表 2-24　减税项目

一、减税项目					
减税性质代码及名称	栏次	期初余额	本期发生额	本期应抵减税额	本期实际抵减税额	期末余额
		1	2	3=1+2	4≤3	5=3-4
已使用固定资产减征增值税	3	0	1 553.4	1 553.4	1 553.4	0

(6) 在省外某市出租营改增后取得的办公用房，按协议预收房屋租赁费价税合计436 000 元，未开具发票。

向办公房所在地税务机关填报《增值税及附加税费预缴表》并预缴增值税、城市维护建设税及教育费附加，取得办公房所在地税务机关出具的完税凭证。

【相关税款的确认】

不动产出租在机构所在地应确认的销项税额＝436 000÷(1+9%)×9%＝36 000(元)

不动产出租在不动产所在地预缴的增值税＝436 000÷(1+9%)×3%＝12 000(元)

在不动产所在地缴纳城市维护建设税＝12 000×7%×50%＝420(元)

在不动产所在地缴纳教育费附加＝12 000×3%×50%＝180(元)

在不动产所在地缴纳地方教育附加＝12 000×2%×50%＝120(元)

备注：该企业符合相关规定，可享受小微企业"六税两费"减免政策。

【相关申报表的填写】

填写《增值税及附加税费预缴表》，如表 2-25 所示。

表 2-25　增值税及附加税费预缴表

预征项目和栏次		销售额	扣除金额	预征率	预征税额
		1	2	3	4
建筑服务	1				
销售不动产	2				
出租不动产	3	436 000	0	3%	12 000
附加税费					
城市维护建设税实际预缴税额	420	教育费附加实际预缴费额	180	地方教育附加实际预缴费额	120

填写《增值税及附加税费预缴表附列资料(附加税费情况表)》，如表 2-26 所示。

表 2-26　增值税及附加税费预缴表附列资料（附加税费情况表）　　金额单位：元

本期是否适用小微企业"六税两费"减免政策	□是　□否	减免政策适用主体	增值税小规模纳税人：□是　□否
			增值税一般纳税人： □个体工商户 □小型微利企业
		适用减免政策起止时间	2022 年 7 月 1 日至 2023 年 6 月 30 日

税（费）种	计税（费）依据	税（费）率	本期应纳税（费）额
	增值税预缴税额		
	1	2	3＝1×2
城市维护建设税	12 000	7％	840
教育费附加	12 000	3％	360
地方教育附加	12 000	2％	240
合计	—	—	1 440

税（费）种	小微企业"六税两费"减征政策	
	减征比例	减征额
	6	7＝(3－5)×6
城市维护建设税	50％	420
教育费附加	50％	180
地方教育附加	50％	120
合计	—	720

税（费）种	本期应纳税（费）额	减征额	本期实际预缴税（费）额
	3＝1×2	7＝(3－5)×6	8＝3－5－7
城市维护建设税	840	420	420
教育费附加	360	180	180
地方教育附加	240	120	120
合计	1 440	720	720

填写《附列资料（一）》，如表 2-27 所示。

表 2-27 《附列资料(一)》 单位:元

项目及栏次		未开具发票	
		销售额	销项(应纳)税额
		5	6
9%税率的服务、不动产和无形资产	4	400 000	36 000

填写《增值税及附加税费申报表附列资料(四)》(税额抵减情况表),如表 2-28 所示。

表 2-28 增值税及附加税费申报表附列资料(四) 单位:元

一、税额抵减情况						
序号	抵减项目	期初余额	本期发生额	本期应抵减税额	本期实际抵减税额	期末余额
		1	2	3=1+2	4≤3	5=3-4
5	出租不动产预征缴纳税款	0	12 000	12 000	12 000	0

(7) 将营改增前以 2 000 000 元购置的本市一间商铺出售,取得价税合计收入 2 525 000 元,宾馆选择简易计税方法,并按相关规定,以"差额征税开票功能"开具增值税专用发票。

【相关税款的确认】

营改增前购置的商铺出售应纳增值税=(2 525 000-2 000 000)÷(1+5%)×5%
=25 000(元)

【相关申报表的填写】

填写《附列资料(一)》,如表 2-29 所示。

表 2-29 附列资料(一) 单位:元

项目及栏次		开具增值税专用发票	
		销售额	销项(应纳)税额
		1	2
5%征收率的服务、不动产和无形资产	9b	2 404 761.90	120 238.10
合计			
销售额		销项(应纳)税额	价税合计
9=1+3+5+7		10=2+4+6+8	11=9+10
2 404 761.9		120 238.1	2 525 000

(续表)

服务、不动产和无形资产扣除项目本期实际扣除金额	扣除后	
	含税(免税)销售额	销项(应纳)税额
12	13＝11－12	14＝13÷(100％＋税率或征收率)×税率或征收率
2 000 000	525 000	25 000

填写《增值税及附加税费申报表附列资料(三)》(服务、不动产和无形资产扣除项目明细),如表2-30所示。

表2-30　增值税及附加税费申报表附列资料(三)　　　　　　　　　　单位:元

项目及栏次		本期服务、不动产和无形资产价税合计额(免税销售额)	服务、不动产和无形资产扣除项目				
			期初余额	本期发生额	本期应扣除金额	本期实际扣除金额	期末余额
		1	2	3	4＝2＋3	5(5≤1且5≤4)	6＝4－5
5％征收率的项目	5	2 525 000	0	2 000 000	2 000 000	2 000 000	0

(8) 销售单用途商业预付卡价税合计金额10 000元,开具不征税的增值税普通发票。

【相关税款的确认】

不需要计算销项税。

【相关申报表的填写】

不需要填写申报表。

【汇总上述销售业务相关税款】

企业当期销项税额为343 800元(127 200＋60 000＋48 000＋72 600＋36 000)。

企业当期简易计税税额为29 660.19元(4 660.19＋25 000)。

简易计税按1％减征增值税税额为1 553.4元。

二、进项税额方面

(1) 各业务部门采购货物及取得的原始凭证如表2-31所示。

表2-31　采购货物及取得的原始凭证　　　　　　　　　　单位:元

部门	货物	原始凭证	原始凭证记载		备注
			金额合计	税额合计	
客房部	床单	专票	120 000	15 600	
	一次性用品	专票	80 000	10 400	

(续表)

部门	货物	原始凭证	原始凭证记载 金额合计	原始凭证记载 税额合计	备注
客房部	预付装修费	普通发票	160 000	0	不征税票
客房部	智能设备	海关专用缴款书	1 200 000	156 000	
餐饮部	酒水等	专票	200 000	26 000	
餐饮部	蔬菜等	免税发票	150 000		农场自产并自行开具的免税发票
餐饮部	蔬菜等	代开专票	160 000	4 800	小规模纳税人通过税务局代开专票
商场	服装、工艺品	专票	400 000	52 000	
商场	农林特产等	免税发票	130 000		农场自产并自行开具的免税发票
商场	农产品	专票	70 000	2 100	小规模纳税人自行开具,酒店收到后全部发出委托加工适用13%税率的熟食品

【相关税款的确认】

客房部购置货物的进项税额＝15 600＋10 400＋156 000＝182 000(元)

餐饮部购置货物的进项税额＝26 000＋150 000×9%＋160 000×9%＝53 900(元)

商场购进货物的进项税额＝52 000＋130 000×9%＋70 000×10%＝70 700(元)

【相关申报表的填写】

进项税额统一在最后一笔业务中汇总填报。

将购进的农产品用于生产销售或委托受托加工13%税率货物时,加计扣除的农产品进项税额(1%),应填报于《附列资料(二)》的第8a栏"加计扣除农产品进项税额",如表2-32所示。

表2-32 加计扣除农产品进项税额　　　　　　　　　　　　　　　　单位:元

一、申报抵扣的进项税额				
项目	栏次	份数	金额	税额
加计扣除农产品进项税额	8a	—	—	700

(2)支付水、电和通信费情况汇总如表2-33所示。

表2-33 水、电和通信费情况　　　　　　　　　　　　　　　　　　单位:元

费用项目	发票种类	发票记载 金额	发票记载 税额
水费	专票	20 000	600

(续表)

费用项目	发票种类	发票记载 金额	发票记载 税额
电费	专票	90 000	11 700
通信费	专票	30 000	1 800
通信费	专票	10 000	900
合计		150 000	15 000

【相关税款的确认】

水、电、通信费的进项税额＝600＋11 700＋1 800＋900＝15 000(元)

(3) 支付相关部门服务人员的劳务派遣费,取得劳务派遣公司以"差额征税开票功能"开具的增值税专用发票1份,金额795 200元、税额4 800元,价税合计800 000元。

【相关税款的确认】

劳务派遣费的进项税额＝4 800(元)

(4) 支付客房部的床上用品洗涤费取得增值税专用发票1份,金额5 000元、税额300元,价税合计5 300元。

【相关税款的确认】

洗涤费的进项税额＝300(元)

(5) 支付广告费取得增值税专用发票1份,金额70 000元,税额4 200元。

【相关税款的确认】

广告费的进项税额＝4 200(元)

(6) 在发票服务平台打印收费公路通行费电子发票,其中:

高速公路经营公司开具的征税发票,金额合计5 000元、税额合计150元。

一级、二级公路经营公司开具的征税发票,金额合计2 000元、税额合计100元。

ETC客户服务机构开具的不征税发票1 000元。

【相关税款的确认】

道路通行费的进项税额＝150＋100＝250(元)

(7) 宾馆工作人员报销出差旅客运输费用。

取得航空运输电子客票行程单,其中:境内航空运输,票价和燃油附加费合计金额15 000元;国际航空运输,票价和燃油附加费合计金额20 000元。

取得国内公路客票,合计票面金额721元。

取得国内铁路车票,合计票面金额6 800元。

以上发票均载明有宾馆工作人员的身份信息。

【相关税款的确认】

旅客运输费用的进项税额＝15 000÷(1＋9%)×9%＋6 800÷(1＋9%)×9%＋721÷

(1+3%)×3%=1 821(元)

【汇总上述1—7业务】

根据1—7业务汇总计算,填写当期进项税额,如表2-34所示。

企业当期允许抵扣销项税额的进项税=182 000+53 900+70 700+15 000+4 800+300+4 200+250+1 821=332 971(元)

表2-34 进项税汇总表　　　　　　　　　　　　　　　　　　　　单位:元

统计数据 (表2-29)	原始凭证	原始凭证记载	
		金额合计	税额合计
第1栏	专票	800 000	104 000
第5栏	海关进口增值税专用缴款书	1 200 000	156 000
第6栏	农产品普票+专票	510 000	45 900
第8a栏	农产品用于13%的熟食品	—	700
专票数据(汇总数据)			
金额合计	税额合计	金额合计	税额合计
800 000	104 000	70 000	4 200
150 000	15 000	7 000	250
795 200	4 800	1 827 200	128 550
5 000	300		

【相关申报表的填写】

根据上述数据,填写《附列资料(二)》,如表2-35所示。

表2-35 附列资料(二)　　　　　　　　　　　　　　　　　　　　单位:元

一、申报抵扣的进项税额			
项目	栏次	金额	税额
(一)认证相符的增值税专用发票	1=2+3	1 827 200	128 550
其中:本期认证相符且本期申报抵扣	2	1 827 200	128 550
前期认证相符且本期申报抵扣	3	0	0
(二)其他扣税凭证	4=5+6+7+8a+8b	1 730 700	204 421
其中:海关进口增值税专用缴款书	5	1 200 000	156 000
农产品收购发票或者销售发票	6	510 000	45 900
代扣代缴税收缴款凭证	7	—	

（续表）

一、申报抵扣的进项税额			
项目	栏次	金额	税额
加计扣除农产品进项税额	8a	—	700
其他	8b	20 700	1 821
（三）本期用于购建不动产的扣税凭证	9		
（四）本期用于抵扣的旅客运输服务扣税凭证	10	20 700	1 821
（五）外贸企业进项税额抵扣证明	11	—	
当期申报抵扣进项税额合计	12＝1＋4＋11	3 557 900	332 971

（8）支付增值税税控系统技术维护费，取得增值税专用发票1份，金额1 320.75元，税额79.25元，价税合计金额1 400元。

【相关税款的确认】

支付增值税税控系统技术维护费可全额抵减应纳增值税＝1 400(元)

【相关申报表的填写】

填写《增值税及附加税费申报表附列资料(四)》(税额抵减情况表)如表2-36所示。

表 2-36　税额抵免情况表　　　　　　　　　　　　　　　　单位：元

一、税额抵减情况					
序号	抵减项目	期初余额	本期发生额	本期应抵减税额	本期实际抵减税额	期末余额
		1	2	3＝1＋2	4≤3	5＝3－4
1	增值税税控系统专用设备费及技术维护费	0	1 400	1 400	1 400	0

填写《增值税减免税申报明细表》如表2-37所示。

表 2-37　增值税减免税申报明细表　　　　　　　　　　　　单位：元

一、减税项目					
减税性质代码及名称	栏次	期初余额	本期发生额	本期应抵减税额	本期实际抵减税额	期末余额
		1	2	3＝1＋2	4≤3	5＝3－4
购置增值税税控系统专用设备抵减增值税	2	0	1 400	1 400	1 400	0

三、进项税额转出方面

（1）宾馆下属商场的一批工艺品被盗，经确认该工艺品购进时取得增值税专用发票，金额 50 000 元、税额 6 500 元。被盗后,按宾馆内部制度规定,商场责任人赔偿 10 000 元。

经审核确认,该批工艺品的增值税进项税额于 2023 年 2 月申报抵扣,并加计 10% 抵减税额。

【相关税款的确认】

因管理不善造成货物被盗、丢失、霉烂变质,以及因违反法律法规造成货物或者不动产被依法没收、销毁、拆除的情形,属于增值税规定的"非正常损失",需要做进项税额转出处理。

应转出的进项税额为 6 500 元。

(2) 因质量问题退货的工艺品,经与供货方协商,向供货方退货。按原购进时取得的增值税专用发票金额 60 000 元、税额 7 800 元(13% 税率),填写《开具红字增值税专用发票信息表》并上传。工艺品已退还供货方,尚未取得供货方开具的红字增值税专用发票,也未收到退货款。

经审核确认,该批工艺品于 2023 年 2 月购进,于当月申报抵扣进项税额,并加计 10% 抵减税额。

【相关税款的确认】

应转出的进项税额 = 7 800(元)

(3) 2023 年 3 月购进服装,取得增值税专用发票 1 份,金额 80 000 元、税额 10 400 元,当月申报抵扣并加计 10% 抵减税额。2023 年 5 月接到主管税务机关通知为异常增值税扣税凭证。经向主管税务机关申请核实,于当月确认为不符合增值税抵扣条件,已抵扣的进项税额应转出。

【相关税款的确认】

应转出的进项税额 = 10 400(元)

【汇总上述三笔业务】

当期进项税额转出 = 6 500 + 7 800 + 10 400 = 24 700(元)

【相关申报表的填写】

填写《附列资料(二)》如表 2-38 所示。

表 2-38 附列资料(二)

二、进项税额转出额		
项目	栏次	税额
本期进项税额转出额	13=14 至 23 之和	24 700
其中:免税项目用	14	
集体福利、个人消费	15	
非正常损失	16	6 500
简易计税方法征税项目用	17	
免抵退税办法不得抵扣的进项税额	18	
纳税检查调减进项税额	19	

(续表)

二、进项税额转出额		
项目	栏次	税额
红字专用发票信息表注明的进项税额	20	7 800
上期留抵税额抵减欠税	21	
上期留抵税额退税	22	
异常凭证转出进项税额	23a	10 400
其他应作进项税额转出的情形	23b	

特别提示： 异常增值税扣税凭证的进项税额转出或重新确认用于抵扣的填写。

纳税人取得异常增值税抵扣凭证按政策规定应转出的进项税额，应填写于《增值税及附加税费申报附列资料（二）》第 23a 栏。

异常增值税扣税凭证转出后，经核实允许继续抵扣的，纳税人重新确认用于抵扣的，在《增值税及附加税费申报附列资料（二）》第 23a 栏次填入负数。

四、当期应纳增值税

根据上述收集整理的资料，结合现行增值税政策规定，计算 2023 年 5 月该宾馆的应纳增值税额。

1. 按一般计税方法计算的应税业务

（1）应纳税额＝销项税－（进项税－进项税转出）＝343 800－（332 971－24 700）＝35 529（元）。

（2）当期计提加计抵减额＝332 971×10％＝33 297.1（元）；当期调减加计抵减额＝24 700×10％＝2 470（元）；当期可抵减加计抵减额＝33 297.1－2 470＝30 827.1（元）；当期可抵减加计抵减额 30 827.1 元＜当期一般计税法计算的应纳税额 35 529 元。

（3）经加计抵减的一般计税方法计算的应纳增值税额＝35 529－30 827.1＝4 701.9（元）。

【相关申报表的填写】

填写《附列资料（四）》如表 2-39 所示。

表 2-39 加计扣除额资料 单位：元

		二、加计抵减情况					
序号	加计抵减项目	期初余额	本期发生额	本期调减额	本期可抵减额	本期实际抵减额	期末余额
	栏次	1	2	3	4＝1＋2－3	5	6＝4－5
6	一般项目加计抵减额计算	0	33 297.1	2 470.0	30 827.1	30 827.1	0

2. 适用简易计税方法业务的应纳增值税额

（1）旧电视机出售应缴纳的增值税＝160 000÷(1＋3％)×3％＝4 660.19(元)。

（2）营改增前购置的商铺出售应缴纳的增值税＝(2 525 000－2 000 000)÷(1＋5％)×5％＝25 000(元)。

（3）简易计税方法的应纳税额合计＝4 660.19＋25 000＝29 660.19(元)。

3. 当期（一般计税方法＋简易计税方法）应纳增值税额

当期应纳增值税额合计＝4 701.9＋29 660.19＝34 362.09(元)。

4. 应纳税额减征额

（1）旧电视机出售应缴纳的增值税，按1％减征增值税，可得＝160 000÷(1＋3％)×1％＝1 553.4(元)。

（2）支付增值税税控系统技术维护费可全额抵减，因此应纳增值税为1 400元。

（3）当期可抵减的税额合计＝1 553.4＋1 400＝2 953.40(元)。

当期应纳增值税额34 362.09元大于可抵减的税额2 953.40元，当期实际抵减的税额2 953.40元。

5. 应纳税额合计

应纳税额合计＝34 362.09－2 953.40＝31 408.69(元)。

6. 本期已缴税额

已向办公房所在地税务机关填报《增值税及附加税费预缴表》并预缴12 000元。

7. 本期应补（退）增值税税额

本期应补（退）增值税税额＝31 408.69－12 000＝19 408.69(元)。

8. 附加税应补（退）税额

城市维护建设税本期应补（退）税额＝19 408.69×7％×50％＝679.30(元)。

教育费附加本期应补（退）费额＝19 408.69×3％×50％＝291.13(元)。

地方教育附加本期应补（退）费额＝19 408.69×2％×50％＝194.09(元)。

备注： 企业符合相关规定，可享受小微企业"六税两费"减免政策。

【相关申报表的填写】

填写《增值税及附加税费申报表（一般纳税人适用）》如表2-40所示。

表2-40 附加税费表

项目		栏次	一般项目 本月数(元)
附加税费	城市维护建设税本期应补（退）税额	39	679.30
	教育费附加本期应补（退）费额	40	291.13
	地方教育附加本期应补（退）费额	41	194.09

五、填写增值税及附加税申报表

根据上述计算结果,填制 2023 年 5 月《增值税及附加税费申报表(一般纳税人适用)》如表 2-41 所示。

表 2-41 增值税及附加税费申报表(一般纳税人适用)

	项目	栏次	一般项目
			本月数(元)
销售额	(一)按适用税率计税销售额	1	4 940 000
	其中:应税货物销售额	2	620 000
	应税劳务销售额	3	
	纳税检查调整的销售额	4	
	(二)按简易办法计税销售额	5	2 560 101.71
	其中:纳税检查调整的销售额	6	
税款计算	销项税额	11	343 800
	进项税额	12	332 971
	上期留抵税额	13	
	进项税额转出	14	24 700
	免、抵、退应退税额	15	
	按适用税率计算的纳税检查应补缴税额	16	
	应抵扣税额合计	17=12+13-14-15+16	308 271
	实际抵扣税额	18(如17<11,则为17,否则为11)	308 271
	应纳税额	19=11-18	4 701.90
	期末留抵税额	20=17-18	
税款缴纳	期初未缴税额(多缴为负数)	25	0
	实收出口开具专用缴款书退税额	26	0
	本期已缴税额	27=28+29+30+31	12 000
	① 分次预缴税额	28	12 000
	② 出口开具专用缴款书预缴税额	29	0
	③ 本期缴纳上期应纳税额	30	0
	④ 本期缴纳欠缴税额	31	
	期末未缴税额(多缴为负数)	32=24+25+26-27	19 408.69
	其中:欠缴税额(≥0)	33=25+26-27	0

(续表)

项目		栏次	一般项目 本月数(元)
税款缴纳	本期应补(退)税额	34＝24－28－29	19 408.69
	即征即退实际退税额	35	—
	期初未缴查补税额	36	0
	本期入库查补税额	37	0
	期末未缴查补税额	38＝16＋22＋36－37	0

填表说明：

第1栏按适用税率计税销售额：420 000＋200 000＋400 000＋3 920 000＝4 940 000(元)。

第2栏应税货物销售额：420 000＋200 000＝620 000(元)。

第5栏按简易办法计税销售额：2 404 761.90＋155 339.81＝2 560 101.71(元)。

第11栏销项税额：127 200＋60 000＋48 000＋72 600＋36 000＝343 800(元)。

第12栏进项税额：332 971(元)＝《附列资料(二)》第12栏"税额"。

第14栏进项税额转出：24 700(元)＝《附列资料(二)》第13栏"税额"。

第17栏应抵扣税额合计：332 971－24 700＝308 271(元)。

第18栏实际抵扣税额：如17栏＜11栏，则为17栏，否则为11栏(30 8271)。

第19栏应纳税额：343 800－308 271－30 827.1＝4 701.90(元)。

第21栏简易计税办法计算的应纳税额：25 000＋4 660.19＝29 660.19(元)。

第23栏应纳税额减征额：1 400＋1 553.4＝2 953.40(元)＝《增值税减免税申报明细表》相关数据。

第24栏应纳税额合计：4 701.90＋29 660.19－2 953.40＝31 408.69(元)。

第32栏期末未缴税额：31 408.69＋0＋0－12 000＝19 408.69(元)。

第34栏本期应补(退)税额：31 408.69－12 000－0＝19 408.69(元)。

项目三

企业消费税财税服务咨询

思维导图

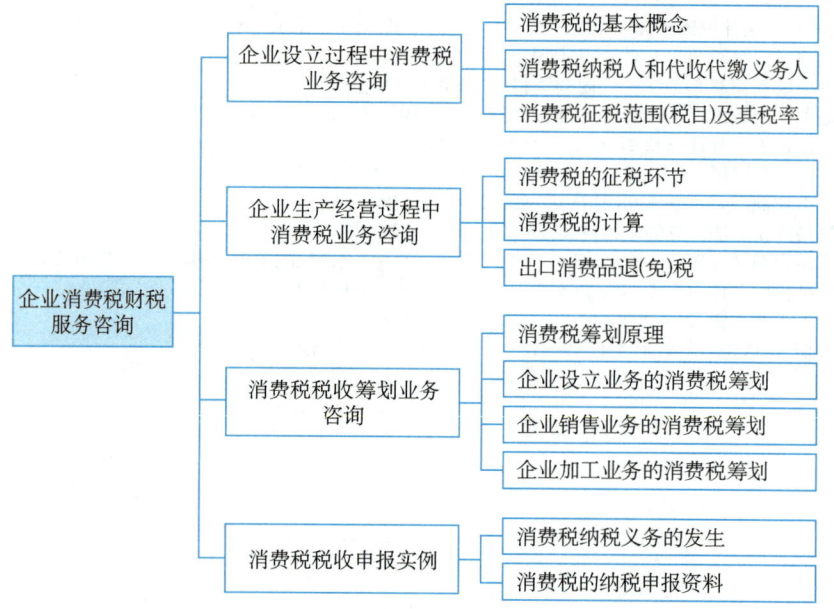

任务一　企业设立过程中消费税业务咨询

案例导入

某企业经理A：您好，我们公司是一家生产药酒的企业。有关税负的问题想咨询您。

财税咨询公司顾问B：好的，请您详细介绍一下公司的业务流程。

某企业经理A：之前我们公司一直从丁酒厂购进粮食白酒作为原料进行加工，然后对外出售。假设购入200吨的白酒，价格为4元/500克，在这个环节丁酒厂需要纳税52万元，因此丁酒厂就提高了给我们的供货价格。每年加工的药酒对外销售能够取得200万元的收入,请问有什么措施能够减轻丁酒厂的税负,降低价格。

财务咨询公司顾问 B:好的,根据现行的税法规定,纳税人生产的应税消费品在销售时纳税,纳税人自产自用的应税消费品,用于连续生产应税消费品的不纳税,因此我们提出以下方案……

某企业经理 A:好的,感谢您提供的专业服务。

财务咨询公司顾问 B:不客气,如果您有需要欢迎来我们公司,我们乐意为您提供更加专业的服务。

【知识点 1】 消费税的基本概念

一、消费税的定义

消费税是以特定消费品和特定消费行为为课税对象所征收的一种税。

在我国,消费税是对我国境内从事生产、委托加工和进口应税消费品(属于应当征收消费税的消费品,以下简称为应税消费品)的单位和个人,就其销售额或销售数量,在特定环节征收的一种税。

二、消费税的基本特征

(一)征税范围具有选择性

根据经济发展水平、社会风俗习惯、政府政治导向的不同,各国选择的消费税征收范围有所差异。

我国现行消费税属于特别消费税,共设置了 15 个税目,有的税目进一步划分了若干子目,征税范围清晰明了,未列举的消费品和消费行为不征收消费税。

(二)征收环节具有单一性

不同于增值税的多环节征收,消费税大多实行单一环节征收(主要是在生产、委托加工和进口环节征收)。这样就可以集中征收,减少纳税人的数量,降低税收成本,防范税收流失,同时也避免了重复征税。

(三)平均税率较高且税负差异大

为了体现国家的消费政策和产业政策,消费税的平均税率一般较高,并且各税目或子目的税率差异较大,往往对需要限制或控制消费的消费品制定较高的税率。在我国,消费税是与发挥普遍调节作用的增值税相配合而设置的。

【讨论】 王先生大学毕业后分配到一家外企工作,由于通勤路途较远,王先生打算购买一辆小轿车作为代步工具。来到汽车 4S 店后,他看到同样品牌的汽车,由于排气量不同,价格差异很大。听导购员说,形成价格差异的原因之一是由于汽车的消费税政策,排气量越大的汽车消费税税率越高。王先生认为排量越高所承担的消费税就越高,最终选中了一款排气量为 1.5 升的低排量汽车。你支持王先生的选择吗?为什么?

(四)征收方法具有灵活性

在征收方法上,消费税既可以依据消费品的数量,实行从量定额征收;也可以依据消费品的价格,实行从价定率征收;还可以将从价定率与从量定额征收相结合,如对卷烟、白酒的复合征收。在实际征收制度中,根据不同应税消费品和消费行为的具体情况,可以灵活选取、制定征收方法。

(五)税收负担具有转嫁性

目前,各国开征的消费税均属于间接消费税,即对消费品而非个人消费支出征税。消费税的纳税人为经营和销售应税商品的人,但纳税人可以通过调整销售价格,将税收负担最终转嫁给消费者。因此,在税收负担上,消费税具有转嫁性。

三、消费税的作用

(一)保证国家财政收入

消费税保证财政收入的作用与其征税对象的选择和税率高低有直接关系。一方面,应税消费品的消费量会随着经济发展、人们收入水平的提高而不断增加,而且消费税的计税依据为销售额或销售量,与企业盈亏无关,使消费税的税源充足、稳定;另一方面,消费税的平均税率较高,有利于保证国家的财政收入。

(二)调节消费结构与产业结构

由于消费税征收范围的选择性和税负的差异性,并且税负最终由消费者承担,因此消费税的设计会对人们的消费行为产生很大影响,进而影响产业结构。

(三)有利于缓解社会分配不公

社会分配不公不仅体现在收入水平、财产多少上,还体现在消费水平和消费结构上,因而国家对奢侈品和高档消费品征收消费税,从调节个人支付能力的角度间接增加特定消费者的税收负担,可以体现高消费者多交税的政策精神,从而配合累进型个人所得税、财产税等相关税种,缓解我国当前社会分配不公的矛盾。

【知识拓展】 消费税也是世界各国普遍施行的一个税种,按征税范围的大小,可以分为一般消费税和特别消费税。一般消费税是对所有消费品和消费行为的流转额普遍征税,特别消费税是对某些特定的消费品和消费行为的流转额进行征税。世界各国大多实行特别消费税,只将非必需品、奢侈品、高档消费品和不可再生的稀缺性资源产品等纳入征收范围。

【知识点2】 消费税纳税人和代收代缴义务人

一、纳税人

在中华人民共和国境内销售、委托加工和进口应税消费品的单位和个人,为消费税的纳税人。

二、代收代缴义务人

在委托加工形式下,消费品的生产,除受托方为个人外,由受托方在向委托方交货时代收代缴消费税,此时,受托方为消费税的代收代缴义务人。

跨境电子商务零售进口商品按照货物征收进口环节消费税,购买跨境电子商务零售进口商品的个人作为纳税义务人,电子商务企业、电子商务交易平台企业或物流企业可作为代收代缴义务人。

【案例导入的解析】

对于案例中的药酒生产企业而言,该公司可以通过合并丁酒厂的方式减少应缴的消费税。

未并购之前:

该公司应缴纳消费税=200×10%=20(万元)

酒类应税消费品属于复合征税:

应缴纳消费税=销售额×比例税率+销售数量表×定额税率

丁酒厂应缴纳消费税=(200×2 000×0.5+200×2 000×4×20%)÷10 000=52(万元)

应纳消费税合计72万元。

如果该公司将丁酒厂合并,丁酒厂就成为该公司的白酒生产车间:

该公司缴纳的消费税=200×10%=20(万元)

【知识点3】 消费税征税范围(税目)及其税率

现行消费税的征收范围主要包括烟、酒、高档化妆品、贵重首饰及珠宝玉石、鞭炮、焰火、成品油、摩托车、小汽车、高尔夫球及球具、高档手表、游艇、木制一次性筷子、实木地板、电池、涂料等税目。

一、征税范围

(一)烟

烟是指以烟叶为原材料加工而成的产品,包括卷烟、烟丝、雪茄烟。

卷烟分为甲类卷烟、乙类卷烟。甲类卷烟是指每标准条(200支,下同)调拨价格在70元(不含增值税)以上(含70元);乙类卷烟是指每标准条调拨价格在70元(不含增值税)以下。

自2022年11月1日起将电子烟纳入消费税征收范围,在烟税目下增设电子烟子目,包括烟弹、烟具以及烟弹与烟具组合销售的电子烟产品。

【问】 现在市场中电子烟的占有率越来越高,请问电子烟需要缴纳消费税吗?

【答】 根据《财政部 海关总署 税务总局关于对电子烟征收消费税的公告》(财政部 海关总署 税务总局公告2022年第33号,以下简称33号公告)规定,自2022年11月1日起对电子烟征收消费税。

扫码了解详情

(二) 酒

酒是指酒精度数在1度以上的各类酒品及酒类饮料,包括白酒、黄酒、啤酒和其他酒。

【知识拓展】

(1) 啤酒:①分为甲类啤酒、乙类啤酒。每吨不含增值税出厂价格(含包装物及包装物押金)≥3 000元为甲类啤酒;<3 000元为乙类啤酒。②饮食业、商业、娱乐业举办的啤酒屋(啤酒坊)利用啤酒生产设备生产的啤酒属于甲类啤酒,应当征收消费税。③"果啤"适用"啤酒"子目。

(2) 配制酒:①以蒸馏酒或食用酒精为酒基,具有国家相关部门批准的"国食健字"文号或"卫食健字"文号并且酒精度低于38度(含)的配制酒,按"其他酒"10%适用税率征收消费税。②以发酵酒为酒基,酒精度低于20度(含)的配制酒,按"其他酒"10%适用税率征收消费税,如桂花酒。③其他配制酒,按"白酒"适用税率征收消费税。

(3) 葡萄酒消费税适用"酒"税目下设的"其他酒"子目。

(4) 自2014年12月1日起,取消对酒精征收消费税,将原"酒及酒精"税目改为"酒"。

(三) 高档化妆品

高档化妆品指高档美容及修饰类化妆品、高档护肤型化妆品及成套化妆品,具体包括生产(进口)环节销售(完税)价格(不含增值税)在10元/毫升(克)或15元/片(张)及以上的美容、修饰类化妆品和护肤类化妆品和成套化妆品。舞台、戏剧、影视演员化妆用的上妆油、卸妆油、油彩、发胶、头发漂白剂等不属于本税目的征收范围。

(四) 贵重首饰及珠宝玉石

贵重首饰及珠宝玉石包括以金、银、白金、宝石、珍珠、钻石、翡翠、珊瑚、玛瑙等高贵稀有物质以及其他金属、人造宝石等制作的各种纯金银首饰及镶嵌首饰和经采掘、打磨、加工的各种珠宝玉石。

【知识拓展】 金条不征收消费税。《消费税征收范围注释》(国税发〔1993〕153号)文件第五条规定:贵重首饰及珠宝玉石的征收范围包括各种金银珠宝首饰和经采掘、打磨、加工的各种珠宝玉石。其中金银珠宝首饰包括:凡以金、银、白金、宝石、珍珠、钻石、翡翠、珊瑚、玛瑙等高贵稀有物质及其他金属、人造宝石等制作的各种纯金银首饰及镶嵌首饰(含人造金银、合成金银首饰等)。而金条不属于以上范围,所以金条不属于金银首饰消费税纳税范围。

(五) 鞭炮、焰火

鞭炮、焰火包括各种鞭炮、焰火,但不包括体育上用的发令纸、鞭炮药引线。

(六) 成品油

成品油包括汽油、柴油、石脑油、溶剂油、航空煤油、润滑油、燃料油等7个子目。

【知识拓展】

(1) 原油不征收消费税。

(2) 航空煤油暂缓征收消费税。

(3) 变压器油、导热类油等绝缘类油品不征收消费税。

(4) 对符合相关条件的纯生物柴油免征消费税。

（5）橡胶填充油、溶剂油原料，属于溶剂油征收范围。

（6）用原油或其他原料加工生产的用于内燃机、机械加工过程的润滑产品均属于润滑油征税范围。润滑脂是润滑产品，属于润滑油消费税征收范围。

（7）《关于继续对废物油再生油品免征消费税的公告》（财政部 税务总局公告2023年第69号），纳税人以回收的废矿物油为原料生产的润滑油、汽油、柴油等工业油料免征消费税，执行至2027年12月31日。

（七）摩托车

摩托车包括轻便摩托车和摩托车，不包括气缸容量250毫升（不含）以下小排量摩托车。

（八）小汽车

小汽车是指由动力驱动，具有4个或4个以上车轮的非轨道承载的车辆，具体包括乘用车、中轻型商用客车。

（1）乘用车（不超过9座，包括排气量小于等于1.5升的乘用车底盘改装、改制车）。

（2）中轻型商用客车（10～23座，包括排气量大于1.5升的乘用车底盘或中轻型商用客车底盘改装、改制车）。

【知识拓展】

（1）以下汽车不属于该税目征收范围：大型商用汽车、大货车、大卡车、电动汽车、沙滩车、雪地车、卡丁车、高尔夫车。

（2）超豪华小汽车在零售环节加征一次消费税。超豪华小汽车是指每辆零售价格130万元（不含增值税）及以上的乘用车和中轻型商用客车。

（九）高尔夫球及球具

高尔夫球及球具是指从事高尔夫球运动所需的各种专用装备，包括高尔夫球、高尔夫球杆及高尔夫球包（袋）等。

【知识拓展】 高尔夫球杆的杆头、杆身和握把均按本税目征收消费税，但高尔夫车不征收消费税。

（十）高档手表

高档手表是指销售价格（不含增值税）每只在10 000元（含）以上的各类手表。

（十一）游艇

游艇是指艇身长度8～90米（包含8米和90米），主要用于水上运动和休闲娱乐等非牟利活动的各类机动艇。

（十二）木制一次性筷子

木制一次性筷子是指各种规格的木制一次性筷子，包括未经打磨、倒角的木制一次性筷子。

【知识拓展】 竹制一次性筷子不征消费税。

（十三）实木地板

实木地板是指各类规格的实木地板、实木指接地板、实木复合地板及用于装饰墙壁、天棚的实木装饰板以及未经涂制的素板。

(十四)电池

自 2015 年 2 月 1 日起对电池征收消费税,包括原电池、蓄电池、燃料电池、太阳能电池和其他电池。

【知识拓展】 无汞原电池、金属氢化物镍蓄电池(氢镍蓄电池或镍氢蓄电池)、锂原电池、锂离子蓄电池、太阳能电池、燃料电池和全钒液流电池免征消费税。

(十五)涂料

自 2015 年 2 月 1 日起对涂料征收消费税。

【知识拓展】 对施工状态下挥发性有机物 VOC 含量低于 420 克/升(含)的涂料免征消费税。

扫码查看答案解析

【小试牛刀-单选题 3-1-1】 下列产品中,属于消费税征税范围的是(　　)。

A. 果啤　　　　　　　　　　B. 洗发香波
C. 变压器油　　　　　　　　D. 高尔夫车

扫码查看答案解析

【小试牛刀-单选题 3-1-2】 根据消费税法律制度的规定,下列商品中,属于消费税征税范围的是(　　)。

A. 卡丁车　　　　　　　　　B. 铅蓄电池
C. 医用酒精　　　　　　　　D. 电动汽车

扫码查看答案解析

【小试牛刀-多选题 3-1-3】 企业生产的下列货物,应征消费税的有(　　)。

A. 电子烟　　　　　　　　　B. 导热类油
C. 高档化妆品　　　　　　　D. 气缸容量 250 毫升的摩托车
E. 销售价格(不含增值税)每只 5 000 元的高档手表

【讨论】 你能归纳出消费税征税范围的确定原则吗?

二、税率

我国消费税税目、税率的调整由国务院确定,地方无权调整。消费税税目、税率如表 3-1 所示。

表 3-1　消费税税目、税率

税目	税率		
	生产(进口)环节	批发环节	零售环节
一、烟			
1. 卷烟			
(1)工业			

(续表)

税目	税率		
	生产（进口）环节	批发环节	零售环节
1）甲类卷烟	56%加0.003元/支		
2）乙类卷烟	36%加0.003元/支		
（2）商业批发		11%加0.005元/支	
2. 雪茄烟	36%		
3. 烟丝	30%		
4. 电子烟	36%	11%	
二、酒			
1. 白酒	20%加0.5元/500克（或者500毫升）		
2. 黄酒	240元/吨		
3. 啤酒			
（1）甲类啤酒	250元/吨		
（2）乙类啤酒	220元/吨		
4. 其他酒	10%		
三、高档化妆品	15%		
四、贵重首饰及珠宝玉石			
1. 金银首饰、铂金首饰和钻石及钻石饰品			5%
2. 其他贵重首饰和珠宝玉石	10%		
五、鞭炮、焰火	15%		
六、成品油			
1. 汽油	1.52元/升		
2. 柴油	1.20元/升		
3. 航空煤油	1.20元/升		
4. 石脑油	1.52元/升		
5. 溶剂油	1.52元/升		
6. 润滑油	1.52元/升		
7. 燃料油	1.20元/升		
七、摩托车			
1. 气缸容量（排气量，下同）为250毫升的	3%		
2. 气缸容量在250毫升以上的	10%		

(续表)

税目	税率		
	生产(进口)环节	批发环节	零售环节
八、小汽车			
1. 乘用车			
(1) 气缸容量(排气量,下同)在1.0升(含1.0升)以下的	1%		
(2) 气缸容量在1.0升以上至1.5升(含1.5升)的	3%		
(3) 气缸容量在1.5升以上至2.0升(含2.0升)的	5%		
(4) 气缸容量在2.0升以上至2.5升(含2.5升)的	9%		
(5) 气缸容量在2.5升以上至3.0升(含3.0升)的	12%		
(6) 气缸容量在3.0升以上至4.0升(含4.0升)的	25%		
(7) 气缸容量在4.0升以上的	40%		
2. 中轻型商用客车	5%		
3. 超豪华小汽车	按照乘用车和中轻型商用客车的规定征收		10%
九、高尔夫球及球具	10%		
十、高档手表	20%		
十一、游艇	10%		
十二、木制一次性筷子	5%		
十三、实木地板	5%		
十四、电池	4%		
十五、涂料	4%		

【讨论】　小汽车的消费税税率按照气缸容量实行差别税率的主要目的是什么?

扫码查看答案解析

【小试牛刀-多选题3-1-4】　下列关于消费税税率的说法中,正确的有(　　)。
　A. 每标准条卷烟对外调拨价格在70元以下的,从价定率税率为36%
　B. 娱乐业、饮食业自制啤酒的消费税单位税额为250元/吨
　C. 甲类卷烟的税率为56%
　D. 纳税人之间批发销售的卷烟按5%缴纳消费税

任务二　企业生产经营过程中消费税业务咨询

案例导入

某企业经理 A：您好，我是长江酿酒厂的负责人。我们公司接到一笔生产 100 吨粮食白酒的业务，合同议定销售价格 1 000 万元。请问我们酒厂该如何组织这笔业务的生产？

财税咨询公司顾问 B：您好，很高兴为您服务，根据您提供的资料，白酒生产过程以及税负变化特点，我们分析了不同生产方式下税负情况，提出以下可供操作的方案……

某企业经理 A：好的，感谢您提供的专业服务。

财务咨询公司顾问 B：不客气，如果您有需要欢迎来我们公司，我们乐意为您提供更加专业的服务。

【知识点 1】　消费税的征税环节

一、生产环节

应税消费品的生产销售环节是征收消费税的主要环节，因为消费税大多实行单一环节征收，所以在生产销售环节征收以后，流通环节不再征收消费税。

（1）电子烟生产环节纳税人是指取得烟草专卖生产企业许可证，并取得或经许可使用他人电子烟产品注册商标（以下称持有商标）的企业。通过代加工方式生产电子烟的，由持有商标的企业缴纳消费税（只从事代加工电子烟产品业务的企业不属于电子烟消费税纳税人）。

（2）纳税人将消费税应税产品用于换取生产资料、消费资料、投资入股及抵偿债务应缴纳消费税。

（3）以消费税应税产品用于换取生产资料、消费资料、投资入股、抵偿债务等情形，按规定征收消费税。

（4）工业企业以外的单位和个人的下列行为视为应税消费品的生产行为，按规定征收消费税：①将外购消费税非应税产品以消费税应税产品对外销售。②将外购消费税低税率应税产品以高税率应税产品对外销售。

在生产环节中不同适用情形下消费税的税务处理如表 3-2 所示。

表 3-2　在生产环节中不同适用情形下消费税的税务处理

情形		税务处理
1. 对外销售、换取生产资料、消费资料、投资入股、抵偿债务		缴纳消费税
2. 自用	（1）用于连续生产应税消费品	不缴纳消费税
	（2）用于其他方面	缴纳消费税
3. 视为应税消费品的生产行为（防范避税）	工业企业以外的单位和个人的下列行为： （1）将外购的消费税非应税产品以消费税应税产品对外销售的 （2）将外购的消费税低税率应税产品以高税率应税产品对外销售的	缴纳消费税

二、批发环节

卷烟、电子烟在生产（进口）环节，批发环节各征一次消费税。

（1）卷烟批发环节纳税人是指在境内从事卷烟批发业务的单位和个人。电子烟批发环节纳税人是指取得烟草专卖批发企业许可证并经营电子烟批发业务的企业。

（2）销售给纳税人以外的单位和个人需要缴纳消费税；纳税人之间销售的卷烟不需要缴纳消费税。

（3）兼营卷烟批发和零售业务的，应当分别核算批发和零售环节的销售额、销售数量。

（4）分别核算批发和零售环节销售额、销售数量的，按照全部销售额、销售数量计征批发环节消费税。

【提示】　本环节在计算消费税时不得扣除已含的生产环节的消费税税款。

三、零售环节

金银首饰、铂金首饰和钻石、钻石饰品及超豪华小汽车在零售环节征税。

四、委托加工环节

委托加工应税消费品是指由委托方提供原材料和主要材料，受托方只收取加工费和代垫部分辅助材料加工的应税消费品。委托加工的应税消费品收回后，继续用于生产应税消费品销售的，其加工环节缴纳的消费税税款可以扣除。委托加工环节增值税与消费税的纳税义务人不同，如表 3-3 所示。

表 3-3　委托加工环节增值税与消费税的纳税义务人

税种	委托方	受托方
增值税	增值税的负税人	增值税纳税人
消费税	消费税的纳税人	除个人（含个体工商户）外,受托方为消费税代收代缴义务人
	如果受托方是个人（含个体工商户），委托方须在收回加工应税消费品后向所在地主管税务机关缴纳消费税	

五、进口环节

单位和个人进口应税消费品,应于报关进口时在海关申报缴纳消费税。

进口环节消费税由海关代征。电子烟进口环节纳税人是指进口电子烟的单位和个人。进口环节已征消费税的应税消费品,在国内环节直接销售的,不再计征消费税;国内批发、零售环节需要计征消费税的特殊应税消费品除外。假如需要在国内进一步加工为应税消费品的,则需要继续计征消费税,其在进口环节已纳消费税可按规定抵扣。电子烟的增值税及消费税征收环节如图3-1所示。

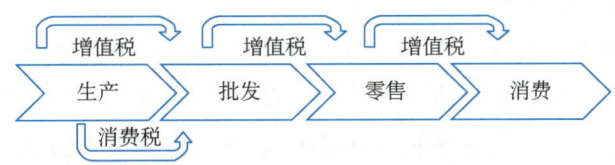

图3-1 电子烟的增值税及消费税征收环节

大部分应税消费品只在单一环节征税,卷烟、电子烟在批发环节加征一道消费税,超豪华小汽车在零售环节加征消费税,而金银首饰仅在零售环节征税,具体纳税环节如表3-4所示。

表3-4 消费税的纳税环节

情况		生产、委托加工、进口环节	批发环节	零售环节
一般情况		√	×	×
特殊情况	金银首饰	×	×	√
	卷烟	√	√	×
	电子烟	√	√	×
	超豪华小汽车	√	×	√

【小试牛刀-单选题3-2-1】 根据消费税规定,成品油纳税环节是( )。
A. 批发环节　　　　　　　　　　　B. 加油站加油环节
C. 生产销售环节　　　　　　　　　D. 消费者购买环节

扫码查看答案解析

【小试牛刀-单选题3-2-2】 下列单位中属于消费税纳税人的是( )。
A. 受托加工化妆品的企业
B. 销售不含增值税零售价120万元小汽车的汽车4S店
C. 进口普通化妆品的外贸公司
D. 委托加工卷烟的企业

扫码查看答案解析

扫码查看答案解析

【小试牛刀-多选题 3-2-3】 关于消费税纳税环节,下列说法正确的有(　　)。
A. 汽车4S店进口超豪华小汽车在进口环节缴纳消费税后,在零售环节加征消费税
B. 自产应税消费品用于管理部门,于移送使用环节缴纳消费税
C. 委托企业加工应税消费品,由委托方收回后销售时缴纳消费税
D. 卷烟批发企业之间批发销售的卷烟,批发环节缴纳消费税
E. 进口高档化妆品,由报关进口者在报关进口环节缴纳消费税

【问】 某公司进口小汽车零件,是否需要缴纳消费税?公司使用该零件组装成小汽车用以出售,是否需要缴纳消费税?

【答】 根据《中华人民共和国消费税暂行条例》第一条规定,在中华人民共和国境内生产、委托加工和进口本条例规定的消费品的单位和个人,以及国务院确定的销售本条例规定的消费品的其他单位和个人,为消费税的纳税人,应当依照本条例缴纳消费税。因为小汽车零部件不属于消费税的税目,因此纳税人进口汽车零部件不需要缴纳消费税。另外,小汽车属于消费税的税目,若组装的小汽车属于消费税的应税范围,需要在生产环节(于出厂销售时)缴纳消费税。

【知识点2】 消费税的计算

一、计税方法

消费税应纳税额的计算分为从价计征、从量计征和从价从量复合计税三种方法。
(1)实行从价计税办法计征消费税的消费品,其应纳税额的计算公式为:

$$应纳税额=销售额×比例税率$$

(2)实行从量计税办法计征消费税的消费品,其应纳税额的计算公式为:

$$应纳税额=应税消费品的销售数量×定额税率$$

(3)在现行消费税的征税范围中,只有卷烟、白酒采用复合计税的方法,其计算公式为:

$$应纳税额=应税销售数量×定额税率+应税销售额(不含增值税)×比例税率$$

二、计税依据

(一)从价定率计征的计税依据

实行从价定率办法计算的应纳税额根据销售额确定。

销售应税消费品从购买方收取的全部价款和价外费用,不包括向购买方收取的增值税税额。其中,价外费用是指价外向购买方收取的手续费、补贴、基金、集资费、返还利润、奖励费、违约金、滞纳金、延期付款利息、赔偿金、代收款项、代垫款项、包装费、包装

物租金、储备费、优质费、运输装卸费以及其他各种性质的价外收费。但不包括以下费用：

(1) 同时符合下列条件的代垫费用：①承运部门的运输费用发票开具给购买方的。②纳税人将该项发票转交给购买方的。

(2) 同时符合下列条件代为收取的政府性基金或者行政事业性收费：①由国务院或者财政部批准设立的政府性基金，由国务院或者省级人民政府及其财政、价格主管部门批准设立的行政事业性收费。②收取时开具省级以上财政部门印制的财政票据。③所收款项全额上缴财政。

其他价外费用，无论是否属于纳税人的收入，均应并入销售额计算征税。

【知识拓展】 应税消费品的销售额不包括应向购货方收取的增值税税款。因此，如果纳税人应税消费品的销售额中未扣除增值税税款或者因不得开具增值税专用发票而发生价款和增值税税款合并收取的，应换算为不含增值税的销售额。换算公式为：

应税消费品的销售额＝含增值税的销售额÷(1＋增值税税率或征收率)

【例 3-2-1】 某摩托车生产企业 2023 年生产两轮摩托车 200 000 辆，每辆两轮摩托车不含税销售价 0.46 万元，全年销售 190 000 辆，取得不含税销售收入 87 400 万元。全年生产三轮摩托车 30 000 辆，每辆三轮摩托车不含税销售价 0.36 万元，全年销售 28 000 辆，取得不含税销售收入 10 080 万元。由于部分摩托车由该生产企业直接送货，全年共取得送货的运输费收入 452 万元并开具普通发票。计算该摩托车生产企业 2023 年应纳消费税的销售额。

【解析】 生产企业自己送货收取的运输费属于价外费用，应并入销售额计征消费税，故全年应纳消费税销售额＝87 400＋10 080＋452÷(1＋13%)＝97 880(万元)。

【问】 关于包装物销售收入及押金应该如何处理？

【答】 (1) 实行从价定率办法计算应纳税额的应税消费品连同包装物一起销售的，无论包装物是否单独计价，也不论在会计上如何核算，均应并入应税消费品的销售额中征收消费税。

(2) 如果包装物不作价随同商品销售，而是收取押金，此项押金不应并入应税消费品的销售额中征税。但是，对逾期未收回的包装物不再退还押金的或者已收取 12 个月以上的押金，应并入应税消费品的销售额，按照应税消费品的适用税率征收消费税。

(3) 对酒类产品生产企业销售啤酒、黄酒以外的酒类产品而收取的包装物押金，无论押金是否返还以及会计上如何核算，均应并入酒类产品销售额中征收消费税。

(4) 金银首饰连同包装物销售的，无论包装是否单独计价，也无论会计上如何核算，均应并入金银首饰的销售额，计征消费税。

(5) 纳税人采用以旧换新(含翻新改制)方式销售的金银首饰，应按实际收取的不含增值税的全部价款确定计税依据并征收消费税。

【例 3-2-2】 某饰品公司采用以旧换新方式销售金戒指一枚，商品标价 2 000 元，旧戒指折价1 000元,则计征消费税的销售额为(　　)。

【解析】　计征消费税的销售额=(2 000-1 000)÷(1+13%)=884.96(元)。

包装物押金的具体处理方式如表3-5所示。

表3-5　包装物销售收入及押金的处理

情形		税务处理
1. 应税消费品连同包装物销售		无论包装物是否单独计价,也不论在财务上如何核算,均应并入应税消费品的销售额中征收消费税
2. 包装物押金	一般应税消费品	收取时不并入销售额中征税
		逾期未收回的包装物不再退还的或已收取超过12个月的押金,并入应税消费品的销售额,按照应税消费品的适用税率征收消费税
	酒类产品(不包括啤酒、黄酒)	无论押金是否返还及会计上如何核算,均应并入酒类产品销售额中征收消费税
3. 既作价销售,又另外收取押金		在规定的期限内不予退还的,均应并入应税消费品的销售额,按照应税消费品的适用税率征收消费税

【例3-2-3】　某白酒生产企业2023年6月销售500克瓶装白酒10 000瓶,每瓶不含税价200元,另外共收取白酒包装物押金226 000元,计入其他应付款;同时之前收取的白酒包装物押金11.3万元于2023年6月逾期,企业将其转入营业外收入账户。已知白酒比例税率20%,定额税率0.5元/500克。要求:(1)计算该白酒生产企业6月应纳增值税销项税额;(2)计算该白酒生产企业6月应纳消费税税额。

【解析】　白酒包装物押金在收取环节缴纳增值税与消费税,逾期不再缴纳。

(1) 增值税销项税额=10 000×200×13%+226 000÷(1+13%)×13%=286 000(元)

(2) 应纳消费税税额=[10 000×200+226 000÷(1+13%)]×20%+10 000×0.5=445 000(元)

该白酒生产企业6月应纳增值税销项税额为286 000元,消费税税额为445 000元。

【例3-2-4】　某化妆品生产企业2023年6月销售高档化妆品取得不含税收入200万元,另外收取包装物押金22.6万元,计入其他应付款;同时之前收取的包装物押金11.3万元于2023年6月逾期,企业将其转入营业外收入账户。已知高档化妆品消费税税率15%。要求:(1)计算该化妆品生产企业6月应纳增值税销项税额;(2)计算该化妆品生产企业6月应纳消费税税额。

【解析】　(1) 增值税销项税额=200×13%+11.3÷(1+13%)×13%=27.3(万元)

(2) 应纳消费税税额=[200+11.3÷(1+13%)]×15%=31.5(万元)

该化妆品生产企业6月应纳增值税销项税额为27.3万元,应纳消费税税额为31.5万元。

(二)从量定额计征的计税依据

应纳税额的多少取决于应税消费品的销售数量和计量单位的换算标准两个因素。

1. 销售数量的确定

根据税法上的规定,销售应税消费品的,销售数量为应税消费品销售数量,自产自用应税消费品为应税消费品移送使用的数量,委托加工应税消费品为纳税人(委托人)收回的应税消费品,进口应税消费品根据海关核定的应税消费品进口数量。

2. 计量单位的换算标准

按照消费税规定,对黄酒、啤酒、成品油等应税消费品采取从量定额办法计算应纳税额。

【例3-2-5】 甲啤酒厂为增值税一般纳税人,向乙厂销售10吨甲类啤酒,开具增值税专用发票,每吨不含税售价800元,货款已收。计算此项业务中甲厂应纳消费税的销售数量。

【解析】 啤酒采用从量计税办法计算消费税,故应纳消费税的销售数量为10吨。

【例3-2-6】 甲石化公司本年6月销售汽油1 000吨、柴油200吨,另向本公司在建工程车辆提供汽油10吨。已知汽油1吨=1 388升,柴油1吨=1 176升;汽油的定额税率为1.52元/升,柴油的定额税率为1.2元/升。计算甲公司当月的应纳消费税税额。

【解析】 销售汽油应纳消费税税额=1 000×1 388×1.52=2 109 760(元)

销售柴油应纳消费税税额=200×1 176×1.2=282 240(元)

应税消费品用于在建工程应当征收消费税,则在建工程车辆使用汽油应纳消费税税额为:10×1 388×1.52=21 097.6(元)

甲公司当月应纳消费税税额合计为:2 109 760+282 240+21 097.6=2 413 097.6(元)

(三)从价定率和从量定额复合计征的计税依据

1. 白酒在生产环节复合计征

自2009年8月1日起,对白酒消费税实行最低计税价格核定管理办法。

(1)白酒消费税最低计税价格核定范围:白酒生产企业销售给销售单位的白酒,生产企业消费税计税价格低于销售单位对外销售价格(不含增值税,下同)70%以下的,税务机关应核定消费税最低计税价格。

(2)白酒消费税最低计税价格核定标准如表3-6所示。

表3-6 白酒消费税最低计税价格核定标准

消费税计税价格	最低计税价格核定方式
白酒生产企业销售给销售单位的白酒,生产企业消费税计税价格高于销售单位对外销售价格70%(含)以上的	税务机关暂不核定消费税最低计税价格
白酒生产企业销售给销售单位的白酒,生产区也消费税计税价格低于销售单位对外销售价格70%以下的	消费税最低计税价格由税务机关根据生产规模、白酒品牌、利润水平等情况在销售单位对外销售价格50%~70%的范围内执行核定

2. 卷烟在生产和批发环节分别进行复合计征

卷烟最低计税价格的核定：

(1) 根据国家税务总局令第 26 号《卷烟消费税计税价格信息采集和核定管理办法》，自 2012 年 1 月 1 日起，卷烟消费税最低计税价格核定范围为卷烟生产企业在生产环节销售的所有牌号、规格的卷烟。计税价格由国家税务总局按照卷烟批发环节销售价格扣除卷烟批发环节批发毛利核定并发布。计税价格的核定公式如下：

$$某牌号、规格卷烟计税价格 = 批发环节销售价格 \times (1 - 适用批发毛利率)$$

(2) 卷烟批发环节销售价格，按照税务机关采集的所有卷烟批发企业在价格采集期内销售的该牌号、规格卷烟的数量、销售额进行加权平均计算。其计算公式如下：

$$批发环节销售价格 = \frac{\sum 该牌号规格卷烟各采集点的销售额}{\sum 该牌号规格卷烟各采集点的销售数量}$$

【提示】 实际销售价格高于核定计税价格的卷烟，按实际销售价格征收消费税；反之，按计税价格征税。

3. 计税依据的特殊规定

(1) 纳税人通过自设非独立核算门市部销售的自产应税消费品，应按独立门市部对外销售额或者销售数量征收消费税。

(2) 纳税人自用未对外销售的应税消费品，按照纳税人销售的同类消费品的销售价格计算纳税；没有同类消费品销售价格的，按照组成计税价格计算纳税。

实行从价计税办法计算纳税的组成计税价格计算公式为：

$$组成计税价格 = (成本 + 利润) \div (1 - 比例税率)$$

实行复合计税办法计算纳税的组成计税价格计算公式为：

$$组成计税价格 = (成本 + 利润 + 自用数量 \times 定额税率) \div (1 - 比例税率)$$

【例 3-2-7】 某化妆品公司将自产的成套高档化妆品 200 套作为职工福利发给职工。已知每套化妆品的成本为 100 元，无同类产品的市场销售价格。高档化妆品的成本利润率为 5%，消费税税率为 15%。请计算该批化妆品应纳消费税的计税销售额。

【解析】 纳税人将自产的应税消费品用于职工福利，应缴纳消费税，计税价格为纳税人生产的同类消费品的销售价格。没有同类消费品销售价格的，按照组成计税价格计算纳税，可得：

$$\begin{aligned} 组成计税价格 &= (成本 + 利润) \div (1 - 比例税率) \\ &= 100 \times (1 + 5\%) \div (1 - 15\%) \times 200 \\ &= 24\,705.88(元) \end{aligned}$$

(3) 白酒生产企业向商业销售单位收取的品牌使用费应并入白酒的销售额中缴纳消

12个月内)将包装物退回,则不需要再缴纳消费税、增值税;如果A公司逾期仍未退还包装物,则在12个月后火星制造厂需要再缴纳20 000元消费税以及包装物做销售处理后应缴的增值税,虽然这种方式的应纳税额没有发生变化,但推迟了包装物销售额应缴纳税款的时间。

【知识拓展】 酒类包装物收取的押金(黄酒、啤酒除外)无论是否退还,均应并入销售额计算消费税。

三、税率的筹划

(一) 筹划原理

根据消费税法律制度,每种应税消费品所适用的税率都有明确的界定,而且是固定的。消费税税率的基本形式包括定额税率、比例税率。消费税按不同的消费品划分税目,税率在税目的基础上采用"一目一率"的方法,各种应税消费品的消费税税率之间的差别为税收筹划提供了客观条件。

(二) 筹划要点

1. 利用税收子目转换的方法

消费税在一些税目下设置了多个子目,不同的子目适用不同的税率,而同一税目不同子目的项目具有很多的共性,纳税人可以创造条件将某项子目转换为另一项子目,在不同的税率之间选择较低的税率纳税。

消费税同一税目下不同子目的划分有应税消费品品质的原因,如小汽车按气缸容量划分子目,适用不同的消费税税率;还有按应税消费品的不同成分划分税率,如消费税中酒税目下白酒子目的从价税率为20%,其他酒类子目的税率为10%。

另外,有些子目之间由于价格的变化而导致税率跳档,应在税率的相邻等级内合理定价。应税消费品的等级不同,消费税的税率则不同。税法以单位定价为标准确定等级,即单位定价越高,等级就越高,税率也越高。例如,我国现行消费税税法规定,对卷烟的生产销售环节先征收一道从量税,在此基础上再按不同价格征收不同的比例税率。对于每条卷烟调拨价格在70元以上(含70元)的,比例税率为56%;对于每条卷烟调拨价格在70元以下(不含70元)的,比例税率为36%。这两类卷烟的税率差别很大,而适用哪一档税率取决于卷烟的价格。也就是说,卷烟价格的分界点成为税率变化的临界点,如果卷烟价格在临界点附近,纳税人就可以主动降低价格,使卷烟类别发生变化,从而适用较低的税率。

当然,如果企业生产的是高档卷烟,其价格远高于临界点70元/条的价格,则为减轻纳税额而调低价格到70元/条以下,结果往往得不偿失。例如,企业生产卷烟的价格为150元/条,采取降低价格减轻税负的方式就不够理想。

【知识扩展】 卷烟和啤酒无差异价格临界点:根据税法规定,设临界点的价格为X,令卷烟价格高于70元/条的税后利润与卷烟价格等于69.99元/条的税后利润相等,可得:

费税。

(4) 纳税人兼营不同税率的应税消费品,且未分别核算销售额、销售数量,或者将不同税率的应税消费品组成成套消费品销售的,从高适用税率。

(5) 纳税人用于换取生产资料和消费资料、投资入股和抵偿债务等方面的应税消费品,应当以纳税人同类应税消费品的最高销售价格为依据计算消费税。

【小试牛刀-单选题3-2-4】 纳税人将自产的从价计征的应税消费品用于换取生产资料和消费资料,其消费税计税依据为(   )。

A. 组成计税价格＝(成本＋利润)÷(1－消费税税率)
B. 同类应税消费品的平均售价
C. 同类应税消费品的最高售价
D. 由主管税务机关核定

扫码查看答案解析

(6) 纳税人申报的应税消费品的计税价格和数量明显偏低且不具有合理商业目的的,税务机关、海关有权核定其计税价格和数量。

三、应纳税额的计算

(一) 生产销售应税消费品应纳税额的计算

1. 从价计税办法

基本计算公式为:

$$应纳税额＝应税消费品的销售额×比例税率$$

【例3-2-8】 某手表厂为增值税一般纳税人。2022年4月,生产销售X型手表300只,取得不含税销售收入360万元;生产销售Y型手表500只,取得不含税销售收入80万元;销售手表配件取得不含税销售收入1.2万元。不考虑其他因素。要求:(1) 计算该手表厂4月应缴纳的消费税税额(高档手表消费税税率为20%);(2) 计算该手表厂当月增值税销项税额。

【解析】 (1) 每只X型手表销售价格(不含增值税)为1.2万元,为应税消费品;每只Y型手表销售价格(不含增值税)为0.16万元,为非应税消费品,不需要缴纳消费税。手表配件不属于消费税征税范围。

因此,该手表厂4月应缴纳的消费税税额为:

应缴纳消费税税额＝360×20%＝72(万元)

(2) 该手表厂当月增值税销项税额为:

增值税销项税额＝(360＋80＋1.2)×13%＝57.356(万元)

2. 从量计税办法

基本计算公式为:

应纳税额＝应税消费品的销售数量×定额税率

【例3-2-9】 某啤酒厂为增值税一般纳税人。2023年8月销售啤酒100吨,每吨出厂价格2 900元(不含增值税),另收取非重复使用的包装物押金226元/吨。要求:(1)计算该啤酒厂8月应缴纳的消费税税额;(2)计算该啤酒厂8月增值税销项税额。[出厂价格3 000元/吨以上(含3 000元),定额税率为250元/吨;出厂价格在3 000元/吨以下,定额税率为220元/吨。]

【解析】 (1)啤酒定额税率的每吨出厂价格＝2 900＋226÷(1＋13％)＝3 100(元)。

每吨出厂价在3 000元以上,适用单位税额250元。

应纳消费税税额＝100×250＝25 000(元)。

(2)增值税销项税额＝100×2 900×13％＝37700(元)。

该啤酒厂8月应纳的消费税税额为25 000元,增值税销项税额为37 700元。

3. 从价和从量复合计税方法

在现行消费税的征税范围中,只有卷烟、白酒采用复合计算方法。基本计算公式为:

应纳税额＝应税消费品的销售数量×定额税率＋应税销售额×比例税率

【例3-2-10】 某白酒厂为增值税一般纳税人。2022年5月,销售白酒100吨,当月取得不含增值税销售额1 480万元,另收取包装物押金23.6万元。要求:①计算该白酒厂当月应缴纳的消费税税额。②计算该白酒厂当月增值税销项税额。(白酒按照20％的比例税率,0.5元/500克的定额税率计算。)

【解析】 (1)消费税税额＝100×2 000×0.5÷10 000＋[1 480＋23.6÷(1＋13％)]×20％＝310(万元)。

(2)增值税销项税额＝[1 480＋23.6÷(1＋13％)]×13％＝195(万元)。

(二)自产自用应税消费品应纳税额的计算

1. 自产自用应税消费品的一般规定

自产自用是指纳税人生产应税消费品后,不是用于直接对外销售,而是用于自己连续生产应税消费品或其他方面。

如果纳税人用于连续生产应税消费品,在自产自用环节不缴纳消费税;如果纳税人用于其他方面,一律于移送使用时,按视同出厂销售缴纳消费税。

【知识拓展】 用于其他方面包括用于本企业连续生产非应税消费品、在建工程、管理部门、非生产机构、提供劳务、馈赠、赞助、集资、广告、样品、职工福利、奖励等方面,其中用于生产非应税消费品是指把自产的应税消费品用于生产《消费税税目税率表》所列15类应税消费品以外的产品。

【小试牛刀-单选题 3-2-5】 下列业务中,需要在移送环节缴纳消费税的是( )。
A. 地板厂将委托加工收回的应税实木素板用于连续生产高端实木地板
B. 汽车厂将新研制的应税小汽车用于碰撞试验
C. 日化厂将自产高档化妆品用于职工福利
D. 卷烟厂将自产的烟丝连续生产卷烟

扫码查看答案解析

2. 自产自用应税消费品计税依据的确定

纳税人自用未对外销售的应税消费品,按照纳税人销售的同类消费品的销售价格计算纳税;没有同类消费品销售价格的,按照组成计税价格计算纳税。

实行从价计税办法计算纳税的组成计税价格计算公式为:

$$组成计税价格＝(成本＋利润)÷(1－比例税率)$$

实行复合计税办法计算纳税的组成计税价格计算公式为:

$$组成计税价格＝(成本＋利润＋自用数量×定额税率)÷(1－比例税率)$$

国家税务总局颁发的《消费税若干具体问题的规定》明确了应税消费品的全国平均成本利润率,如表 3-7 所示。

表 3-7 应税消费品全国平均成本利润率

货物名称	平均成本利润率	货物名称	平均成本利润率
1. 甲类卷烟	10%	10. 贵重首饰及珠宝玉石	6%
2. 乙类卷烟	5%	11. 摩托车	6%
3. 雪茄烟	5%	12. 高尔夫球及球具	10%
4. 烟丝	5%	13. 高档手表	20%
5. 粮食白酒	10%	14. 游艇	10%
6. 薯类白酒	5%	15. 木制一次性筷子	5%
7. 其他酒	5%	16. 实木地板	5%
8. 化妆品	5%	17. 乘用车	8%
9. 鞭炮、焰火	5%	18. 中轻型商用客车	5%

3. 自产自用应税消费品应纳税额的计算

【例 3-2-11】 某高档化妆品生产商 5 月生产化妆品 300 套,将其中 200 套直接对外销售,取得不含税收入 30 000 元;另将其中 100 套无偿赠送给相关企业。计算 5 月份该化妆品生产商应缴纳的消费税税额(化妆品适用的消费税税率为 15%)。

【解析】 纳税人将化妆品用于馈赠的,应在移送环节缴纳消费税,并按纳税人生产的同类化妆品的销售价格计算纳税,故:

同类化妆品销售价格＝30 000÷200＝150(元)

应纳消费税税额＝30 000×15％＋150×100×15％＝6 750(元)

5月份该化妆品生产商应缴纳的消费税税额为6 750元。

【例3-2-12】 甲公司为增值税一般纳税人，主营木材木器加工、制造，主要产品包括实木家具、实木地板、各类木质板材等。实木地板的消费税税率为5％。2022年1月部分生产经营信息如下：生产车间和职工食堂装修领用自产的实木地板(按照当月相同型号实木地板的不含税销售价格计算)价格分别为12万和6万元。要求：计算该公司1月份应纳消费税税额。

【解析】 应纳消费税税额＝(12＋6)×5％＝0.9(万元)

该公司1月应纳消费税税额为0.9万元。

【例3-2-13】 某酒厂为增税一般纳税人。2022年年会时将自产的一批葡萄酒作为宴会用酒饮用，该批葡萄酒的生产成本为15 000元，查知无同类产品销售价格。葡萄酒的成本利润率为5％，消费税适用税率为10％。要求：计算该批葡萄酒的消费税税额和增值税销项税额。

【解析】 (1) 组成计税价格＝15 000×(1＋5％)÷(1－10％)＝17 500(元)

应缴纳消费税税额＝17 500×10％＝1 750(元)

(2) 增值税销项税额＝17 500×13％＝2 275(元)

该批葡萄酒的消费税税额为1 750元，增值税销项税额为2 275元。

(三) 委托加工环节应税消费品应纳税额的计算

1. 委托加工的应税消费品的含义及方式

委托加工的应税消费品是指由委托方提供原材料和主要材料，受托方只收取加工费和代垫部分辅助材料加工的应税消费品；除此之外都不能称为委托加工的应税消费品。由受托方提供原材料，或受托方先将原材料卖给委托方然后再接受加工，以及由受托方以委托方名义购进原材料生产的应税消费品，不论纳税人在财务上是否做销售处理，都不得作为委托加工应税消费品，而应看作受托方销售自制消费品，此时消费税的纳税人为受托方。

扫码查看答案解析

【小试牛刀-单选题3-2-6】 根据消费税的相关规定，委托加工的特点是(　　)。

A. 委托方支付加工费，受托方提供原材料或主要材料

B. 委托方支付加工费，受托方先将原材料卖给委托方，然后再接受加工

C. 委托方支付加工费，受托方以委托方名义购进原材料或主要材料

D. 委托方提供原材料和主要材料，受托方收取加工费，代垫部分辅助材料

2. 代收代缴税款的规定

(1) 为了避免税款流失，对于委托加工的应税消费品的应纳消费税，我国采取了源泉控制的管理办法，即由受托方(受托方为个人的除外)向委托方交货时代收代缴消费税。个人(含个体工商户)受托加工应税消费品的，一律由委托方收回后在委托方所在地缴纳消费税。

(2) 对于受托方没有按规定代收代缴税款的，委托方必须补缴税款，对受托方则不再重

复补税,但对受托方处以应代收代缴税款 50%以上 3 倍以下的罚款。

(3)委托方将收回的应税消费品以不高于受托方的计税价格出售的,为直接出售,不再缴纳消费税;委托方以高于受托方的计税价格出售的,不属于直接出售,需要按照规定申报缴纳消费税,在计税时准予扣除受托方已代收代缴的消费税。

(4)委托方收回应税消费品后,若用于连续生产应税消费品的,已纳的消费税税款准予按规定抵扣。

3. 委托加工应税消费品计税依据的确定

(1)实行从价定率办法计征消费税按照受托方的同类消费品的销售价格计算纳税;没有同类消费品销售价格的,按照组成计税价格计算纳税。

实行从价定率办法计算纳税的组成计税价格的计算公式为:

$$组成计税价格=(材料成本+加工费)\div(1-比例税率)$$

(2)实行从量定额办法计征消费税以委托加工收回的应税消费品数量(委托加工数量)确定。

(3)实行复合计税办法计征消费税,按从价定率和从量定额的计税依据分别确定。

实行复合计税办法计算纳税的组成计税价格的计算公式为:

$$组成计税价格=(材料成本+加工费+委托加工数量\times定额税率)\div(1-比例税率)$$

4. 委托加工应税消费品应纳税额的计算

(1)实行从价定率办法计算纳税的委托加工应税消费品应纳税额的计算公式为:

受托方有同类消费品销售价格的:

$$应纳税额=同类应税消费品单位销售价格\times委托加工数量\times比例税率$$

受托方没有同类消费品销售价格的:

$$应纳税额=组成计税价格\times比例税率$$

(2)实行从量定额办法计算纳税的委托加工应税消费品应纳税额的计算公式为:

$$应纳税额=委托加工数量\times定额税率$$

(3)实行复合计税办法计算纳税的委托加工应税消费品应纳税额的计算公式为:

受托方有同类消费品销售价格的:

$$应纳税额=同类应税消费品单位销售价格\times委托加工数量\times比例税率\\+委托加工数量\times定额税率$$

受托方没有同类消费品销售价格的:

$$应纳税额=组成计税价格\times比例税率+委托加工数量\times定额税率$$

【例3-2-14】 甲化妆品企业2024年3月受委托为某商场加工一批高档化妆品,收取不含增值税的加工费37万元,商场提供的原材料金额为48万元。该化妆品企业无同类商品销售价格,消费税税率为15%。要求:计算甲化妆品企业2024年3月应代收代缴的消费税税额。

【解析】 组成计税价格=(48+37)÷(1−15%)=100(万元)

应代收代缴的消费税税额=100×15%=15(万元)

甲化妆品企业2024年3月应代收代缴的消费税税额为15万元。

(四)进口应税消费品应纳消费税的计算

进口应税消费品于报关进口时由海关代征进口环节消费税。由进口人或其代理人向报关地海关申报纳税,自海关填发海关进口消费税专用缴款书之日起15日内缴纳税款。

1. 进口应税消费品计税依据的确定

纳税人进口应税消费品,按照组成计税价格和规定的税率计算应纳税额。

(1)实行从价定率办法计征消费税的组成计税价格计算公式为:

$$组成计税价格=(关税完税价格+关税)÷(1−比例税率)$$

(2)实行从量定额办法计征消费税以海关核定的应税消费品的进口数量来确定。

(3)实行复合计税办法计征消费税,按从价定率和从量定额的计税依据分别确定。实行复合计税办法计征消费税的组成计税价格的计算公式为:

$$组成计税价格=(关税完税价格+关税+海关核定的应税消费品的进口数量×定额税率)÷(1−比例税率)$$

2. 进口应税消费品应纳税额的计算

(1)实行从价定率办法计算纳税的进口应税消费品纳税额的计算公式为:

$$应纳税额=组成计税价格×比例税率$$

(2)实行从量定额办法计算纳税的进口应税消费品应纳税额的计算公式为:

$$应纳税额=海关核定的应纳税消费品的数量×定额税率$$

(3)实行复合计税办法计算纳税的进口应税消费品应纳税额的计算公式为:

$$应纳税额=组成计税价格×比例税率+海关核定的应纳税消费品的数量×定额税率$$

【例3-2-15】 甲商贸公司为增值税一般纳税人,2023年7月从国外进口一批粮食白酒共计5 000千克,该批应税消费品的关税完税价格为100万元,按规定应缴纳关税20万元,粮食白酒的消费税税率为20%,定额消费税为0.5元/500克。要求:计算甲公司进口粮食白酒的应纳消费税税额。

【解析】 组成计税价格＝(1 000 000＋200 000＋5 000×2×0.5)÷(1－20％)
＝1 506 250(元)＝150.625(万元)

应纳消费税税额＝1 506 250×20％＋5 000×2×0.5＝306 250(元)＝30.625(万元)

【例3-2-16】 某外贸公司进口一批小汽车，支付给国外买价1 000万元，支付到达我国海关以前的装卸费、运输费50万元，保险费8万元，从海关运往公司所在地支付运输费4万元；关税税率25％，消费税税率9％。计算该外贸公司进口小汽车环节应缴纳的消费税税额。

【解析】 关税完税价格＝1 000＋50＋8＝1 058(万元)

消费税组成计税价格＝1 058×(1＋25％)÷(1－9％)＝1 453.30(万元)

进口环节应纳消费税税额＝1 453.30×9％＝130.80(万元)

该外贸公司进口小汽车环节应缴纳的消费税税额为130.80万元。

(4) 进口卷烟的计算方法，根据三个步骤，具体计算如表3-8所示。

表3-8 进口卷烟计算三步法

步骤	价格	适用税率
第一步:用36％计算第一次组成计税价格	每标准条进口卷烟(200支)确定消费税适用比例税率的价格＝(关税完税价格＋关税＋消费税定额税率)÷(1－消费税税率)	关税完税价格和关税为每标准条的关税完税价格及关税税额
		消费税定额税率为每标准条(200支)0.6元
		消费税税率固定为36％
第二步:确定适用税率	第一次组价≥70元	适用比例税率为56％
	第一次组价＜70元	适用比例税率为36％
第三步:重新计算	按第二步确定的税率重新计算组成计税价格并计算应纳税额	

(五) 已纳消费税的扣除

为了避免重复征税，税法规定，将外购应税消费品和委托加工收回的应税消费品继续生产应税消费品销售的，可将外购应税消费品和委托加工收回应税消费品已纳的消费税税款予以扣除。

1. 外购应税消费品已纳消费税的扣除

外购应税消费品已纳消费税的扣除范围包括：

(1) 外购已税烟丝生产的卷烟。

(2) 外购已税鞭炮、焰火生产的鞭炮、焰火。

(3) 外购已税杆头、杆身和握把生产的高尔夫球杆。

(4) 外购已税木制一次性筷子生产的木制一次性筷子。

(5) 外购已税实木地板为原料生产的实木地板。

(6) 外购已税石脑油、燃料油生产的成品油。

(7) 外购已税汽油、柴油、润滑油分别生产的汽油、柴油、润滑油。

(8) 集团内部企业间用啤酒液生产的啤酒。

(9) 外购已税葡萄酒生产的葡萄酒。

(10) 外购已税高档化妆品生产高档化妆品的。

准予扣除的计算方法如表3-9所示。

表3-9 准予扣除的已纳税款的计算方法

外购应税消费品情形	已纳税额计算方法
外购从价定率征收的应税消费品	当期准予扣除的外购应税消费品已纳税款＝当期准予扣除的外购应税消费品买价×外购应税消费品的适用税率
	当期准予扣除的外购应税消费品买价＝期初库存外购应税消费品买价＋当期购进的外购应税消费品买价－期末库存的外购应税消费品的买价（买价为不含增值税价格）
外购从量定额征收的应税消费品	当期准予扣除的外购应税消费品已纳税款＝当期准予扣除的外购应税消费品数量×外购应税消费品的单位税额
	当期准予扣除的外购应税消费品数量＝期初库存外购应税消费品数量＋当期购进的外购应税消费品数量－期末库存的外购应税消费品的数量

【知识拓展】 纳税人用外购的已税珠宝玉石生产的，改在零售环节征收消费税的金银首饰（镶嵌首饰）、钻石首饰，在计税时，一律不得扣除外购珠宝玉石的已纳税款。

扫码查看答案解析

【小试牛刀-单选题3-2-7】 下列关于已纳消费税扣除说法正确的是（　　）。

A. 以外购高度白酒连续生产低度白酒，可以按照当期生产领用数量计算准予扣除外购白酒已纳消费税

B. 葡萄酒生产企业购进葡萄酒连续生产应税葡萄酒的，准予从应纳消费税额中扣除所耗用的应税葡萄酒已纳消费税税款，本期消费税应纳税额不足抵扣的，余额留待下期抵扣

C. 葡萄酒生产企业购进葡萄酒连续生产应税葡萄酒的，准予从应纳消费税额中扣除所耗用的应税葡萄酒已纳消费税税款，本期消费税应纳税款不足抵扣的，不得结转抵扣

D. 以外购高度白酒连续生产低度白酒，可以按照当期购进数量计算准予扣除外购白酒已纳消费税

扫码查看答案解析

【小试牛刀-多选题3-2-8】 下列各项中，外购应税消费品已纳消费税不准许扣除的有（　　）。

A. 外购已税化妆品生产的应税高档化妆品

B. 外购已税珠宝玉石为原料生产的金银镶嵌首饰

C. 外购已税高档手表生产的高档手表
D. 外购已税汽车轮胎生产的小汽车

2. 委托加工收回的应税消费品已纳税款的扣除

委托加工的应税消费品因为已由受托方代收代缴消费税,因此,委托方收回货物后用于连续生产应税消费品的,其已纳税款准予按照规定从连续生产的应税消费品应纳税额中扣除。委托加工收回的应税消费品的扣除范围包括:

(1) 委托加工收回的已税烟丝为原料生产的卷烟。
(2) 委托加工收回的已税高档化妆品为原料生产的高档化妆品。
(3) 委托加工收回的已税珠宝玉石为原料生产的贵重首饰及珠宝玉石。
(4) 委托加工收回的已税鞭炮、焰火为原料生产的鞭炮、焰火。
(5) 委托加工收回的已税杆头、杆身和握把为原料生产的高尔夫球杆。
(6) 委托加工收回的已税木制一次性筷子为原料生产的木制一次性筷子。
(7) 委托加工收回的已税实木地板为原料生产的实木地板。
(8) 委托加工收回的已税汽油、柴油、石脑油、燃料油、润滑油为原料生产的应税成品油。

上述委托加工收回的应税消费品连续生产的应税消费品准予从应纳消费税税额中按当期生产领用数量计算扣除其已纳消费税款。当期准予扣除的委托加工应税消费品已纳税款的计算公式为:

$$\text{当期准予扣除的委托加工应税消费品已纳税款} = \text{期初库存的委托加工应税消费品已纳税款} + \text{当期收回的委托加工应税消费品已纳税款} - \text{期末库存的委托加工应税消费品已纳税款}$$

【知识拓展】 纳税人用委托加工收回的已税珠宝玉石生产的,改在零售环节征收消费税的金银首饰,在计税时一律不得扣除已税珠宝玉石的已纳税款。

【例3-2-17】 甲化工厂在本年1月委托乙工厂加工高档化妆品A,收回时被代收代缴消费税400元;委托丙工厂加工高档化妆品B,收回时被代收代缴消费税500元。甲工厂将A、B两种高档化妆品收回后继续用于加工C高档化妆品后出售,当月销售额为10 000元。甲工厂期初库存的委托加工应税品已缴纳税款300元,期末库存的委托加工应税消费品已纳税款330元。要求:(1) 计算甲化工厂当月准予扣除的委托加工应税消费品已纳税款;(2) 计算甲化工厂本月应纳消费税税额。

【解析】 (1) 当月准予扣除的委托加工应纳消费税已纳税款=300+(400+500)-330=870(元)。

(2) 应纳消费税税额=10 000×15%-870=630(元)。

甲化工厂当月准予扣除的委托加工应税消费品已纳税款为870元,应纳消费税税额为630元。

【知识点3】 出口消费品退(免)税

根据消费税法律制度的规定,对纳税人出口应税消费品,免征消费税,国务院另有规定的除外。出口应税消费品的免税办法,由国务院财政、税务主管部门规定。

一、出口退税率的规定

计算出口应税消费品应退消费税的税率或单位税额,依据《消费税税目税率表》,当出口的货物是应税消费品时,对该货物退还增值税要按规定的退税率计算,而对该货物退还消费税则按其适用的消费税税率计算。企业应将不同消费税税率的出口应税消费品分开核算和申报,凡划分不清适用税率的,一律从低适用税率计算应退消费税税额。

二、出口应税消费品退(免)税政策

出口应税消费品退(免)消费税在政策上分为以下三种情况。

(一)出口免税并退税(外贸型)

出口免税并退税适用于有出口经营权的外贸企业购进应税消费品直接出口,以及外贸企业委托代理出口应税消费品。需要重申的是,外贸企业只有受其他外贸企业委托,代理出口应税消费品才可以办理退税;外贸企业受其他企业(主要是非生产性的商贸企业)委托,代理出口应税消费品是不能退(免)税的。这个政策限定与出口货物退(免)增值税的政策规定是一致的。

出口应税消费品退税的范围包括:

(1)具备出口条件,给予退税的消费品。这类消费品必须具备四个条件:①属于消费税征税范围的消费品;②取得"消费税税收(出口货物专用)缴款书"、增值税专用发票(税款抵扣联)、出口货物报关单(出口退税联)、出口收汇核销单;③必须报关离境;④在财务上作出口销售处理。

(2)不具备出口条件,也给予退税的消费品。如对外承包工程公司运出境外用于对外承包项目的消费品,外轮供应公司、远洋运输供应公司销售给外轮、远洋货轮而收取外汇的消费品等。

关于出口应税消费品退税税率:计算出口应税消费品应退消费税的税率或单位税额时,应严格按照《消费税暂行条例》所附《消费税税目税率(税额)表》执行。当出口的货物是应税消费品时,其退还增值税要按规定的增值税退税率计算,而其退还消费税则按应税消费品所适用的消费税税率计算(同境内消费品税率)。需要注意的是,企业应将不同消费税税率的出口应税消费品分开核算和申报,凡划分不清适用税率的,一律从低适用税率计算应退消费税税额。

(二)出口免税但不退税(生产型)

出口免税但不退税适用于有出口经营权的生产性企业自营出口或生产企业委托外贸企

业代理出口自产的应税消费品,依据其实际出口数量免征消费税,不予办理退还消费税。在此,免征消费税是指对生产性企业按其实际出口数量免征生产环节的消费税。

不予办理退还消费税是指因已免征生产环节的消费税,该应税消费品出口时已不含消费税,无须再办理退还消费税。这项政策规定与前述生产性企业自营出口或委托代理出口自产货物退(免)增值税的规定是不一样的。其政策区别的原因是,消费税大多在生产企业的生产环节征收,生产环节免税了,出口的应税消费品就不含有消费税了;而增值税是在货物销售的各个环节征收,当生产企业出口货物时,已纳的增值税就需要退还。

【问】 我公司为一家生产企业,直接出口应税消费品享受增值税出口退税政策。我公司出口应税消费品时对于消费税也予以退税吗?

【答】 出口应税消费品对于消费税不予以退税。由于出口时需缴生产环节的消费税,即该应税消费品出口时,已不含有消费税,因此无须退税。

(三)出口不免税也不退税

出口不免税也不退税适用于除生产企业、外贸企业外的其他企业,具体是指一般商贸企业,这类企业委托外贸企业代理出口应税消费品一律不予退(免)税。

【小试牛刀-多选题3-2-9】 消费税实行出口免税并退税政策的企业包括( )。
A. 外贸企业收购应税消费品直接出口
B. 外贸企业受其他外贸企业委托出口应税消费品
C. 外贸企业受生产企业委托出口应税消费品
D. 外贸企业受其他贸易公司委托出口应税消费品

扫码查看答案解析

三、出口应税消费品退税额的计算

(一)退税的计算依据

出口货物的消费税应退税额的计税依据,按购进出口货物的消费税专用缴款书和海关进口消费税专用缴款书确定。

(1)属于从价定率计征消费税的,为已征且未在内销应税消费品应纳税额中抵扣的购进出口货物金额。

(2)属于从量定额计征消费税的,为已征且未在内销应税消费品应纳税额中抵扣的购进出口货物数量。

(3)属于复合计征消费税的,按从价定率和从量定额的计税依据分别确定。

(二)退税的计算

外贸企业从生产企业购进货物直接出口或受其他外贸企业委托代理出口应税消费品的应退消费税,分为三种情况计算退税额。

1. 从价计税办法退税额的计算

实行从价计税办法计征消费税的应税消费品,应以外贸企业从生产企业购进该应税消费品时征收消费税的价格作为退税依据,计算应退消费税税额。其计算公式为:

$$应退消费税税额＝出口货物的工厂销售额×税率$$

对于含增值税的购进金额应换算成不含增值税的金额,并将其作为计算退税额的依据。其计算公式为:

$$不含增值税的购进金额＝含增值税的购进金额÷(1＋增值税税率或征收率)$$

2. 从量计税办法退税额的计算

实行从量计税办法计征消费税的应税消费品,应以货物购进和报关出口的数量作为退税依据,计算应退消费税税额。其计算公式为:

$$应退消费税税额＝出口数量×单位税额$$

3. 复合计税办法退税额的计算

实行复合计税办法计征消费税的应税消费品,应以货物购进和报关出口的数量以及外贸企业从生产企业购进货物时征收消费税的价格计算应退消费税税额。其计算公式为:

$$应退消费税税额＝出口货物的工厂销售额×税率＋出口数量×单位税额$$

【例3-2-18】 某外贸企业11月收购高档化妆品,取得的增值税专用发票上注明化妆品外购金额300万元,增值税税额39万元。化妆品的国内运输、保险等费用15万元,出口离岸价格为380万元。化妆品的消费税税率为15%。请计算该外贸企业的应退消费税税额。

【解析】 实行从价计税办法计征消费税的应税消费品,应以外贸企业从工厂购进该应税消费品时征收消费税的价格作为退税依据,计算应退消费税税额。因此:

应退消费税税额＝300×15%＝45(万元)

该外贸企业的应退消费税税额为45万元。

(三) 消费税出口退(免)税的其他有关规定

(1) 外贸企业自营出口或委托其他外贸企业代理出口的应税消费品办理退税后,发生退关或者国外退货进口时予以免税的,报关出口者必须及时向其机构所在地或者居住地主管税务机关申报补缴已退的消费税税款。

(2) 生产企业出口或委托外贸企业代理出口的应税消费品办理免税后,发生退关或者国外退货,进口时已予以免税的,经机构所在地或者居住地主管税务机关批准,可暂不办理补税,待其转为国内实际销售时,再申报补缴消费税。

任务三　消费税税收筹划业务咨询

 案例导入

W 经理：您好，我是酒花啤酒有限公司的财务 W 经理。我司是酒花品牌啤酒公司，在产品定价上，想听听您的建议。

L 顾问：您好，很高兴能为贵公司服务。请描述该业务的具体情况。

W 经理：酒花啤酒每吨的出厂价格一直是定位 2 990 元/吨（不包含增值税）。最近新增加了一套新设备，可以改进生产工艺，并且提高啤酒的口感及质量。厂长准备将价格提到 3 010 元/吨（不包含增值税），市场预期销量不变。

L 顾问：贵公司的顾虑主要是什么呢？

W 经理：我们想知道这种收款方式在税务处理方面有没有涉及税收风险或者这种定价对公司是否有利。

L 顾问：好的，目前只有两个方案：

方案 1：每吨出厂价按照原价 2 990 元/吨（不含增值税）。

方案 2：每吨出厂价定价为 3 010 元/吨（不含增值税）。

……（计算过程）

经过测算建议选择方案 1。

W 经理：好的，感谢您的专业建议。

L 顾问：不客气。

【知识点 1】　消费税筹划原理

消费税税收筹划的内容包括纳税人、计税依据、税率、纳税义务发生时间等。

我国现行消费税与其他税种不同，其征税范围具有选择性，征税环节具有单一性，这为消费税的税收筹划提供了客观条件。由于消费税是针对特定纳税人征收的，在税收筹划中可以通过企业合并以递延税款缴纳的时间；通过调整会计核算方法，能够使消费税的计税依据发生变化，企业可以设立独立核算的经销部门将计税环节向前推移，达到节税的目的；通过选择合理的销售方式，能够递延税款缴纳，以获得相对节税的好处；通过税目中子目之间的转化，以及对应税消费品的价格和兼营、成套销售方式进行权衡，达到降低消费税税负的目的。

一、纳税人的筹划

(一) 筹划原理

消费税法律制度规定,消费税纳税人是指在中华人民共和国境内销售、委托加工和进口应税消费品的单位和个人以及国务院确定的销售应税消费品的其他单位和个人。

消费税是针对特定纳税人征收的,而且其征税环节具有单一性,并非在每个环节多次征收。因此,在消费税的税收筹划中可以通过企业合并以达到递延税款缴纳时间的目的。与此同时,不同环节涉及的消费税税率还可能存在差异,这就会给纳税人的消费税税负带来影响。

(二) 筹划要点

合并会使原来企业间的销售环节转变为企业内部的原材料转让环节,从而递延部分消费税税款的缴纳。如果两个合并企业之间存在原材料供求关系,则在合并前,这笔原材料的转让关系为购销关系,应该按照正常的购销价格缴纳消费税;而在合并后,企业之间的原材料供应关系转变为企业内部的原材料转让关系,因此这一环节不用缴纳消费税,而是递延到以后的销售环节再缴纳。

此外,如果后一个环节的消费税税率较前一个环节低,则可直接减轻企业的消费税税负。当前一个环节应征的消费税税款延迟到后面环节征收时,后面环节的税率较低,合并前企业间的销售额因在合并后适用了较低税率从而减轻了税负,缓解了资金占用比例高的情况。

二、计税依据的筹划

(一) 筹划原理

按照现行消费税法律制度的基本规定,消费税应纳税额的计算分为从价计征、从量计征和复合计征三种方法。实行从价计征消费税的计税依据是应税销售额。销售额为纳税人销售应税消费品取得的与之相关的对价,包括全部货币或者非货币形式的经济利益。实行从量计征方法的消费税的计税依据是应税消费品的数量。对于消费税来说,确定应税消费品的销售额或应税消费品的数量是关键。销售额和包含在应税销售额内的价外费用都影响着消费税的计税依据。与此同时,消费税的征税环节具有单一性,在生产(进口)、流通或消费的某一环节征收(卷烟和超豪华小汽车除外),而非在各个环节多次征收。这在客观上也为消费税的税收筹划提供了契机。

(二) 筹划要点

1. 设置独立核算的经销部门

由于消费税的征税环节具有单一性,从税收筹划的角度,可以在单一环节中通过减少计税依据的税收筹划方式来降低税负。在我国,消费税的大部分应税消费品只在生产出厂环节缴纳,此后的环节不需要再缴纳,为降低计税价格,应尽可能将计税环节向前推移,把一部分价值剔除在计税依据之外。

根据相关法规的规定,纳税人通过自设非独立核算门市部销售自产应税消费品,应当按门市部对外销售额或者销售量缴纳消费税。若设立独立核算的门市部,单独核算其销售额,企业就可以按照内部转让价格(非对外售价)计算缴纳消费税。因此,从调整会计核算方法出发,企业所设立的经销部或门市部能进行独立会计核算就成为税收筹划的关键。

2. 巧用包装物押金

随着市场经济的发展,产品包装的重要性越来越突出,无论是对于销售者还是购买者来说都是如此。在对应税消费品计征消费税时,关于包装物的价值是否随所包装的应税消费品一并计税的问题。税法规定:第一,包装物销售。包装物连同应税消费品销售的,无论包装物是否单独作价,也不论在会计上如何核算,均应并入应税消费品的销售额中征收消费税。第二,包装物租金。包装物租金属于价外费用,凡销售应税消费品向购买方收取的价外费用,无论其会计制度如何核算,均应并入销售额计算应纳税额。第三,包装物押金。如果在销售应税消费品时包装物不作价随同产品销售,而是收取押金,那么此项押金不应并入应税消费品的销售额中征税。然而,对于逾期未收回包装物不再退还的包装物押金或者收取时间超过12个月的包装物押金,应并入应税消费品的销售额,按所包装的应税消费品适用的税率计算消费税应纳税额。对既作价随同应税消费品销售,又另外收取的包装物押金,凡纳税人在规定的期限内没有退还的,均应并入应税消费品的销售额,按照应税消费品的适用税率缴纳消费税。

根据有关规定可以看出,只有符合条件的押金可以不并入销售额计算缴纳消费税,因此采用收取押金的方式比其他两种方式更有利于节税:一是企业先以押金的形式签订合同,待逾期不退还时再计算消费税,实现递延纳税;二是企业收取押金时应注意合同签订的退还时间要尽量控制在12个月之内。

【例3-3-1】 火星制造厂从事高尔夫球杆的生产和销售业务。2023年5月,火星制造厂向A公司销售1000根高尔夫球杆,每根球杆的价值为2000元(不含增值税价);每根球杆包装后出售,包装物的价值为200元/根(不含增值税价,高尔夫球杆适用的消费税税率为10%)。火星制造厂采用哪种方式收取包装物价款的消费税税负较轻?

【解析】 方法一:采用包装物随同高尔夫球杆一并销售的方式,则:

销售额=(2 000+200)×1 000=2 200 000(元)

应纳消费税税额=2 200 000×10%=220 000(元)

方法二:采用收取包装物押金并约定A公司在12个月内退还包装物的形式进行销售,同时将收取的包装物押金单独入账,则:

销售额=2 000×1 000=2 000 000(元)

收取包装物押金=200×1 000=20 000(元)

应纳消费税税额=200×10%=20(万元)

包装物押金是否缴纳消费税应视以后情况而定。如果A公司在合同约定的期限内(即

$X-$成本$-X\times56\%-$从量税$-[X\times56\%+$从量税$+(X\times13\%-$进项税额$)]\times(7\%+3\%)$
$=69.99-$成本$-69.99\times36\%-$从量税$-[69.99\times36\%+$从量税$+(69.99\times13\%-$进项税额$)]\times(7\%+3\%)$

解得:$X=111.49$(元/条)

也就是说,当卷烟调拨价格为 70～111.49 元/条时,若企业将销售价格降至 69.99 元/条,那么消费税税率降低给企业带来的利润增加将会弥补价格降低造成的损失。

同理,我们可计算出啤酒的无差异价格临界点(使啤酒价格高于 3 000 元/吨时的利润与啤酒价格等于 999.99 元/吨时的利润相等的价格)。

设临界点的价格为 X(由于其高于 3 000 元/吨,故适用 250 元的税率),销售数量为 Y,即:应纳消费税$=250\times Y$

应纳增值税$=XY\times13\%-$进项税额

应纳城市维护建设税及教育费附加$=[250\times Y+(XY\times13\%-$进项税额$)]\times(7\%+3\%)$

可得公式一:

利润$=XY-$成本$-250\times Y-[250\times Y+(XY\times13\%-$进项税额$)]\times(7\%+3\%)$

啤酒价格等于 2 999.99 元/吨时,可得公式二:

$2\,999.99\times Y-$成本$-220\times Y-(220\times Y+2\,999.99\times Y\times13\%-$进项税额$)\times(7\%+3\%)$

令公式一和公式二相等,有:

$X=3\,033.42$(元/吨)

也就是说,当临界点的价格为 3 033.42 元/吨时,两者的利润相同。当销售价格大于 3 033.42 元/吨时,纳税人才能获得节税利益。当销售价格超过 3 000 元/吨但小于 3 033.42 元/吨时,纳税人取得的利润反而低于销售价格为 2 999.99 元/吨时的利润。

【案例导入的解析】

方案 1:每吨出厂价按照原价 2 990 元/吨(不含增值税)。

方案 2:每吨出厂价定位 3 010 元/吨(不含增值税)。

(1) 每吨啤酒出厂价格(含包装物及包装物押金)在 3 000 元(含 3 000 元,不含增值税)以上的,单位税额 250 元/吨。

(2) 每吨啤酒出厂价格在 3 000 元(不含 3 000 元,不含增值税)以下的,单位税额 220 元/吨。具体计算方案如表 3-10 所示。

表 3-10 筹划方案分析　　　　　　　　　　　　单位:元

项目	方案 1	方案 2
每吨消费税	220	250
每吨扣除消费税收入	2 770	2 760

2. 兼营和成套销售的问题

消费税的兼营行为是指消费税纳税人同时经营两种以上税率的应税消费品的行为。现行消费税政策规定,纳税人兼营不同税率的应税消费品,应当分别核算不同税率应税消费品的销售额和销售数量;未分别核算不同税率应税消费品的,从高适用税率。

这一规定要求企业在兼营不同税率应税消费品的情况下,一方面要健全财务核算制度,做到账目清楚并分别核算各种应税消费品的销售情况;另一方面要选择合适的销售方式和核算方式,达到适用较低消费税税率的目的,从而降低税负。纳税人应针对消费税税率多档次的特点,根据税法的规定,进行必要的合并核算和分开核算,以达到节税的目的。

为促进产品销售、提高产品档次、增加产品的美观性,很多企业选择将产品搭配成礼品套装成套销售。现行消费税政策规定,纳税人将应税消费品和非应税消费品以及适用税率不同的应税消费品组成成套消费品销售的,从高适用税率。企业对于成套销售的收益与税负应进行全面权衡,看有无必要搭配成成套商品,以免造成不必要的税收负担。如果成套销售的收益大于由此增加的税负,则可以选择成套销售。

【例3-3-2】 W经理:您好,我是正泰酒厂的财务经理。最近我们公司推出礼品酒套装,对其涉及相应的税收问题,想听听您的建议。

L顾问:您好,很高兴能为贵司服务。请描述该业务的具体情况。

W经理:我司是一家粮食白酒和药酒的生产商,属于一般纳税人,位于县城,主营A牌号粮食白酒和B牌号特制药酒(以蒸馏酒或食用酒精为酒基,符合国家批准健字文号,酒精度低于38度(含)的配制酒),这个月公司为了满足市场需求,将A、B牌号酒各1瓶(500克/瓶)组成礼品套装酒对外销售。

L顾问:销量怎么样?

W经理:还不错,这个月礼品套装酒1 000套,另外,这个月生产销售A牌号白酒10吨,B牌号药酒5吨。

L顾问:价格是多少?

W经理:礼品套装酒不含税售价46元/套,A牌号白酒不含税售价5.6万元/吨,B牌号药酒不含税售价3.6万元/吨。

L顾问:需要提醒你的是,不同税率应税消费品组成成套消费品销售的,不管有没有单独核算,一律从高适用税率。

W经理:您有什么好建议?

L顾问:如果要卖套装商品,消费税就要从高计税,也就是要按照白酒的税率计税。W经理,这是我的设计思路:

方案一:A牌号白酒、B牌号药酒及礼品套装酒未分别核算销售额。

方案二:A牌号白酒、B牌号药酒及礼品套装酒分别核算销售额。

方案三:如果礼品套装酒中的A牌号白酒、B牌号药酒分别销售,购买方自行组装且能够分别核算销售额。

L顾问：……（计算过程）

W经理：好的，感谢您的专业建议。

L顾问：不客气。

（城市维护建设税、教育费附加和地方教育附加税率分别为5%、3%和2%。）

【解析】 药酒的消费税税率是10%，白酒税率20%另加0.5元/500克。

根据单位换算：白酒税率为0.1万元/吨，礼品套盒每盒1 000 g，1 000套，A牌号白酒0.5吨，B牌号药酒0.5吨，合计销售总数量为1吨。

方案一：未分开核算销售额，药酒和礼品套盒需要按照白酒计税方式进行复合征税：

A牌号白酒应纳消费税税额=10×0.1+10×5.6×20%=12.2（万元）

B牌号药酒应纳消费税税额=5×3.6×20%+5×0.1=4.1（万元）

礼盒套装白酒应纳消费税税额=1×0.1+46×1 000÷10 000×20%=1.02（万元）

应纳消费税总额=12.2+4.1+1.02=17.32（万元）

应纳城市维护建设税、教育费附加和地方教育附加=17.32×(5%+3%+2%)=1.73（万元）

方案二：分开核算销售额，白酒和药酒按各自税率单独计算：

A牌号白酒应纳消费税税额=10×0.1+10×5.6×20%=12.2（万元）

B牌号药酒应纳消费税税额=5×3.6×10%=1.8（万元）

礼盒套装白酒应纳消费税税额=1×0.1+46×1 000÷10 000×20%=1.02（万元）

应纳消费税总额=12.2+1.8+1.02=15.02（万元）

应纳城市维护建设税、教育费附加和地方教育附加=15.02×(5%+3%+2%)=1.5（万元）

方案三：

A牌号白酒销量=10+0.5=10.5（吨）

B牌号药酒销量=5+0.5=5.5（吨）

A牌号白酒应纳消费税税额=10.5×0.1+10.5×5.6×20%=12.81（万元）

B牌号药酒应纳消费税税额=5.5×3.6×10%=1.98（万元）

应纳消费税总额=12.81+1.98=14.79（万元）

应纳城市维护建设税、教育费附加和地方教育附加=14.79×(5%+3%+2%)=1.48（万元）

三种方案对比分析如表3-11所示。

表3-11 纳税筹划方案　　　　　　　　　　　　　　　　　　单位：万元

项目	方案一	方案二	方案三
应纳消费税	17.32	15.02	14.79

（续表）

项目	方案一	方案二	方案三
应纳城市维护建设税、教育费附加和地方教育附加	1.73	1.50	1.48
税额合计	19.05	16.52	16.27

【讨论】 消费税的兼营行为和增值税的兼营行为有什么区别？

四、纳税义务发生时间的筹划

（一）筹划原理

企业在销售中采用不同的销售方式，纳税义务发生时间是不同的。从税收筹划的角度看，选择恰当的销售方式可以使企业合理地推迟纳税义务发生时间，从而递延税款缴纳。需要注意的是，企业通过选择销售方式以推迟纳税义务发生时间并没有降低企业的绝对税额，而是通过递延税款缴纳以获得相对节税的好处。

（二）筹划要点

企业可以通过确定不同的销售方式达到递延税款缴纳的目的。例如，对于一笔销售业务，企业面临赊销和直接收款销售两种选择。若企业选择直接收款销售，则应在当期确定销售额并按时缴纳消费税；若企业选择赊销，并在书面合同中约定收款日期，则其纳税义务发生时间为合同约定的收款日当天，不仅能够递延税款缴纳，还能节约大量流动资金。

【知识拓展】 企业通过选择销售方式以推迟纳税义务发生时间并没有降低企业的绝对税额，而是通过递延税款缴纳以获得相对节税的好处。

【知识点2】 企业设立业务的消费税筹划

一、企业合并的筹划

消费税针对特定纳税人征收，同时消费税的征收环节具有单一性，在生产（进口）、流通或消费的某一环节征收（卷烟和超豪华小汽车除外）。因此在设立环节，如果企业间的经营业务为应税消费品的上下游关系，则可以采用上下游企业合并的办法进行税收筹划，达到递延缴纳税款或节税的目的，以降低消费税税负。

例如，当两家企业之间存在应税消费品的连续生产业务（即一家企业需要购买另一家企业的产品作为原材料以进行连续生产，两家企业生产的产品都为消费税应税消费品）时，两家企业是否合并的选择能够影响这两家企业所缴纳的消费税税额。若两家企业分设，则提供原材料的企业需要就原材料缴纳消费税，购买原材料进行连续生产的企业也要就其最终产品缴纳消费税，应缴纳税额则为两家企业缴纳税额的总和；若两家企业合并，则提供原材料的环节无须缴税，企业只需要按最终产品计算缴纳消费税，因而两家企业的合并可以实现递延缴纳税款甚至减少应纳消费税税额的效果。

【知识拓展】 对于白酒类企业来说,企业的合并对于消费税的税收筹划更有意义。对于购入已税酒类继续生产白酒的企业,消费税并不能得到抵扣。企业的合并可以直接省去上游环节的消费税税负。

扫码了解详情

【例3-3-3】 丙企业是一家药酒生产企业,过去一直从丁酒厂购进粮食白酒作为原料用于生产药酒。5月,丙企业从丁酒厂购进白酒200吨,不含税售价为4元/500克;销售药酒150吨,取得不含税销售收入200万元(白酒适用的消费税比例税率为20%,定额税率为0.5元/500克;丙企业以白酒为原料生产的药酒适用10%的消费税税率)。如何筹划才能减轻企业的消费税税负?

【解析】 丙企业可以通过合并丁酒厂并将其作为白酒生产车间来实现降低消费税税负的目的。

现行消费税法律制度规定,纳税人生产的应税消费品在销售时纳税;纳税人自产自用的应税消费品,用于连续生产应税消费品的不纳税。因此,丙企业合并丁酒厂后,原来丙企业从丁酒厂购入白酒的行为将转变为企业内部原材料的转移行为,将自产自用的应税消费品用于连续生产应税消费品不需要缴纳消费税,可以实现递延缴纳消费税税款。

丙企业合并丁酒厂前:

丙企业应缴纳的消费税税额=200×10%=20(万元)

丁酒厂应缴纳的消费税税额=(200×2 000×0.5+200×2 000×4×20%)÷10 000
=52(万元)

应纳消费税税额合计=20+52=72(万元)

丙企业合并丁酒厂后,丁酒厂作为丙企业的白酒生产车间:

丙企业应缴纳的消费税税额=200×10%=20(万元)

丁酒厂作为丙企业的白酒生产车间,生产的应税消费品白酒对于丙企业来说实际上是用于连续生产另一种应税消费品药酒的原料,因此不需要缴纳消费税。

可见,通过合并丁酒厂可以节约消费税税额52万元(72-20)。

二、设立独立核算的销售机构的筹划

应税消费品的生产销售环节是征收消费税的主要环节,因为消费税实行单一环节征收,所以在生产销售环节征收以后,在流通环节无须再缴纳消费税。因此,税收筹划的关键在于降低出厂环节的计税价格。纳税人通过自设独立核算门市部销售自产应税消费品,以企业出厂销售价格作为销售额计算消费税。

【例3-3-4】 金元酿酒公司是一家大型酿酒企业,主要生产粮食白酒,其产品销售给全国各地的批发商。考虑到本市的零售商和部分消费者也到厂内直接购货,该公司单独成立一个经销部负责面对本市客户销售。为加强对经销部的管理,总公司对经销部实行"物流分类管理,财务统一核算"的管理方法。2023年8月,经销部共向本市销售粮食白酒

20 000斤(1 000箱)(1斤=500克=0.5千克),公司按给其他批发商400元/箱的价格与经销部结算,经销部再按500元/箱的价格对外销售。财务人员按400元/箱的价格计算缴纳了消费税:

应纳消费税=20 000×0.50+400×1 000×20%=10 000+80 000=90 000(元)。

2023年10月,税务机关对金元酿酒公司消费税计缴情况进行检查时,提出其计税方法不妥,应做必要调整,并补缴税款。其经销部应缴消费税为:

应纳消费税=20 000×0.50+500×1 000×20%=10 000+100 000=110 000(元)。

对此,金元酿酒公司的管理层表示不理解,税务稽查人员解释:该公司的问题是经销部的会计核算方式为非独立核算,所以应按经销部的对外销售价格计算消费税。

【解析】 按照相关法规的规定,纳税人通过自设非独立核算门市部销售自产应税消费品,应当按门市部对外销售额或者销售量缴纳消费税。若设立独立核算的门市部,单独核算其销售额,经销公司就可以按照原计税方法计算缴纳消费税。在此案例中,如果该公司将经销部独立出来成立销售子公司,财务核算改为经销公司独立核算,就可以避免补缴税款的情况出现。

【知识拓展】 根据《税务总局关于加强白酒消费税征收管理的通知》(国税函〔2009〕380号)的规定,白酒生产企业销售给销售单位的白酒,生产企业消费税计税价格低于销售单位对外销售价格(不含增值税,下同)70%以下的,税务机关应核定消费税最低计税价格。因此,企业也不能一味地降低转让定价,应将其控制在合理合法的范围内。

【例3-3-5】 某酒厂主要生产粮食白酒,产品销售给全国各地的批发商。同时,本地的一些小批发商、商业零售户、酒店、消费者每年也会直接到工厂购买白酒。

根据历年的数据,该酒厂每年销售白酒大约7 000箱(每箱10瓶,每瓶500克)。为了方便消费者,也为了提高企业的盈利水平,该酒厂在市区设立了非独立核算的门市部。

该酒厂按同类批发价800元/箱与门市部结算。门市部按880元/箱对外销售。粮食白酒适用消费税比例税率20%,定额税率每500克0.5元。

该批7 000箱酒应纳消费税=7 000×880×20%+7 000×10×0.5=1 267 000(元)。

【解析】 将市区的非独立核算门市部改为独立核算或者设立独立核算的销售公司。由于独立核算门市部或独立核算的销售公司不属于生产环节,不缴纳消费税。该批白酒由酒厂缴纳的消费税为:7 000×800×20%+7 000×10×0.5=1 155 000(元),节税额为:1 267 000-1 155 000=112 000(元)。

筹划结果:经过上述筹划后,酒厂管理层看到了独立核算销售部门的优势。第二年,该酒厂进一步改革企业组织结构,即酒厂只进行生产,将原销售处设立为具有独立法人资格的销售总公司,负责全厂产品的销售。这样,缴纳消费税的主体只有酒厂,进一步降低了消费税负担。

【知识点3】 企业销售业务的消费税筹划

一、非成套销售的筹划

我国现行税法规定,纳税人将应税消费品和非应税消费品以及适用不同税率的应税消费品组成成套消费品销售的从高适用税率。因此,企业对于成套销售的收益和税负需要进行全面衡量,以免造成不必要的损失。

从税收筹划的角度,如果成套销售中的产品皆为应税消费品且适用税率相同,则可以选择成套销售,在应纳税款不变的情况下提高销量、增加利润;如果成套销售的产品中含有非应税消费品或适用不同税率的应税消费品,则企业需要分析成套销售所带来的额外收益与应纳税额之间的关系,若成套销售的收益大于由此增加的税负,可以选择成套销售。

【例3-3-6】 某日化厂为一般计税方法纳税人,既生产高档化妆品又生产护发品。该日化厂现有两种销售方案:一是分别销售高档化妆品和护发品,并分别核算;二是将高档化妆品和护发品组成礼品盒销售。若分别销售,该日化厂可取得高档化妆品销售收入15万元,护发品销售收入5万元;假设以礼品盒销售,同样数量的高档化妆品和护肤品销售价格不变,为20万元。上述收入均为不含税收入。试问这两种销售方案所缴纳的消费税一样吗?(高档化妆品的消费税税率为15%。)

【解析】 对于第一种方案,若分别销售、核算,销售高档化妆品应纳消费税2.25万元(15×15%),销售护发品不纳消费税,所以一共缴纳消费税2.25万元。

对于第二种方案,若将应税消费品和非应税消费品组成礼品盒销售,应根据组成礼品盒的销售金额,按应税消费品中适用最高税率的消费品税率征税,故应纳消费税3万元(20×15%)。因此,这两种方案缴纳的消费税不一样,组成礼品盒销售需要多缴消费税0.75万元(3－2.25)。

二、结算方式的筹划

我国现行消费税政策规定,消费税的纳税义务发生时间根据应税行为的性质和结算方式有不同的规定。纳税人的不同应税行为和结算方式直接影响着消费税的缴纳时间。通过合理选择结算方式,纳税人可以实现递延纳税的效果。

【例3-3-7】 选择合理结算方式的筹划。丽华化妆品有限公司2023年有以下几笔大宗业务:

(1) 1月18日,与南京甲商场签订了一笔高档化妆品销售合同,销售金额为300万元(不含税,下同),货物于4月18日、7月18日、10月18日分三批发给商场(每批100万元),货款于每批货物发出后两个月支付。该公司在1月底将300万元销售额计算缴纳了消费税。

(2) 1月20日,与上海乙商场签订一笔高档化妆品销售合同,货物价值为180万元,货物于 3 月 26 日发出,货款于 11 月 30 日支付。该公司在 3 月底将 180 万元销售额计算缴纳了消费税。

(3) 2 月 8 日,与北京丙商场签订一笔高档化妆品销售合同,合同价款为 100 万元,货物于 7 月 30 日前发出。为了支持丽华化妆品有限公司的生产,丙商场在 2 月 8 日签订合同时支付货款。该公司在 2 月底将 100 万元销售额计算缴纳了消费税。

请从税收筹划的角度对公司上述行为进行分析。

【解析】 经分析可知,由于公司销售人员不熟悉经济合同书立对税收的影响,财务人员对税收问题又比较谨慎,因而在业务并没有完全结束时就已经缴纳了消费税,使企业资金占压比较严重。从税收筹划的角度考虑,具体分析如下:

(1) 由于合同没有明确销售方式,公司财务人员依法对其按直接销售处理《国家税务总局关于高档化妆品消费税征收管理事项的公告》(国家税务总局公告 2016 年第 66 号),于业务发生当月月底计算缴纳消费税 45 万元(300×15%)。如果公司的销售人员在与甲商场签订合同时,将这笔业务明确为分期收款结算方式销售业务,那么该笔业务一部分销售收入的纳税义务发生时间就可以向后推迟,即在 4 月底、7 月底和 10 月底分别收取三笔货款时计算缴纳消费税。

(2) 如果公司的销售人员在与乙商场签订合同时,将这笔业务明确为赊销业务,那么该笔业务的纳税义务 27 万元(180×15%)可以向后递延 8 个月。

(3) 从销售合同的性质来看,显然属于预收货款结算方式销售业务,如果公司财务人员认识到这一点,那么该笔业务的纳税义务 15 万元(100×15%)可以向后推迟 5 个月。

三、销售价格的筹划

企业关于应税消费品销售价格的规定能够直接影响消费税的计税依据,从而对消费税税额造成影响。在我国现行消费税的相关规定中,对于某种特定应税消费品价格的变化,消费税的相应税目会有不同税率的区分,或者以不同子目来划分。对于消费品的不同定价,我国税法有不同的规定。卷烟、啤酒等不同的定价会有不同的税率与之对应,不同定价的小汽车适用不同的消费税政策。《财政部 国家税务总局关于对超豪华小汽车加征消费税有关事项的通知》(财税〔2016〕129 号)规定,"小汽车"税目下增设"超豪华小汽车"子税目,征收范围为每辆零售价格 130 万元(不含增值税)及以上的乘用车和中轻型商用客车,即乘用车和中轻型商用客车子税目中的超豪华小汽车。对超豪华小汽车,在生产(进口)环节按现行税率征收消费税的基础上,在零售环节加征消费税,税率为 10%。此外,生产(进口)环节销售(完税)价格(不含增值税)在 10 元/毫升(克)或 15 元/片(张)及以上的美容、修饰类化妆品和护肤类化妆品被认定为高档化妆品,列入应税消费品范畴,而普通化妆品免征消费税等。纳税人可以通过制定合理的销售价格,实现适用较低的消费税税率或免征税的目标。

【例 3-3-8】 某卷烟厂生产的卷烟调拨价格为 75 元/条,当月销售 2 000 条。该卷烟厂如何定价才能实现消费税节税效果?(暂不考虑城市维护建设税、教育费附加及地方教

育附加）

【解析】 如果不进行税收筹划，企业应按56%的税率缴纳消费税。企业当月的盈利情况和纳税分别为：

销售收入＝75×2 000＝150 000（元）

应纳消费税税额＝0.003×200×2 000＋150 000×56%＝85 200（元）

该厂卷烟价格为75元/条，与临界点70元/条相差不大，但适用税率相差20%。如果该厂主动将价格调低至70元/条以下，则有可能大大减轻税负，弥补价格下降带来的损失。假设企业将价格调低至68元/条，那么企业当月的纳税和盈利情况分别为：

销售收入＝68×2 000＝136 000（元）

应纳消费税税额＝0.003×200×2 000＋136 000×36%＝50 160（元）

通过比较可以发现，企业降低销售价格后，销售收入减少了14 000元（150 000－136 000），但应纳税款减少了35 040元（85 200－50 160）。

如果企业生产的是高档卷烟，其价格远高于临界点70元/条的价格，如为减轻应纳税额而调低价格到70元/条以下，结果往往得不偿失。例如，企业生产卷烟的价格为150元/条，假设其他条件不变，企业税收筹划前后的纳税情况分别为：

税收筹划前应纳消费税税额＝0.003×200×2 000＋150×2 000×56%＝169 200（元）

税收筹划后应纳消费税税额＝0.003×200×2 000＋68×2 000×36%＝50 160（元）

经过比较可知，虽然降低价格后，企业应纳消费税降低了119 040元（169 200－50 160），但销售收入减少了164 000元（150×2 000－68×2 000），最终净收益锐减。

四、以应税消费品实物抵债的筹划

消费税法律制度对于纳税人的某些特定行为规定了特殊条款，纳税人用于换取生产资料和消费资料、投资入股和抵偿债务等方面的应税消费品，应当以纳税人同类应税消费品的最高销售价格为依据计算消费税。纳税人将应税消费品自用于其他方面的，比如馈赠、赞助、广告等，应按纳税人生产的同类消费品的销售价格计算纳税；没有同类消费品销售价格的，按照组成计税价格计算纳税。

组成计税价格的计算公式为：

$$组成计税价格＝\frac{成本＋利润}{1－消费税比例税率}$$

$$或组成计税价格＝\frac{成本＋利润＋自用数量×定额税率}{1－消费税比例税率}$$

"同类消费品的销售价格"是指纳税人或代收代缴义务人当月销售的同类消费品的销售价格。如果当月同类消费品各期销售价格高低不同，应按销售数量加权平均计算。销售的应税消费品销售价格明显偏低又无正当理由的或者无销售价格的，不得列入加权平均计算。如果当月无销售或者当月未完结，应按照同类消费品上月或者最近月份的销售价格计算纳税。

当纳税人以应税消费品用于偿还债务时,要尽量采用"先销售、后抵债"的方式,防止按较高价格计税,进而增加自身税负。

【例3-3-9】 长江酿造厂以500千克A牌白酒抵偿原企业经营中欠黄河粮食加工有限公司的债务。该酿造厂当月销售A牌白酒的情况为:以80元/千克的价格销售了600千克,以100元/千克的价格销售了1 500千克;以120元/千克的价格销售了600千克。该厂对这笔抵债白酒计算缴纳的消费税税额为:

应纳消费税税额=0.50×500×2+80×500×20%=500+8 000=8 500(元)

税务机关在稽查时提出:用以抵债的白酒应补缴消费税。请问税务机关的结论是否正确?应该如何筹划?

【解析】 税法规定,纳税人用于换取生产资料和消费资料、投资入股和抵偿债务等方面的应税消费品,应当以纳税人同类应税消费品的最高销售价格为依据计算消费税。因此,税务机关的结论是符合法律规定的。当月,该厂销售此类白酒的最高销售价格为120元/千克,则该笔偿债白酒应缴纳的消费税税额为:

应纳消费税税额=0.50×500×2+120×500×20%=500+12 000=12 500(元)

长江酿造厂应补缴消费税税款4 000元(12 500−8 500)。

如果长江酿造厂以80元/千克的价格和正常的手续将500千克A牌白酒销售给黄河粮食加工有限公司,再通过有关账户调整抵减"应付账款",那么该笔抵债白酒就可按协议中的价格计算缴纳消费税。这样既符合税法规定,又收到了节税的效果。

五、以应税消费品入股投资的筹划

当纳税人以应税消费品入股投资时,一般按照协议价格或者评估价格确定价值,只要这种协议价格或者评估价格低于其当月销售该类应税消费品的最高价格,直接以应税消费品入股投资就会比销售后再投资的方式缴纳更多的消费税。在这种情况下,可以考虑转换为"先销售、后投资"的方法。

【例3-3-10】 甲摩托车制造厂(简称甲企业)准备以参股的方式向乙企业投资。双方商定,甲企业以摩托车200辆实物入股(评估价格为8 100元/辆),取得乙企业100万股股权。甲企业当月对外销售同型号的摩托车共有三种价格:以8 000元/辆的价格销售60辆,以8 600元/辆的价格销售80辆,以9 000元/辆的价格销售20辆(假设该制造厂所生产的摩托车气缸容量大于250毫升,适用的消费税税率为10%)。请给出相应的筹划方案。

【解析】 甲企业有两个投资方案。

方案一:直接以摩托车进行实物投资入股。

应缴消费税税额=9 000×200×10%=180 000(元)

方案二:先销售、后投资(销售价格为8 100元/辆)。

应缴消费税税额=8 100×200×10%=162 000(元)

显然,方案二比方案一减少消费税税额 18 000 元(180 000－162 000)。

六、以外币结算应税消费品的筹划

当纳税人销售的应税消费品以人民币以外的货币结算销售额时,应按人民币汇率中间价折合成人民币销售额以后,再计算应纳消费税税额。人民币折合率既可以采用销售额发生当天的人民币汇率中间价,也可以采用当月 1 日的人民币汇率中间价。一般来说,外汇市场价格波动越大,选择折合率进行节税的必要性越大。如果能以较低的人民币汇率计算应纳税额,对企业就是有利的。

需要注意的是,对于每一个纳税人来说,汇率折算方法一经确定,在一年之内不得随意变动。因此,在选择汇率折算方法时,纳税人需要对未来的经济形势和汇率走势做出恰当判断。一般来说,如果在一个较长的时期内人民币处于不断升值的状态,则采用结算当日的汇率折算较为有利;反之,则采用当月 1 日的汇率折算较为有利。当然,当某币种处于长期升值或贬值过程中时,也不排除其币值的波动。因此,汇率折算方法的选择是从总体规划角度做出的,即使筹划得很合理,也不是每一笔销售收入都可以按相对较低的折算方法计算。

【例 3-3-11】 某企业 12 月 15 日取得高档化妆品销售收入 40 万美元,12 月 1 日的人民币汇率中间价为 1 美元:6.90 元人民币,12 月 15 日的人民币汇率中间价为 1 美元:6.93 元人民币。该企业应如何进行税收筹划?

【解析】 如果采用当月 1 日的汇率,折合 276 万元人民币,应缴消费税 41.4 万元人民币;如果采用结算当日的汇率,折合 277.2 万元人民币,应缴消费税 41.58 万元人民币。两种方法相比,采用结算当日的人民币汇率中间价计算比采用当月 1 日的人民币汇率中间价计算多缴消费税 0.18 万元人民币(41.58－41.4)。

【知识点 4】 企业加工业务的消费税筹划

一、委托加工与自行加工的筹划

生产应税消费品有两种形式:一种为自行加工应税消费品,另一种为委托加工应税消费品。我国现行消费税法对委托加工应税消费品有特殊的规定。

我国税法规定,委托加工的应税消费品是指由委托方提供原材料和主要材料,受托方只收取加工费和代垫部分辅助材料加工的应税消费品。由受托方提供原材料或其他情形的一律不能视同委托加工应税消费品。委托加工应税消费品收回后,继续用于生产应税消费品的,其加工环节缴纳的消费税税款可以扣除。

为了避免税款流失,对于委托加工应税消费品的应纳消费税,我国采取了源泉控制的管理办法,即由受托方(受托方为个人的除外)向委托方交货时代收代缴消费税。纳税人委托个人(含个体工商户)加工应税消费品的,一律由委托方收回后在委托方所在地缴纳消费税。

委托方将收回的应税消费品以不高于受托方的计税价格出售的,为直接出售,不再缴纳消费税;委托方以高于受托方的计税价格出售的,不属于直接出售,需要按照规定申报缴纳消费税,在计税时准予扣除受托方已代收代缴的消费税。委托方收回应税消费品后,若用于连续生产应税消费品,已纳的消费税税款准予按规定抵扣。

需要注意的是,由受托方提供原材料,或受托方先将原材料卖给委托方再接受加工,以及由受托方以委托方名义购进原材料生产的应税消费品,不论纳税人在财务上是否做销售处理,都不得作为委托加工应税消费品,而应看作受托方销售自制消费品,此时消费税的纳税人为受托方。

对于委托加工的应税消费品,应按照受托方同类消费品的销售价格计算纳税;没有同类消费品销售价格的,应按照组成计税价格计算纳税。

实行从价计征办法计算纳税的组成计税价格计算公式为:

$$组成计税价格=(材料成本+加工费)\div(1-比例税率)$$

实行复合计税办法计算纳税的组成计税价格计算公式为:

$$组成计税价格=(材料成本+加工费+委托加工数量\times定额税率)\div(1-比例税率)$$

【知识拓展】 委托加工应税消费品的消费税纳税人是委托方,不是受托方,受托方承担的只是代收代缴义务。

自行加工的消费税计税依据为应税消费品的销售价格,而委托加工的消费税计税依据为同类消费品的销售价格或者组成计税价格。企业收回委托加工物资后,如果直接出售且价格低于受托方计税价格,则无须缴纳消费税;如果继续生产应税消费品再出售,则需要缴纳消费税,但在计税时准予扣除受托方已代收代缴的消费税。

若企业收回委托加工产品后以高于或等于受托方组成计税价格出售,则需要计算缴纳消费税。不同加工方式下的应纳消费税总额相同,但缴纳消费税的时间不同,企业可以选择自行加工方式,实现递延纳税的效果。

【例3-3-12】 A公司生产化妆品,欲将一批价值100万元的原材料加工成高档化妆品,现有三种方案可供选择。

方案一:委托B公司加工成化妆品,加工费为70万元,收回后销售,对外售价为300万元。

方案二:委托B公司加工成初级高档化妆品,支付加工费36万元,收回后再进一步加工,支付加工费用34万元。在加工完成后,对外销售的售价为300万元。

方案三:自行加工,发生加工费用70万元。对外销售价格为300万元。

B公司无同类消费品销售。该批化妆品最终售价预计为300万元。企业适用的高档化妆品消费税税率为15%,企业所得税税率为25%。

请问A公司采用何种加工方式的利润最高?(不考虑城市维护建设税及教育费附加)

【解析】 方案一:

A公司完全委托加工,收回应税消费品后销售。

B公司在移交委托加工物资时,应代收代缴消费税。

B公司应代收代缴消费税税额=(100+70)÷(1-15%)×15%=30(万元)

A公司收回委托加工物资后销售,则:

A公司需要再缴纳消费税税额=300×15%-30=15(万元)

应纳消费税总额=30+15=45(万元)

A公司的税后利润=(300-100-70-30-15)×(1-25%)=63.75(万元)

方案二:

A公司部分委托加工,收回后继续加工成应税消费品再销售。

B公司在移交委托加工物资时,应代收代缴消费税。

B公司应代收代缴消费税税额=(100+36)÷(1-15%)×15%=24(万元)

A公司对外销售应纳消费税税额=300×15%-24=21(万元)

应纳消费税税额=24+21=45(万元)

A公司的税后利润=(300-100-36-34-24-21)×(1-25%)=63.75(万元)

方案三:

A公司自行加工成应税消费品直接销售。

A公司应纳消费税税额=300×15%=45(万元)

A公司的税后利润=(300-100-70-45)×(1-25%)=63.75(万元)

比较这三种方案,在各种因素相同的情况下,A公司选择不同的加工方式对其销售业务的税后利润没有影响,这三种加工方式的应纳消费税税额相同,税后利润一致。但是,这三种加工方式下消费税的纳税时间不同,委托加工方式下在提货环节就发生了消费税的纳税义务。

需要注意的是,在实际情况中,一般企业选择委托加工方式是因为受托方的加工成本小于自行加工成本,因此完全或部分委托加工相较于自行加工来说更有优势。

二、委托加工方的选择

对于委托加工的应税消费品,应按照受托方同类消费品的销售价格计算纳税;没有同类消费品销售价格的,应按照组成计税价格计算纳税。企业在选择委托加工工厂时,需要考虑受托方有无同类商品销售。若受托方有同类消费品销售,且同类消费品的销售价格高于委托加工消费品的最终销售价格,就会带来消费税应纳税额的增加。若受托方有同类消费品销售但其销售价格低于应税消费品最终的销售价格,或受托方无同类消费品销售,需要用组成计税价格代收代缴消费税,则不会加重委托方的消费税负担。

【知识拓展】 纳税人对接受委托加工的受托方所在地的选择,也会影响最终税负。我国税法规定,凡缴纳增值税、消费税的单位及个人,都是城市维护建设税的纳税人。在计算受托方代收代缴消费税时,应同时计算应纳城市维护建设税和教育费附加。在其他条件相同的情况下,应选择农村地区的委托加工方,其城市维护建设税税率最低。

任务四　消费税税收申报实例

【知识点1】 消费税纳税义务的发生

一、消费税纳税义务发生时间与期限

（一）消费税纳税义务发生时间

（1）纳税人销售应税消费品的，按不同的销售结算方式，其纳税义务发生时间分别为：①采取赊销和分期收款结算方式的，为书面合同约定的收款日期的当天，书面合同没有约定收款日期或者无书面合同的，为发出应税消费品的当天；②采取预收货款结算方式的，为发出应税消费品的当天；③采取托收承付和委托银行收款方式的，为发出应税消费品并办妥托收手续的当天；④采取其他结算方式的，为收讫销售款或者取得索取销售款凭据的当天。

（2）纳税人自产自用应税消费品的，为移送使用的当天。

（3）纳税人委托加工应税消费品的，为纳税人提货的当天。

（4）纳税人进口应税消费品的，为报关进口的当天。

（二）消费税纳税期限

消费税的纳税期限分别为1日、3日、5日、10日、15日、1个月或者1个季度。纳税人的具体纳税期限，由主管税务机关根据纳税人应纳税额的大小分别核定；不能按照固定期限纳税的，可以按次纳税。

纳税人以1个月或1个季度为一个纳税期的，自期满之日起15日内申报纳税；以1日、3日、5日、10日或者15日为一期申报纳税的，自期满之日起5日内预缴税款，于次月1日至15日内申报纳税并结清上月应纳税款。

纳税人进口应税消费品，应当自海关填发海关进口消费税专用缴款书之日起15日内缴纳税款。

扫码查看答案解析

【小试牛刀-单选题3-4-1】　纳税人进口应税消费品，应于（　　）缴纳消费税。
A. 海关填发海关进口消费税专用缴款书之日起7日内
B. 海关填发海关进口消费税专用缴款书之日起15日内
C. 海关填发海关进口消费税专用缴款书之日起1个月内
D. 次月1日起至15日内

二、消费税纳税地点

（1）纳税人销售应税消费品及自产自用应税消费品，除国家另有规定外，应当向纳税人机构所在地或者居住地的主管税务机关申报纳税。

（2）纳税人到外县（市）销售或者委托外县（市）代销自产应税消费品的，于应税消费品销售后，向机构所在地或者居住地主管税务机关申报纳税。

（3）纳税人的总机构与分支机构不在同一县（市）的，应当分别向各自机构所在地的主管税务机关申报纳税；经财政部、国家税务总局或者其授权的财政、税务机关批准，可以由总机构汇总向总机构所在地的主管税务机关申报纳税。

（4）委托加工的应税消费品，除受托方为个人外，由受托方向机构所在地或者居住地的主管税务机关解缴消费税税款。

（5）进口的应税消费品，由进口人或者其代理人向报关地海关申报纳税。

（6）出口的应税消费品办理退税后，发生的退关，或者国外退货进口时予以免税的，报关出口者必须及时向其机构所在地或者居住地主管税务机关申报补缴已退的消费税税款。

（7）纳税人销售应税消费品，如果因质量等原因由购买者退回时，经机构所在地或者居住地主管税务机关审核批准后，可退还已缴纳的消费税税款。

以上有关规定总结如表 3-12 所示。

表 3-12　有关规定总结

项目			具体内容
纳税义务发生时间	销售结算方式	赊销与分期收款	书面合同约定的收款日期当天
			无书面合同或者书面合同没有约定收款日期，为发出应税消费品的当天
		预收货款	发出应税消费品的当天
		托收承付、委托收款	发出应税消费品并办妥托收手续的当天
		其他结算方式	收讫销售款或者取得索取销售款项凭据的当天
	自产自用		移送使用的当天
	委托加工		纳税人提货的当天
	进口		报关进口的当天
纳税期限	1 日、3 日、5 日、10 日、15 日、1 个月或者 1 个季度		
纳税地点	一般为纳税人机构所在地		
	委托加工业务：受托方机构所在地（受托方为个人除外）		
	进口应税消费品：报关地海关		

(续表)

项目		具体内容
纳税环节	一般规定	生产环节(委托加工)、进口环节
	批发环节	卷烟加征(从价＋从量)
	零售环节	金银首饰
		超豪华小轿车零售环节加征(从价)
	自产自用	移送使用环节

扫码查看答案解析

【小试牛刀-单选题3-4-2】 纳税人A委托B县的经销商C代销其自产的应税消费品,应于应税消费品销售后,向(　　)主管税务机关申报缴纳消费税。
A. 纳税人A的机构所在地或者居住地　　B. 向B县税务局
C. 经销商C机构所在地或者居住地　　D. 纳税人A的总机构所在地

扫码查看答案解析

【小试牛刀-单选题3-4-3】 下列关于消费税纳税申报的说法正确的是(　　)。
A. 卷烟批发企业的总机构与分支机构不在同一县市的由其总机构向其所在地的主管税务机关申报缴纳消费税
B. 金银首饰经营单位进口金银首饰在报关地海关缴纳进口环节消费税
C. 生产企业总机构与分支机构不在同一县市的由总机构向其所在地的主管税务机关申报缴纳消费税
D. 委托加工的应税消费品由委托方向其机构所在地或接受地主管税务机关申报缴纳消费税

扫码查看答案解析

【小试牛刀-单选题3-4-4】 下列关于消费税纳税申报的说法正确的是(　　)。
A. 卷烟批发企业的总机构与分支机构不在同一县市的由其总机构向其所在地的主管税务机关申报缴纳消费税
B. 金银首饰经营单位进口金银首饰在报关地海关缴纳进口环节消费税
C. 生产企业总机构与分支机构不在同一县市的由总机构向其所在地的主管税务机关申报缴纳消费税
D. 委托加工的应税消费品由委托方向其机构所在地或接受地主管税务机关申报缴纳消费税

扫码查看答案解析

【小试牛刀-多选题3-4-5】 2024年3月,甲企业采用分期收款方式销售应税消费品,当月发货。合同规定,不含税总价款300万元,自4月份起分三个月等额收回货款。4月实际收到不含税货款80万元,5月实际收到不含税货款120万元。对于上述业务的税务处理,下列说法正确的有(　　)。

A. 甲企业 4 月份消费税计税销售额为 100 万元
B. 若甲企业 3 月份签订合同后即按全额开具了发票,则 3 月份消费税计税销售额为 300 万元
C. 若甲企业 3 月份签订合同后即按全额开具了发票,则 3 月份发生增值税纳税义务
D. 甲企业 5 月份消费税计税销售额 120 万元
E. 甲企业 3 月份发出应税消费品的当天为消费税纳税义务发生时间

【知识点 2】 消费税的纳税申报资料

一、主要材料

自 2021 年 8 月 1 日起,消费税与城市维护建设税、教育费附加、地方教育附加申报表整合,启用《消费税及附加税费申报表》。整合后的消费税纳税申报表为 1 张主表和 7 张附表。

(1) 主表是基本框架结构,包含销售情况、税款计算和税款缴纳三部分。

(2) 附表中有 4 张为通用附表,分别为《本期准予扣除税额计算表》《本期减(免)税额明细表》《本期委托加工收回情况报告表》和《消费税附加税费计算表》;1 张成品油消费税纳税人填报的专用附表,《本期准予扣除税额计算表(成品油消费税纳税人适用)》;2 张卷烟消费税纳税人填报的专用附表,分别为《卷烟批发企业月份销售明细清单(卷烟批发环节消费税纳税人适用)》和《卷烟生产企业合作生产卷烟消费税情况报告表(卷烟生产环节消费税纳税人适用)》。

二、附加材料

(1) 烟类应税消费品消费税申报材料如表 3-13 所示。

表 3-13　烟类应税消费品消费税申报材料

材料名称		数量
《消费税及附加税费申请表》		2 份
以下为条件报送材料		
进口已税烟丝用于连续生产卷烟的纳税人,还应报送	《海关进口消费税专用缴款书》复印件	1 份

(2) 酒类应税消费品消费税申报材料如表 3-14 所示。

表 3-14　酒类应税消费品消费税申报材料

序号	材料名称	数量
1	《消费税及附加税费申请表》	2 份

(续表)

序号	材料名称	数量
以下为条件报送材料		
白酒生产企业还应报送	《已核定最低计税价格白酒清单》	1份

(3) 成品油消费税申报材料如表3-15所示。

扫码了解详情

表3-15 成品油消费税申报材料

材料名称		数量
《消费税及附加税费申请表》		2份
以下为条件报送材料		
进口已税汽油、柴油、石脑油、柴油、润滑油用于连续生产应税成品油的纳税人,还应报送	《海关进口消费税专用缴款书》复印件	1份
石脑油、燃料油生产企业,还应报送	《生产企业销售含税石脑油、燃料油完税情况明细表》	1份
执行定点直供计划销售石脑油、燃料油且开具普通版增值税专用发票的纳税人,还应报送	《生产企业定点直供计划销售石脑油、燃料油开具普通版增值税专用发票明细表》	1份
石脑油、燃料油使用企业还应报送	《使用企业外购石脑油、燃料油凭证明细表》	1份
	《石脑油、燃料油生产、外购、耗用、库存月度统计表》	
	《乙烯、芳烃生产装置投入产出流量统计表》	
	《使用企业外购石脑油、燃料油凭证明细表》中"外购含税油品"项的消费税款缴纳凭证号码所对应的消费税税款缴纳凭证的复印件	
	当期外购石脑油、燃料油取得认证相符的普通版及汉字防伪版(非DDZG)增值税专用发票复印件	
	进口货物报关、海关进口消费税专用缴款书、自动进口许可证等材料复印件	

(4) 小汽车消费税申报材料如表3-16所示。

表3-16 小汽车消费税申报材料

材料名称	数量
《消费税及附加税费申请表》	2份

(5) 电池消费税申报材料如表3-17所示。

表 3-17　电池消费税申报材料

材料名称	数量
《消费税及附加税费申请表》	2 份

(6) 涂料消费税申报材料如表 3-18 所示。

表 3-18　涂料消费税申报材料

材料名称	数量
《消费税及附加税费申请表》	2 份

(7) 其他类消费税申报材料如表 3-19 所示。

表 3-19　其他类消费税申报材料

材料名称		数量
《消费税及附加税费申请表》		2 份
以下为条件报送材料		
(1) 纳税人以进口的已税高档化妆品生产高档化妆品的,应报送	《海关进口消费税专用缴款书》复印件	1 份
(2) 纳税人以进口的珠宝玉石生产的贵重首饰及珠宝玉石,应报送		
(3) 纳税人以进口的一种鞭炮火焰生产的鞭炮火焰,应报送		
(4) 纳税人以进口的已税杆头、杆身和握把为原材料生产的高尔夫球杆,应报送		
(5) 纳税人以进口的已税木制一次性筷子为原材料生产木制一次性筷子,应报送		
(6) 纳税人以进口的已税实木地板为原材料生产实木地板的,应报送		
(7) 纳税人以进口的已税摩托车连续生产应税摩托车的,应报送		

项目四 企业所得税财税服务咨询

 思维导图

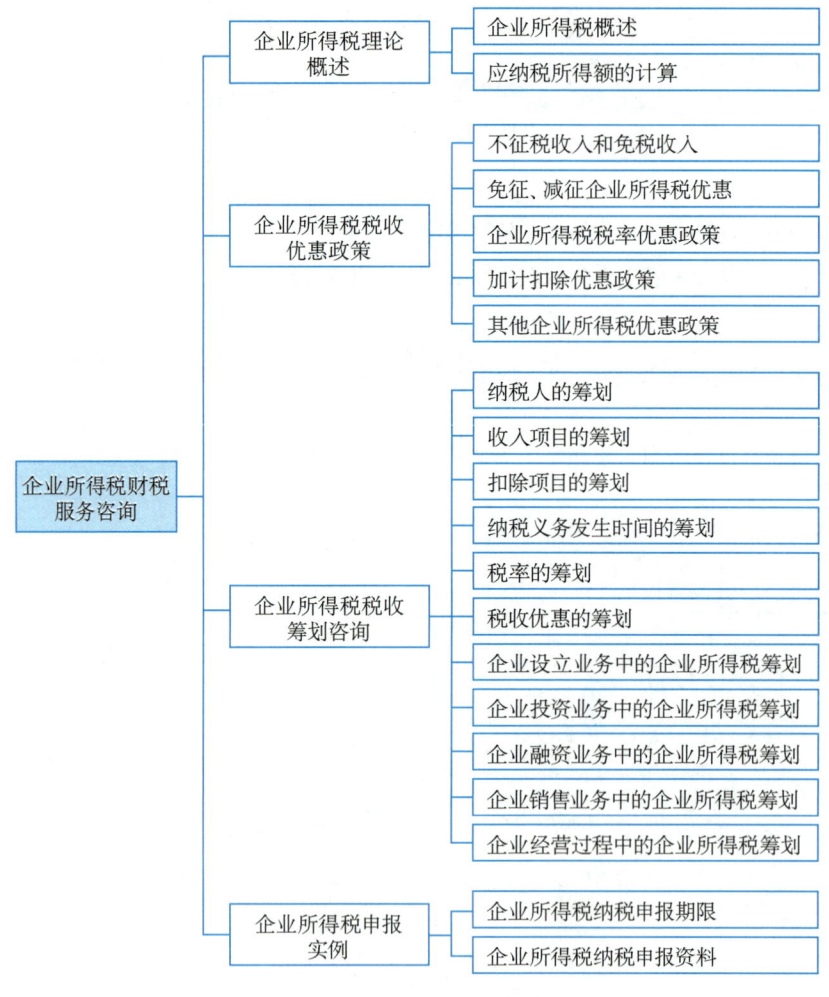

任务一　企业所得税理论概述

案例导入

我公司在建设办公大楼时（目前正在建设，还未完工），由于建设承包商人员变更违背了相关条款规定而付我司的违约金，我公司在收到后计入了营业外收入，是否要在计算企业所得税时将这笔款项计入收入计算所得税？

【案例导入的解析】 根据《中华人民共和国企业所得税法》（以下简称《企业所得税法》）第六条规定，企业以货币形式和非货币形式从各种来源取得的收入为收入总额，包括：①销售货物收入；②提供劳务收入；③转让财产收入；④股息、红利等权益性投资收益；⑤利息收入；⑥租金收入；⑦特许权使用费收入；⑧接受捐赠收入；⑨其他收入。

根据《中华人民共和国企业所得税法实施条例》（以下简称《企业所得税法实施条例》）第二十二条规定，企业所得税法第六条所称其他收入，是指企业取得的除企业所得税法第六条前8项规定的收入外的其他收入，包括企业资产溢余收入、逾期未退包装物押金收入、确实无法偿付的应付款项、已作坏账损失处理后又收回的应收款项、债务重组收入、补贴收入、违约金收入、汇兑收益等。

因此，取得的违约金收入应计入收入总额，计征企业所得税。

【知识点1】　企业所得税概述

一、企业所得税的概念

企业所得税是对我国境内的企业和其他取得收入的组织的生产经营所得和其他所得征收的一种所得税。

企业所得税——知识精讲1

二、企业所得税纳税人与扣缴义务人

（一）企业所得税的纳税人

在中华人民共和国境内，企业和其他取得收入的组织为企业所得税的纳税人，依照《企业所得税法》的规定缴纳企业所得税。个人独资企业、合伙企业不适用《企业所得税法》。

缴纳企业所得税的企业分为居民企业和非居民企业，分别承担不同的纳税责任。

企业所得税——知识精讲2

1. 居民企业

居民企业是指依法在中国境内成立，或者依照外国（地区）法律成立但实际管理机构在中国境内的企业。

依法在中国境内成立的企业,包括依照中国法律、行政法规在中国境内成立的企业、事业单位、社会团体以及其他取得收入的组织。依照外国(地区)法律成立的企业,包括依照外国(地区)法律成立的企业和其他取得收入的组织。

前面所称"实际管理机构"是指对企业的生产、经营、人员、账务、财产等实施实质性全面管理和控制的机构。我国借鉴国际惯例,对"实际管理机构"做出了明确的界定,这里所指的"实际管理机构"通常要求符合以下三个条件。

第一,对企业有实质性管理和控制的机构。实际管理机构与名誉上的企业行政中心不同,是企业真实的管理中心。一个企业在利用资源和取得收入方面往往与其经营活动的管理中心联系密切。税法将实质性管理和控制作为认定实际管理机构的标准之一,符合实质重于形式的原则,也有利于防止外国企业逃避税收征管,从而保障我国的税收主权。例如,在英国、美国、百慕大等国家和地区注册的企业,如果其实际管理机构在我国境内就是我国的居民企业。

第二,对企业实行全面管理和控制的机构。如果该机构只是对该企业的一部分或并不关键的生产经营活动进行影响和控制(例如,只是对在中国境内的某一个生产车间进行管理),则不被认定为实际管理机构。只有对企业的整体或者主要生产经营活动有实际管理控制,对企业的生产经营活动负总体责任的管理机构,才符合实际管理机构的标准。

第三,管理和控制的内容是企业的生产、经营、人员、账务、财产等。这是界定实际管理机构最关键的标准,在控制时特别强调对人事权和财务权的控制。例如,到中国投资的许多外国企业,如果其设在中国的管理机构冠以"亚太区总部""亚洲区总部"等字样,即表明它对企业的生产、经营、账务、财产等具有实质性管理权和控制权,一般都被认定为"实际管理机构"。

2. 非居民企业

非居民企业是指依照外国(地区)法律成立且实际管理机构不在中国境内,但在中国境内设立机构、场所的,或者在中国境内未设立机构、场所,但有来源于中国境内所得的企业。

这里所说的机构、场所,是指在中国境内从事生产经营活动的机构、场所,包括以下情形。

第一,管理机构、营业机构、办事机构。管理机构是指对企业生产经营活动进行管理决策的机构。营业机构是指企业开展日常生产经营活动的固定场所,如商场等。办事机构是指企业在当地设立的从事联络和宣传等活动的机构。例如,外国企业在中国设立的代表处,这些机构往往为开拓中国市场进行调查和宣传等工作,为企业到中国开展经营活动打下基础。

第二,工厂、农场、开采自然资源的场所。这三类场所属于企业开展生产经营活动的场所。工厂是工业企业,如制造业的生产厂房、车间所在地。农场是农业、牧业等生产经营的场所。开采自然资源的场所主要是采掘业的生产经营活动场所,如矿山、油田等。

第三,提供劳务的场所。提供劳务的场所包括从事交通运输、仓储租赁、咨询经纪、科学研究、技术服务、教育培训、餐饮住宿、中介代理、旅游、娱乐、加工以及其他劳务活动的场所。

第四，从事建筑、安装、装配、修理、勘探等工程作业的场所，包括建筑工地、港口码头、地质勘探场地等工程作业场所。

第五，其他从事生产经营活动的机构、场所。

第六，非居民企业委托营业代理人在中国境内从事生产经营活动的，包括委托单位和个人经常代其签订合同或者储存、交付货物等，该营业代理人视为非居民企业在中国境内设立的机构、场所。

【讨论】 在韩国注册成立的一家电子制造公司，在上海设立了一条元件生产线为该公司生产某型号的元件。请问该公司属于我国的居民企业还是非居民企业？

（二）企业所得税的扣缴义务人

1. 支付人为扣缴义务人

非居民企业在中国境内未设立机构、场所的，或者虽设立机构、场所但取得的所得与其所设机构、场所没有实际联系的，其来源于中国境内的所得应缴纳的所得税，实行源泉扣缴。

2. 指定扣缴义务人

对非居民企业在中国境内取得工程作业和劳务所得应缴纳的所得税，税务机关可以指定工程价款或者劳务费的支付人为扣缴义务人。

扣缴义务人每次代扣的税款，应当自代扣之日起7日内缴入国库，并向所在地的税务机关报送扣缴企业所得税报告表。扣缴义务人未依法扣缴或者无法履行扣缴义务的，由纳税人在所得发生地缴纳。在中国境内存在多处所得发生地的，由纳税人选择其中一地申报缴纳企业所得税。

三、企业所得税征税对象的确定

企业所得税的征税对象是指纳税人取得的生产经营所得、清算所得和其他所得。

（一）居民企业的征税对象

居民企业应当就其来源于中国境内、境外的所得缴纳企业所得税。

（二）非居民企业的征税对象

（1）非居民企业在中国境内设立机构、场所的，应当就其所设机构、场所取得的来源于中国境内的所得，以及发生在中国境外但与其所设机构、场所有实际联系的所得，缴纳企业所得税。

这里所说的"实际联系"是指非居民企业在中国境内设立的机构、场所拥有据以取得所得的股权、债权，以及拥有、管理、控制据以取得所得的财产等。例如，日本一家企业在中国设立的营业机构（非实际管理机构）属于中国的非居民企业。如果该营业机构对中国境内的一家中国企业进行股权投资，其所获得的股息、红利等权益性收益就可被认定为与该营业机构有实际联系的所得，应就其股息、红利所得缴纳企业所得税。

（2）非居民企业在中国境内未设立机构、场所的，或者虽设立机构、场所，但取得的所得与其所设机构、场所没有实际联系的,应当就其来源于中国境内的所得缴纳企业所得税。

【小试牛刀-多选题 4-1-1】 在下列关于非居民企业征税对象的说法中,正确的有（ ）。

A. 非居民企业应以来源于中国境内、境外的所得为征税对象
B. 非居民企业在中国境内设立机构、场所的,应当以其所设机构、场所取得的来源于中国境内的所得为征税对象
C. 非居民企业在中国境内设立机构、场所的,应当以其发生在中国境外但与其所设机构、场所有实际联系的所得为征税对象
D. 非居民企业在中国境内未设立机构、场所的,应当以来源于中国境内的所得为征税对象

（三）应纳税所得额

企业每一纳税年度的收入总额,减除不征税收入、免税收入、各项扣除以及允许弥补的以前年度亏损后的余额,为应纳税所得额。

来源于中国境内、境外的所得,按照以下原则确定所得,包括销售货物所得、提供劳务所得、转让财产所得、股息红利等权益性投资所得,以及利息所得、租金所得、特许权使用费所得、接受捐赠所得和其他所得。

（1）销售货物所得,按照交易活动发生地确定。

（2）提供劳务所得,按照劳务发生地确定。

（3）转让财产所得,不动产转让所得按照不动产所在地确定,动产转让所得按照转让动产的企业或者机构、场所所在地确定,权益性投资资产转让所得按照被投资企业所在地确定。

（4）股息红利等权益性投资所得,按照分配所得的企业所在地确定。

（5）利息所得、租金所得、特许权使用费所得,按照负担、支付所得的企业或者机构、场所所在地确定,或者按照负担、支付所得的个人住所地确定。

（6）接受捐赠所得,应当按照实际收到捐赠资产的日期确认收入的实现。

（7）其他所得,由国务院财政、税务主管部门确定。

四、企业所得税税率

我国企业所得税实行比例税率。

居民企业应当就其来源于中国境内、境外的所得缴纳企业所得税,适用的企业所得税税率为25％;非居民企业在中国境内设立机构、场所的,应当就其所设机构、场所取得的来源于中国境内的所得,以及发生在中国境外但与其所设机构、场所有实际联系的所得,缴纳企业所得税,适用的企业所得税税率为25％。

非居民企业在中国境内未设立机构、场所的,或者虽设立机构、场所,但取得的所得与其所设机构、场所没有实际联系的,应当就其来源于中国境内的所得缴纳企业所得税,适用的

企业所得税税率为20%,但实际征税时减按10%的税率征收。不同类型企业所适用的企业所得税税率表如表4-1所示。

表4-1 企业所得税税率表

税率类型		适用主体
基本税率25%		1. 居民企业: (1) 境内企业 (2) 实际管理机构在境内的企业 2. 非居民企业:(设立机构、场所) 来源于境内的所得或来自境外且与境内机构、场所有实际联系的所得
优惠税率	20%	小型微利企业
	15%	国家重点扶持的高新技术企业
	10%	非居民企业:(名义税率20%但实际为10%) 除上述适用25%税率以外的情形

【小试牛刀-单选题4-1-2】 下列所得中,实际适用10%的企业所得税税率的是（ ）。

A. 居民企业来自境外的所得
B. 小型企业来自境内的所得
C. 在中国境内未设立经营机构的非居民企业来自境内的股息所得
D. 高新技术企业来自境内的所得

扫码查看答案解析

【知识点2】 应纳税所得额的计算

《企业所得税法》第五条规定,企业每一纳税年度的收入总额减除不征税收入、免税收入、各项扣除以及允许弥补的以前年度亏损后的余额为应纳税所得额。应纳税所得额的计算公式如下:

应纳税所得额＝收入总额－不征税收入－免税收入－各项扣除
－允许弥补的以前年度亏损

在计算应纳税所得额时,企业财务、会计处理办法与税收法律、行政法规的规定不一致的应当依照税收法律、行政法规的规定计算纳税。

一、收入总额

企业的收入总额包括以货币形式和非货币形式从各种来源取得的收入。其中,货币形式的收入包括现金、银行存款、应收账款、应收票据、准备持有至到期的债券投资及债务的豁免等。非货币形式的收入包括固定资产、生物资产、无形资产、股权投资、存货、不准备持有至到期的债券投资、劳务及有关权益等,这些非货币收入应当按照公允价值确定收入额。

(一) 一般收入的确定

1. 销售货物收入

销售货物收入是指企业销售商品、产品、原材料、包装物、低值易耗品以及其他存货取得的收入。

企业销售商品同时满足下列条件的,应确认收入的实现。

(1) 商品销售合同已经签订,企业已将商品所有权相关的主要风险和报酬转移给购货方。

(2) 企业对已售出的商品既没有保留通常与所有权相联系的继续管理权,也没有实施有效控制。

(3) 收入的金额能够可靠地计量。

(4) 已发生或将发生的销售方的成本能够可靠地核算。

除遵从上述条件外,不同销售方式的确认时间如表 4-2 所示。

表 4-2 不同销售方式的确认时间

销售方式	确认方式与时间
托收承付	办妥托收手续
预收货款	发出商品
需要安装和检验的	a. 购买方接受商品及安装和检验完毕 b. 如果安装程序比较简单,发出商品时
采用支付手续费方式委托代销的	收到代销清单

2. 提供劳务收入

提供劳务收入是指企业从事建筑安装、修理修配、交通运输、仓储租赁、金融保险、技术服务、餐饮住宿、中介代理、旅游、娱乐、加工以及其他劳务服务活动取得的收入。

提供劳务收入的一般确认条件:提供劳务交易的结果能可靠估计的,应采用完工进度法(完工百分比法)确认收入。

(1) 提供劳务交易的结果能够可靠估计,是指同时满足下列条件:①收入的金额能可靠计量;②交易完工进度能可靠地确定;③已发生和将发生的成本能可靠核算。

(2) 完工进度的确定,可选下列方法:①已完工作的测量;②已提供劳务占劳务总量的比例;③发生成本占总成本的比例。

3. 转让财产收入

转让财产收入是指企业转让固定资产、生物资产、无形资产、股权、债权等财产取得的收入。

4. 股息、红利等权益性投资收益

股息、红利等权益性投资收益是指企业因权益性投资从被投资方取得的收入。股息、红利等权益性投资收益,除国务院财政、税务主管部门另有规定外,按照被投资方作出利润分配决定的日期确认收入的实现。

5. 利息收入

利息收入是指企业将资金提供给他人使用但不构成权益性投资,或者因他人占用本企业资金取得的收入,包括存款利息、贷款利息、债券利息、欠款利息等收入。利息收入应按照合同约定的债务人应付利息的日期确认收入的实现。

6. 租金收入

租金收入是指企业提供固定资产、包装物或者其他有形资产的使用权取得的收入。租金收入应按照合同约定的承租人应付租金的日期确认收入的实现。

7. 特许权使用费收入

特许权使用费收入是指企业提供专利权、非专利技术、商标权、著作权及其他特许使用权取得的收入。特许权使用费收入应按照合同约定的特许权使用人应付特许权使用费的日期确认收入的实现。

8. 接受捐赠收入

接受捐赠收入是指企业接受的来自其他企业、组织或个人无偿给予的货币性资产、非货币性资产。接受捐赠收入按照实际收到捐赠资产的日期确认收入的实现。

9. 其他收入

其他收入是指企业取得的除以上收入外的其他收入,包括企业资产溢余收入、逾期未退包装物押金收入、确实无法偿付的应付款项、已经作坏账损失处理后又收回的应收款项、债务重组收入、补贴收入、违约金收入、汇兑收益等。

(二) 特殊收入的确认

(1) 采取分期收款方式销售货物按照合同约定的收款日期确认收入的实现。

(2) 采用售后回购方式销售商品,销售的商品按售价确认收入,回购的商品作为购进商品处理。

(3) 采取以旧换新方式销售商品,应当按照销售商品收入的确认条件确认收入,回收的商品作为购进商品处理。

(4) 采取商业折扣(折扣销售)方式销售商品:企业为促进商品销售而在商品价格上给予的价格扣除属于商业折扣。商品销售涉及商业折扣的,应当按照扣除商业折扣后的金额确定销售商品收入金额。

(5) 采取现金折扣(销售折扣)方式销售商品:债权人为鼓励债务人在规定的期限内付款而向债务人提供的债务扣除属于现金折扣。销售商品涉及现金折扣的,应当按扣除现金折扣前的金额确定销售商品收入金额,现金折扣在实际发生时作为财务费用扣除。

(6) 采取折让退回方式销售商品:企业因售出商品的质量不合格等原因而在售价上给予的减让属于销售折让;企业因售出商品质量、品种不符合要求等原因而发生的退货属于销售退回。企业已经确认销售收入的售出商品发生销售折让或销售退回的,应当在发生当期冲减当期销售商品收入。

（7）采取"买一赠一"等方式组合销售本企业商品不属于捐赠,应将总的销售金额按各项商品的公允价值的比例来分摊确认各项的销售收入。

（8）企业受托加工制造大型机械设备、船舶、飞机等,以及从事建筑、安装、装配业务或者提供劳务等,持续时间超过 12 个月的,按照纳税年度内完工进度或者完成的工作量确认收入的实现。

（9）采取产品分成方式取得收入,以企业分得产品的时间确认收入的实现,其收入额按照产品的公允价值确定。

（10）企业发生非货币性资产交换,以及将货物、财产、劳务用于捐赠、偿债、赞助、集资、广告、样品、职工福利和进行利润分配等用途,应当视同销售货物、转让财产和提供劳务,但国务院财政、税务主管部门另有规定的除外。

（三）视同销售收入

企业发生下列情形,除将资产转移至境外以外,由于资产所有权属在形式和实质上均不发生改变,可作为内部处置资产,不视同销售确认收入,相关资产的计税基础延续计算：

（1）将资产用于生产、制造、加工另一产品。

（2）改变资产形状、结构或性能。

（3）改变资产用途（如自建商品房转为自用或经营）。

（4）将资产在总机构及其分支机构之间转移。

（5）上述两种或两种以上情形的混合。

（6）其他不改变资产所有权属的用途。

企业将资产移送他人的下列情形,因资产所有权属已发生改变而不属于内部处置资产,应按规定视同销售确定收入：

（1）将资产用于市场推广或销售。

（2）将资产用于交际应酬。

（3）将资产用于职工奖励或福利。

（4）将资产用于股息分配。

（5）将资产用于对外捐赠。

（6）其他改变资产所有权属的用途。

视同销售应按被移送资产的公允价值确认销售收入。

二、扣除项目

（一）税前允许扣除的项目

（1）企业实际发生的与取得收入有关的合理支出包括成本、费用、税金、损失和其他支出,准予在计算应纳税所得额时扣除。

（2）企业发生的公益性捐赠支出,在年度利润总额12%以内的部分准予在计算应纳税所得额时扣除。超过年度利润总额12%的部分准予结转以后3年内在计算应纳税所得额时扣除。

（3）企业按照规定计算的固定资产折旧准予扣除。但是,下列固定资产不得计算折旧扣除：①房屋、建筑物以外未投入使用的固定资产；②以经营租赁方式租入的固定资产；③以融资租赁方式租出的固定资产；④已足额提取折旧仍继续使用的固定资产；⑤与经营活动无关的固定资产；⑥单独估价作为固定资产入账的土地；⑦其他不得计算折旧扣除的固定资产。

（4）企业按照规定计算的无形资产摊销费用准予扣除。但是,下列无形资产不得计算摊销费用并扣除：①自行开发的支出已在计算应纳税所得额时扣除的无形资产；②自创商誉；③与经营活动无关的无形资产；④其他不得计算摊销费用扣除的无形资产。

（5）企业发生的下列支出,作为长期待摊费用按照规定摊销的准予扣除：①已足额提取折旧的固定资产的改建支出；②租入固定资产的改建支出；③固定资产的大修理支出；④其他应当作为长期待摊费用的支出。

（6）企业对外投资期间,投资资产的成本在计算应纳税所得额时不得扣除（但投资未上市中小高新技术企业,以及种子期、初创期科技型企业的,按投资额的70%抵扣应纳税所得额）。

（7）企业使用或者销售存货,按照规定计算的存货成本,准予在计算应纳税所得额时扣除。

（8）企业转让资产,该项资产的净值准予在计算应纳税所得额时扣除。

（9）企业纳税年度发生的亏损,准予向以后年度结转,用以后年度的所得弥补但结转年限最长不得超过5年（高新技术企业和科技型中小企业亏损结转年限由5年延长至10年）。

（10）企业发生的职工教育经费支出,不超过工资、薪金总额8%的部分,准予在计算企业所得税应纳税所得额时扣除；超过部分准予在以后纳税年度结转扣除。

（11）对化妆品制造或销售、医药制造和饮料制造（不含酒类制造）企业发生的广告费及业务宣传费支出,不超过当年销售（营业）收入30%的部分准予扣除；超过的部分,准予在以后纳税年度结转扣除。

（二）不得扣除的项目

（1）向投资者支付的股息、红利等权益性投资收益款项。

（2）企业所得税税款。

（3）税收滞纳金。

（4）罚金、罚款和被没收财物的损失。

（5）超过规定标准的捐赠支出。

（6）赞助支出。

（7）未经核定的准备金支出。

（8）企业之间支付的管理费，企业内营业机构之间支付的租金和特许权使用费以及非银行企业内营业机构之间支付的利息。

（9）与取得收入无关的其他支出。

扫码查看答案解析

【小试牛刀-多选题4-1-3】 在下列各项中，计算应纳税所得额时不得扣除的项目是（　　）。
A．坏账准备金
B．利润分红支出
C．企业违反销售协议被采购方索取的罚款
D．违反食品卫生法被政府处以的罚款

任务二　企业所得税税收优惠政策

根据《关于发布修订后的〈企业所得税优惠政策事项办理办法〉的公告》（国家税务总局2018年第23号）的规定，税收优惠是指企业所得税法规定的优惠事项，以及国务院和民族自治地方根据企业所得税法授权制定的企业所得税优惠事项。税收优惠包括免税收入、减计收入、加计扣除、加速折旧、所得减免、抵扣应纳税所得额、减低税率、税额抵免等。

按照《财政部　国家税务总局关于执行企业所得税优惠政策若干问题的通知》（财税〔2009〕69号）的规定，企业所得税法及其实施条例中规定的各项税收优惠，凡企业符合规定条件的，可以同时享受。因此，企业既符合享受研发费用加计扣除政策条件，又符合享受其他优惠政策条件的，可以同时享受有关优惠政策。

【知识点1】　不征税收入和免税收入

一、不征税收入

《企业所得税法》第七条规定，收入总额中的下列收入为不征税收入：
（1）财政拨款。
（2）依法收取并纳入财政管理的行政事业性收费、政府性基金。
（3）国务院规定的其他不征税收入。

二、免税收入

《企业所得税法》第二十六条规定，企业的下列收入为免税收入：
（1）国债利息收入。

（2）符合条件的居民企业之间的股息、红利等权益性投资收益。

（3）在中国境内设立机构、场所的非居民企业从居民企业取得与该机构、场所有实际联系的股息、红利等权益性投资收益。

（4）符合条件的非营利组织的收入。

【知识点 2】 免征、减征企业所得税优惠

一、从事农、林、牧、渔业项目的所得

（1）企业从事下列项目的所得，免征企业所得税：①蔬菜、谷物、薯类、油料、豆类、棉花、麻类、糖料、水果、坚果的种植；②农作物新品种的选育；③中药材的种植；④林木的培育和种植；⑤牲畜、家禽的饲养等；⑥林产品的采集；⑦灌溉、农产品初加工、兽医、农技推广、农机作业和维修等农、林、牧、渔服务业项目；⑧远洋捕捞。

（2）企业从事下列项目的所得，减半征收企业所得税：①花卉、茶以及其他饮料作物和香料作物的种植；②海水养殖、内陆养殖等。

二、从事国家重点扶持的公共基础设施项目投资经营的所得

国家重点扶持的公共基础设施项目，是指《公共基础设施项目企业所得税优惠目录》规定的港口码头、机场、铁路、公路、城市公共交通、电力、水利等项目。

企业从事国家重点扶持的公共基础设施项目的投资经营的所得，自项目取得第一笔生产经营收入所属纳税年度起，第一年至第三年免征企业所得税，第四年至第六年减半征收企业所得税。企业承包经营、承包建设和内部自建自用上述规定的项目，不得享受上述企业所得税优惠。

三、从事符合条件的环境保护、节能节水项目的所得

企业从事符合条件的环境保护、节能节水项目的所得，自项目取得第一笔生产经营收入所属纳税年度起，第一年至第三年免征企业所得税，第四年至第六年减半征收企业所得税。

扫码了解政策详情

四、符合条件的技术转让所得

第一，符合条件的技术转让所得免征、减征企业所得税，是指一个纳税年度内，居民企业转让技术所有权所得不超过 500 万元的部分，免征企业所得税；超过 500 万元的部分，减半征收企业所得税。

第二，技术转让的范围，包括居民企业转让专利技术、计算机软件著作权、集成电路布图设计权、植物新品种、生物医药新品种，以及财政部和国家税务总局确定的其他技术。

第三，技术转让应签订技术转让合同。

第四，居民企业技术出口应由有关部门按照商务部、科技部发布的《中国禁止出口限制

出口技术目录》进行审查。

第五，居民企业从直接或间接持有股权之和达到100%的关联方取得的技术转让所得，不享受技术转让减免企业所得税优惠政策。

【知识点3】 企业所得税税率优惠政策

一、高新技术企业所得税税率优惠

国家需要重点扶持的高新技术企业减按15%的税率征收企业所得税。自2018年1月1日起，对经认定的技术先进型服务企业（服务贸易类），减按15%的税率征收企业所得税。

认定为高新技术企业须同时满足以下条件：

（1）企业申请认定时须注册成立1年以上。

（2）企业通过自主研发、受让、受赠、并购等方式，获得对其主要产品（服务）在技术上发挥核心支持作用的知识产权的所有权。

（3）对企业主要产品（服务）发挥核心支持作用的技术属于《国家重点支持的高新技术领域》规定的范围。

（4）企业从事研发和相关技术创新活动的科技人员占企业当年职工总数的比例不低于10%。

（5）企业近三个会计年度（实际经营期不满3年的按实际经营时间计算，下同）的研究开发费用总额占同期销售收入总额的比例符合如下要求：①最近1年销售收入小于5000万元（含）的企业，比例不低于5%；②最近1年销售收入在5000万元至2亿元（含）的企业，比例不低于4%；③最近1年销售收入在2亿元以上的企业，比例不低于3%。

其中，企业在中国境内发生的研究开发费用总额占全部研究开发费用总额的比例不低于60%。

（6）近1年高新技术产品（服务）收入占企业同期总收入的比例不低于60%。

（7）企业创新能力评价应达到相应要求。

（8）企业申请认定前1年内未发生重大安全、重大质量事故或严重环境违法行为。

二、小型微利企业所得税税率优惠

自2023年1月1日至2024年12月31日，对小型微利企业年应纳税所得额不超过100万元的部分，减按25%计入应纳税所得额，按20%的税率缴纳企业所得税。自2022年1月1日至2024年12月31日，对小型微利企业年应纳税所得额超过100万元但不超过300万元的部分，减按25%计入应纳税所得额，按20%的税率缴纳企业所得税。该公告延续执行至2027年12月31日。

小型微利企业是指从事国家非限制和禁止行业，且同时符合年度应纳税所得额不超过300万元、从业人数不超过300人、资产总额不超过5000万元三个条件的企业。

从业人数包括与企业建立劳动关系的职工人数和企业接受的劳务派遣用工人数。所称从业人数和资产总额指标,应按企业全年的季度平均值确定。

具体计算公式如下:

$$季度平均值＝(季初值＋季末值)÷2$$
$$全年季度平均值＝全年各季度平均值之和÷4$$

年度中间开业或者终止经营活动的,以其实际经营期作为一个纳税年度确定上述相关指标。

至2023年1月1日,小型微利企业所得税优惠政策征管问题公告如下:

(1)符合财政部、税务总局规定的小型微利企业条件的企业(以下简称小型微利企业),按照相关政策规定享受小型微利企业所得税优惠政策。企业设立不具有法人资格分支机构的,应当汇总计算总机构及其各分支机构的从业人数、资产总额、年度应纳税所得额,依据合计数判断是否符合小型微利企业条件。

(2)小型微利企业无论按查账征收方式或核定征收方式缴纳企业所得税,均可享受小型微利企业所得税优惠政策。

(3)小型微利企业在预缴和汇算清缴企业所得税时,通过填写纳税申报表,即可享受小型微利企业所得税优惠政策。小型微利企业应准确填报基础信息,包括从业人数、资产总额、年度应纳税所得额、国家限制或禁止行业等,信息系统将为小型微利企业智能预填优惠项目、自动计算减免税额。

(4)小型微利企业预缴企业所得税时,从业人数、资产总额、年度应纳税所得额指标,暂按当年度截至本期预缴申报所属期末的情况进行判断。

(5)原不符合小型微利企业条件的企业,在年度中间预缴企业所得税时,按照相关政策标准判断符合小型微利企业条件的,应按照截至本期预缴申报所属期末的累计情况,计算减免税额。当年度此前期间如因不符合小型微利企业条件而多预缴的企业所得税税款,可在以后季度应预缴的企业所得税税款中抵减。

(6)企业预缴企业所得税时享受了小型微利企业所得税优惠政策,但在汇算清缴时发现不符合相关政策标准的,应当按照规定补缴企业所得税税款。

(7)小型微利企业所得税统一实行按季度预缴。

思政小视频: 多项税费政策支持小微企业和个体工商户发展

扫码了解详情

【问】 小型微利企业如何享受减免企业所得税政策?

【答】党中央、国务院高度重视小微企业和个体工商户发展。2023年7月24日,中共中央政治局会议强调延续、优化、完善并落实好减税降费政策。7月31日,国务院常务会议对今明两年到期的阶段性政策作出后续安排。近日,财政部、税务总局发布了支持小微企业和个体工商户发展的税费优惠政策文件。有关部门按照享受主体、优惠内容、享受条件、享受方式、政策依据、政策案例的体例进行梳理,编写形成了《支持小微企业和个体工商户发展税费优惠政策指引(1.0)》,供纳税人缴费人和各地财税人员参考使用。

对小型微利企业减按25%计算应纳税所得额,按20%的税率缴纳企业所得税政策,延续执行至2027年12月31日。

例如,A企业2022年成立,从事国家非限制和禁止行业,2023年第一季度季初、季末的从业人数分别为120人、200人,第一季度季初、季末的资产总额分别为2 000万元、4 000万元,第一季度的应纳税所得额为190万元。

2023年第一季度,A企业从业人数的季度平均值为160人,资产总额的季度平均值为3 000万元,应纳税所得额为190万元。符合关于小型微利企业预缴企业所得税时的判断标准:从事国家非限制和禁止行业,且同时符合截至本期预缴申报所属期末资产总额季度平均值不超过5 000万元、从业人数季度平均值不超过300人、应纳税所得额不超过300万元,可以享受优惠政策。A企业第一季度的应纳税额为:$190 \times 25\% \times 20\% = 9.5$(万元)。

【知识点4】 加计扣除优惠政策

一、研究开发费用

1. 自行开发无形资产的研究开发费用

企业开展研发活动中实际发生的研发费用,未形成无形资产计入当期损益的,在按规定据实扣除的基础上,再按照实际发生额的100%在税前加计扣除;形成无形资产的,按照无形资产成本的200%在税前摊销。无形资产摊销年限不得低于10年。作为投资或者受让的无形资产,有关法律规定或者合同约定了使用年限的,可以按照法律规定或者合同约定的使用年限分期摊销。

2. 委托、合作、集中研发费用的加计扣除

(1)企业委托境内的外部机构或个人进行研发活动发生的费用,按照费用实际发生额的80%计入委托方研发费用并按规定计算加计扣除;委托境外(不包括境外个人)进行研发活动所发生的费用,按照费用实际发生额的80%计入委托方的委托境外研发费用。委托境外研发费用不超过境内符合条件的研发费用三分之二的部分,可按规定在企业所得税前加计扣除。

(2)企业共同合作开发的项目,由合作各方就自身实际承担的研发费用分别计算加计扣除。

(3)企业集团根据生产经营和科技开发的实际情况,对技术要求高、投资数额大,需要

集中研发的项目,其实际发生的研发费用,可以按照权利和义务相一致、费用支出和收益分享相配比的原则,合理确定研发费用的分摊方法,在受益成员企业间进行分摊,由相关成员企业分别计算加计扣除。

企业为获得创新性、创意性、突破性的产品进行创意设计活动而发生的相关费用,可以按照规定进行加计扣除。

企业可在当年7月份预缴、10月份预缴及企业所得税年度汇算清缴时申报享受研发费用加计扣除政策。

【问1】 我公司是一家专门从事游戏开发、运营及市场推广的企业,公司现研发一款有创意的高端动漫游戏软件产品(未形成无形资产),准备投入市场。我公司的研发费用如何加计扣除?

【答】 为落实《国务院关于推进文化创意和设计服务与相关产业融合发展的若干意见》(国发〔2014〕10号)文件精神,《关于完善研究开发费用税前加计扣除政策的通知》(财税〔2015〕119号)特别规定了企业为获得创新性、创意性、突破性的产品进行创意设计活动而发生的相关费用,可按照规定进行加计扣除。

创意设计活动是指多媒体软件、动漫游戏软件开发,数字动漫、游戏设计制作;房屋建筑工程设计(绿色建筑评价标准为三星)、风景园林工程专项设计;工业设计、多媒体设计、动漫及衍生产品设计、模型设计等。财税〔2015〕119号文件虽允许"创意设计活动"适用加计扣除政策,但其属于一项单独的优惠政策,并不代表此类"创意设计活动"属于研发活动。

由于贵公司对于动漫游戏软件的开发并没有形成无形资产,因此在据实扣除的基础上,再按照本年度实际发生额的100%在税前加计扣除即可。

【问2】 研发费用加计扣除政策可以叠加享受加速折旧政策。《国家税务总局关于研发费用税前加计扣除归集范围有关问题的公告》(国税总局〔2017〕40号)将加速折旧的加计扣除口径调整为就税前扣除的折旧部分计算加计扣除。

【答】 某企业2022年12月购入并投入使用一专门用于研发活动的设备,单位价值1 200万元,会计处理时按8年折旧,税法上规定的最低折旧年限为10年,不考虑残值。企业对该项设备选择缩短折旧年限的加速折旧方式,折旧年限缩短为6年。2023年该企业会计处理计提折旧额150万元(1 200÷8),税收上因享受加速折旧优惠可以扣除的折旧额是200万元(1 200÷6),若该设备6年内用途未发生变化,每年均符合加计扣除政策规定,则该企业在6年内每年直接就其税前扣除的"仪器、设备折旧费"200万元进行加计扣除200万元(200×100%)。

二、安置残疾人员及国家鼓励安置的其他就业人员所支付的工资

企业安置残疾人员的,在按照支付给残疾职工工资据实扣除的基础上,可以在计算应纳税所得额时按照支付给残疾职工工资的100%加计扣除。残疾人员的范围适用《中华人民共和国残疾人保障法》的有关规定。

享受该项税收优惠需要满足的条件如下：

(1) 依法与安置的每位残疾人签订了1年以上(含1年)的劳动合同或服务协议，并且安置的每位残疾人在企业实际上岗工作。

(2) 为安置的每位残疾人按月足额缴纳了企业所在区县人民政府根据国家政策规定的基本养老保险、基本医疗保险、失业保险和工伤保险等社会保险。

(3) 定期通过银行等金融机构向安置的每位残疾人实际支付了不低于企业所在区县适用的经省级人民政府批准的最低工资标准的工资。

(4) 具备安置残疾人上岗工作的基本设施。

【知识点5】 其他企业所得税优惠政策

一、创业投资企业优惠

创业投资企业从事国家需要重点扶持和鼓励的创业投资，可以按投资额的一定比例抵扣应纳税所得额。

(1) 公司制创业投资企业采取股权投资方式直接投资于种子期、初创期科技型企业满2年(24个月，下同)的，可以按照投资额的70%在股权持有满2年的当年抵扣该公司制创业投资企业的应纳税所得额；当年不足抵扣的，可以在以后纳税年度结转抵扣。

(2) 有限合伙制创业投资企业采取股权投资方式直接投资于初创科技型企业满2年的，该合伙创投企业的合伙人分别按以下方式处理：

第一，法人合伙人可以按照对初创科技型企业投资额的70%抵扣法人合伙人从合伙创投企业分得的所得；当年不足抵扣的，可以在以后纳税年度结转抵扣。

第二，个人合伙人可以按照对初创科技型企业投资额的70%抵扣个人合伙人从合伙创投企业分得的经营所得；当年不足抵扣的，可以在以后纳税年度结转抵扣。

(3) 天使投资个人采取股权投资方式直接投资于初创科技型企业满2年的，可以按照投资额的70%抵扣转让该初创科技型企业股权取得的应纳税所得额；当期不足抵扣的，可以在以后取得转让该初创科技型企业股权的应纳税所得额时结转抵扣。

(4) 有限合伙制创业投资企业采取股权投资方式投资于未上市的中小高新技术企业满2年的，其法人合伙人可按照对未上市中小高新技术企业投资额的70%抵扣该法人合伙人从该有限合伙制创业投资企业分得的应纳税所得额；当年不足抵扣的，可以在以后纳税年度结转抵扣。

二、加速折旧优惠

企业的固定资产由于技术进步等原因，确需加速折旧的，可以缩短折旧年限或者采取加速折旧的方法。可采用以上折旧方法的固定资产是指：①由于技术进步，产品更新换代较快的固定资产；②常年处于强震动、高腐蚀状态的固定资产。

采取缩短折旧年限方法的，最低折旧年限不得低于规定折旧年限的60%；若为购置已使用过的固定资产，其最低折旧年限不得低于税法规定最低折旧年限减去已使用年限后剩余年限的60%。最低折旧年限一经确定，一般不得变更。

三、减计收入优惠

企业以《资源综合利用企业所得税优惠目录》规定的资源作为主要原材料，生产国家非限制和禁止并符合国家和行业相关标准的产品取得的收入，减按90%计入收入总额。

根据财政部税务总局公告2023年第55号，对金融机构农户小额贷款的利息收入，在计算应纳税所得额时，按90%计入收入总额。对保险公司为种植业、养殖业提供保险业务取得的保费收入，在计算应纳税所得额时，按90%计入收入总额。该政策执行至2027年12月31日。

根据财政部、税务总局、发展改革委、民政部、商务部、卫生健康委公告2019年第76号，自2019年6月1日至2025年12月31日，社区提供养老、托育、家政等服务的机构，提供社区养老、托育、家政服务取得的收入，在计算应纳税所得额时，减按90%计入收入总额。社区包括城市社区和农村社区。

四、税额抵免优惠

税额抵免是指企业购置并实际使用《环境保护专用设备企业所得税优惠目录》《节能节水专用设备企业所得税优惠目录》和《安全生产专用设备企业所得税优惠目录》规定的环境保护、节能节水、安全生产等专用设备的，该专用设备的投资额的10%可以从企业当年的应纳税额中抵免；当年不足抵免的，可以在以后五个纳税年度结转抵免。

享受税额抵免优惠的企业，应当实际购置并自身实际投入使用规定的专用设备；企业购置上述专用设备在5年内转让、出租的，应当停止享受企业所得税优惠，并补缴已经抵免的企业所得税税款。

五、区域税收优惠

（一）民族区域税费优惠

1. 民族自治地方企业减征或免征属于地方分享的企业所得税

民族自治地方的自治机关对本民族自治地方的企业应缴纳的企业所得税中属于地方分享的部分，可以决定减征或者免征。自治州、自治县决定减征或者免征的，须报省、自治区、直辖市人民政府批准。对民族自治地方内国家限制和禁止行业的企业，不得减征或者免征企业所得税。

2. 新疆困难地区新办企业定期减免企业所得税

自2021年1月1日至2030年12月31日，对在新疆困难地区新办的属于《新疆困难地区重点鼓励发展产业企业所得税优惠目录》（以下简称《目录》）范围内的企业，自取得第一笔生产经营收入所属纳税年度起,第一年至第二年免征企业所得税,第三年至第五年减半征收企业所得税。

享受企业所得税定期减免税政策的企业,在减半期内,按照企业所得税 25% 的法定税率计算的应纳税额减半征税。

3. 新疆喀什、霍尔果斯特殊经济开发区新办企业定期免征企业所得税

自 2021 年 1 月 1 日至 2030 年 12 月 31 日,对在新疆喀什、霍尔果斯两个特殊经济开发区内新办的属于《目录》范围内的企业,自取得第一笔生产经营收入所属纳税年度起,五年内免征企业所得税。

(二) 西部地区税费优惠

设在西部地区的鼓励类产业企业减按 15% 的税率征收企业所得税。自 2021 年 1 月 1 日至 2030 年 12 月 31 日,对设在西部地区的鼓励类产业企业减按 15% 的税率征收企业所得税。

鼓励类产业企业是指以《西部地区鼓励类产业目录》中规定的产业项目为主营业务,且其主营业务收入占企业收入总额 60% 以上的企业。

西部地区包括内蒙古自治区、广西壮族自治区、重庆市、四川省、贵州省、云南省、西藏自治区、陕西省、甘肃省、青海省、宁夏回族自治区、新疆维吾尔自治区和新疆生产建设兵团。湖南省湘西土家族苗族自治州、湖北省恩施土家族苗族自治州、吉林省延边朝鲜族自治州和江西省赣州市,可以比照西部地区的企业所得税政策执行。

(三) 特定区域税费优惠

1. 海南自由贸易港减按 15% 税率征收企业所得税的情况

对注册在海南自由贸易港并实质性运营的鼓励类产业企业,减按 15% 的税率征收企业所得税。享受条件如下:

(1) 鼓励类产业企业是指以海南自由贸易港鼓励类产业目录中规定的产业项目为主营业务,且其主营业务收入占企业收入总额 60% 以上的企业。实质性运营是指企业的实际管理机构设在海南自由贸易港,并对企业生产经营、人员、账务、财产等实施实质性全面管理和控制。对不符合实质性运营的企业,不得享受优惠。

扫码了解详情

(2) 海南自由贸易港鼓励类产业目录包括《产业结构调整指导目录(2019 年版)》《鼓励外商投资产业目录(2019 年版)》和海南自由贸易港新增鼓励类产业目录。上述目录在本通知执行期限内修订的,自修订版实施之日起按新版本执行。

(3) 对总机构设在海南自由贸易港的符合条件的企业,仅就其设在海南自由贸易港的总机构和分支机构的所得,适用 15% 税率;对总机构设在海南自由贸易港以外的企业,仅就其设在海南自由贸易港内的符合条件的分支机构的所得,适用 15% 税率。

2. 海南自由贸易港免征企业所得税的情况

对在海南自由贸易港设立的旅游业、现代服务业、高新技术产业企业新增境外直接投资取得的所得,免征企业所得税。享受条件如下:

(1) 从境外新设分支机构取得的营业利润;或从持股比例超过20%(含)的境外子公司分回的,与新增境外直接投资相对应的股息所得。

(2) 被投资国(地区)的企业所得税法定税率不低于5%。

(3) 所称旅游业、现代服务业、高新技术产业,按照海南自由贸易港鼓励类产业目录执行。

3. 海南自由贸易港企业固定资产及无形资产一次性扣除

对在海南自由贸易港设立的企业,新购置(含自建、自行开发)固定资产或无形资产,单位价值不超过500万元(含)的,允许一次性计入当期成本费用在计算应纳税所得额时扣除,不再分年度计算折旧和摊销。享受条件如下:

(1) 在海南自由贸易港设立的企业,新购置(含自建、自行开发)固定资产或无形资产,单位价值不超过500万元(含)的。

(2) 固定资产是指除房屋、建筑物以外的固定资产。

4. 海南自由贸易港企业固定资产及无形资产加速折旧、摊销

新购置(含自建、自行开发)固定资产或无形资产,单位价值超过500万元的,可以缩短折旧、摊销年限或采取加速折旧、摊销的方法。享受条件如下:

(1) 在海南自由贸易港设立的企业,新购置(含自建、自行开发)固定资产或无形资产,单位价值超过500万元的。

(2) 固定资产是指除房屋、建筑物以外的固定资产。

5. 中国(上海)自由贸易试验区临港新片区内重点产业减征企业所得税

自2020年1月1日起,对新片区内从事集成电路、人工智能、生物医药、民用航空等关键领域核心环节相关产品(技术)业务,并开展实质性生产或研发活动的符合条件的法人企业,自设立之日起5年内减按15%的税率征收企业所得税。

2019年12月31日前已在新片区注册登记且从事《新片区集成电路、人工智能、生物医药、民用航空关键领域核心环节目录》(以下简称《目录》)所列业务的实质性生产或研发活动的符合条件的法人企业,可自2020年至该企业设立满5年期限内按照本政策执行。享受条件如下:

上述所称"符合条件的法人企业"必须同时满足以下第1项、第2项条件,以及第3项或第4项条件中任一子条件:

(1) 自2020年1月1日起在新片区内注册登记(不包括从外区域迁入新片区的企业),主营业务为从事《目录》中相关领域环节实质性生产或研发活动的法人企业。实质性生产或研发活动是指企业拥有固定生产经营场所、固定工作人员,具备与生产或研发活动相匹配的软硬件支撑条件,并在此基础上开展相关业务。

(2) 企业主要研发或销售产品中至少包含1项关键产品(技术);关键产品(技术)是指在集成电路、人工智能、生物医药、民用航空等重点领域产业链中起到重要作用或不可或缺的产品(技术)。

（3）企业投资主体条件：①企业投资主体在国际细分市场影响力排名居于前列，技术实力居于业内前列；②企业投资主体在国内细分市场居于领先地位，技术实力在业内领先。

（4）企业研发生产条件：①企业拥有领军人才及核心团队骨干，在国内外相关领域长期从事科研生产工作；②企业拥有关键核心技术，对其主要产品具备建立自主知识产权体系的能力；③企业具备推进产业链核心供应商多元化，牵引国内产业升级能力；④企业具备高端供给能力，核心技术指标达到国际前列或国内领先；⑤企业研发成果（技术或产品）已被国际国内一线终端设备制造商采用或已经开展紧密实质性合作（包括资本、科研、项目等领域）；⑥企业获得国家或省级政府科技或产业化专项资金、政府性投资基金或取得知名投融资机构投资。

6. 其他地区

根据《财政部 税务总局关于横琴粤澳深度合作区企业所得税优惠政策的通知》（财税〔2022〕19号）、《财政部 税务总局关于广州南沙企业所得税优惠政策的通知》（财税〔2022〕40号）等规定，对区域性优惠政策进一步细分，横琴粤澳深度合作区、平潭综合实验区、前海深港现代服务业合作区、南沙先行启动区的鼓励类产业企业减按15%税率征收企业所得税。

任务三　企业所得税税收筹划咨询

案例导入

K工程师：您好，我打算成立一家公司，对成立什么性质公司及相应的税收问题，想听听您的咨询建议。

L顾问：您好，很高兴能为您服务。请描述该业务的具体情况。

K工程师：我打算成立有限责任公司，投资创办一个研发型机电设备制造企业。

L顾问：那你对该公司的未来有没有预期呢？

K工程师：经过测算，在最初两年里，年收入大约为500万元，不包括扣除项目的年应纳税所得额为120万元（利润全部用作分红）。

L顾问：那您工资准备怎么发放呢？上述的年应纳税所得额120万元有考虑您的工资吗？

K工程师：上述测算的年应纳税所得额120万元还未把我的工资考虑进去，我自己计划也在企业拿工资，每月5000元，全年发放6万元工资，并且不考虑附加扣除、专项附加扣除等扣除项目。

L顾问：看得出来，您对税务有点了解。

K工程师：虽然我对税收政策比较熟悉，但非专业人士。

L顾问：公司在我们当地，还是在税收洼地呢？

K工程师：在本地市区。按正常税率，企业所得税税率为25%。

L顾问：公司在人员配备及资产总额方面是否有考虑过？

K工程师：有的。我打算公司人员大概要配备为20人，资产总额大概为200万元。

L顾问：个人所得税怎么扣除有考虑过吗？比如成立个人独资企业还是有限责任公司？如果成立独资企业，须按照个人经营所得征税。个人经营所得全年应纳税所得超过500 000元，超过的部分按35%缴纳所得税，速算扣除数为65 500元，税负是比较高的。

K工程师：了解过一些。

L顾问：那您的顾虑主要是什么呢？

K工程师：由于各种原因，公司对应成立哪种形式的组织机构一筹莫展，我想从企业税收负担率的角度去考虑。

L顾问：……（中间等待过程省略）

L顾问：我的设计思路是：

设计思路……方案二：成立有限责任公司（小微企业）。

……（计算过程）

K工程师：好的，感谢您的专业建议。

L顾问：不客气。

【知识点1】 纳税人的筹划

一、小型微利企业

我国企业所得税的税率为25%，小型微利企业适用的实际税率较低，因此小型企业在设立时应认真规划企业的规模和从业人数，当企业的规模较大或人数较多时，可以考虑设立两个或多个独立的纳税企业，从而分散企业的人数、资产规模和应纳税所得额，享受小型微利企业的税收优惠，以减轻企业所得税税收负担。

二、子公司与分公司

根据《中华人民共和国公司法》的规定，子公司具有法人资格，依法独立承担民事责任；分公司不具有法人资格，其民事责任由总公司承担。子公司和分公司在税收征管上也存在较大差别。

（1）子公司是企业所得税的独立纳税人。子公司是相对于母公司而言的，它是指被另一家公司（母公司）有效控制的下属公司，或者是母公司直接或间接控制的一系列公司中的一家公司。子公司是一个独立企业，具有独立的法人资格。

由于子公司具有独立的法人资格，因而在设立所在国被视为居民企业，通常要履行与该国其他居民企业一样的全面纳税义务，同时能享受所在国为新设公司提供的免税期或其税收优惠政策。但是,建立子公司一般需要复杂的手续并且财务制度较为严格,必须独立开设账簿并需要复杂的审计和证明,其经营亏损不能冲抵母公司的利润,因而子公司与母公司的交易往往是税务机关反避税审查的重点内容。

(2) 分公司不是企业所得税的独立纳税人。分公司是指独立核算的、进行全部或部分经营业务的分支机构,如分厂、分店等。分公司是企业的组成部分,不具有独立的法人资格。

《企业所得税法》第五十条规定:居民企业在中国境内设立不具有法人资格的营业机构的,应当汇总计算并缴纳企业所得税。汇总纳税是指一个企业总机构和其分支机构的经营所得,通过汇总纳税申报的办法实现所得税的汇总计算和缴纳。

我国实行法人所得税制度。法人所得税制度要求总、分公司汇总计算缴纳企业所得税,因此设立分支机构,使其不具有法人资格就可由总公司汇总缴纳所得税。这样可以实现总、分公司之间的盈亏互抵,从而合理减轻税收负担。

依据国家税务总局发布的《跨地区经营汇总纳税企业所得税征收管理办法》的规定,跨地区经营汇总纳税企业实行"统一计算、分级管理、就地预缴、汇总清算、财政调库"的企业所得税征收管理办法。

"统一计算"是指总机构统一计算包括汇总纳税企业所属各个不具有法人资格分支机构在内的全部应纳税所得额、应纳税额。

"分级管理"是指总机构、分支机构所在地的主管税务机关都有对当地机构进行企业所得税管理的责任,总机构和分支机构应分别接受机构所在地主管税务机关的管理。

"就地预缴"是指总机构、分支机构应按规定分月或分季度分别向所在地主管税务机关申报预缴企业所得税。

"汇总清算"是指在年度终了后,总机构统一计算汇总纳税企业的年度应纳税所得额、应纳税额,在抵减总机构、分支机构当年已就地分期预缴的企业所得税款后,多退少补税款。

"财政调库"是指财政部定期将缴入中央国库的跨地区汇总纳税企业所得税待分配收入按照核定的系数调整至地方金库。

总机构和具有主体生产经营职能的二级分支机构就地分摊缴纳企业所得税。其中,二级分支机构是指汇总纳税企业依法设立并领取非法人营业执照(登记证书)且总机构对其财务、业务、人员等直接进行统一核算和管理的分支机构。

【例 4-3-1】 W 客户:您好,我想要自己创业开一家超市,我成立什么类型的公司会比较好?

L 顾问:您预估过将会产生哪些费用吗?

W 客户:因为该超市属于大学生毕业创业项目,所在街道给予支持,场地租金只需要 3 000 元/月,员工工资(支付给我妈生活费)总计 4 000 元/月;水电费 1 000 元/月;杂项支出 800 元/月,可能会丢失商品预估 200 元/月。

L顾问：那您这边营业费用大概是9 000元/月，这个行业毛利率大概是15%；您了解同地区超市每月的销售额吗？

W客户：大概9万元。

L顾问：您现在有工作吗？

W客户：有，在附近的一家软件公司上班。

L顾问：您考虑全职经营超市吗？

W客户：由于前期规模不大，我打算让我妈妈帮忙，我会一边工作一边经营超市。

L顾问：假设未分配利润全部分配，我给您大概分析一下，并提供两个方案供您选择：方案一是成立有限责任公司，方案二是成为个体工商户。

【解析】 方案一：设立有限责任公司，需先缴纳企业所得税，然后按照利息、股息和红利所得征收个人所得税，适用税率为20%。

对增值税小规模纳税人可以在50%的税额幅度内减征印花税（不含证券交易印花税），税率为0.03%。

自2023年1月1日至2027年12月31日，对小型微利企业应纳税所得额不超过100万元的部分，减按25%计入应纳税所得额，按20%的税率缴纳企业所得税。

年度销售额＝90 000×12＝1 080 000(元)

年度成本＝90 000×12×(1－15%)＋9 000×12＝1 026 000(元)

印花税税额＝1 080 000×0.03%×50%＝162(元)

年利润总额＝1 080 000－1 026 000－162＝53 838(元)

应纳所得税额＝53 838×25%×20%＝2 691.9(元)

未分配利润＝53 838－2 691.9＝51 146.1(元)

个人所得税税额＝51 146.1×20%＝10 229.22(元)

总体税负率＝(2 691.9＋162＋10 229.22)÷(90 000×12)＝1.21%

方案二：成为个体工商户，根据我国税法规定，只需根据经营所得缴纳个人所得税，不需缴纳企业所得税。

年度销售额＝90 000×12＝1 080 000(元)

年度成本＝90 000×12×0.85＋9 000×12＝1 026 000(元)

印花税税额＝1 080 000×0.03%×50%＝162(元)

年利润总额＝1 080 000－1 026 000－162＝53 838(元)

应纳所得税额＝0

未分配利润＝53 838(元)

根据个人经营所得税率查询可知，经营所得在超过30 000元到90 000元的部分，适用税率为10%，速算扣除数为1 500元。

个人所得税税额＝(53 838×10%－1 500)×50%＝1 941.90(元)

总体税负率＝(0＋162＋1 941.90)÷(90 000×12)＝0.19%

经过计算分析,设立有限责任公司的税负率是1.21%,成为个体工商户的税负率为0.19%,因此就目前的情形选择成为个体工商户更为有利。

【案例导入的解析】

(1) 方案一:成立个人独资企业。

应缴纳的个人所得税税额=(120-6)×35%-6.55=33.35(万元)

这里的6万元是减除费用,不是老板的工资。

税收负担率=33.35÷500×100%=6.67%

(2) 方案二:成立有限责任公司(小微企业)。

工资的个人所得税税额=60 000-60 000=0

企业所得税税额=100×25%×20%+(120-6-100)×25%×20%=5.7(万元)

红利应缴纳个人所得税税额=(120-6-5.7)×20%=21.66(万元)

合计税款=0+5.7+21.66=27.36(万元)

税收负担率=27.36÷500×100%=5.47%

从税收负担率角度出发,工程师应该选择成立有限责任公司。

【知识点2】 收入项目的筹划

一、不征税收入筹划

(一) 筹划原理

不征税收入是税法从根本上不予纳入征税范围的一种收入,在计算应纳税所得额时从收入总额中减除。《企业所得税法实施条例》规定企业收入总额中的下列收入为不征税收入:①财政拨款;②依法收取并纳入财政管理的行政事业收费、政府性基金;③国务院规定的其他不征税收入。不征税收入用于支出所形成的费用,不得在计算应纳税所得额时扣除;不征税收入用于支出所形成的资产,其计算的折旧、摊销不得在计算应纳税所得额时扣除。

(二) 筹划要点

不征税收入的筹划要点是对不征税收入的用途进行考虑,将不征税收入扣除会减少企业的应纳税额,但不征税收入形成的支出不得在税前扣除又会导致企业的应纳税额的增加,因此企业要将不征税收入进行合理筹划。例如,企业收到了政府补助性收入,当收到的政府补助性收入用于补偿企业以后年度的相关费用或损失,若将其作为不征税收入,则本年应纳税所得额不变,以后年度应纳税所得额增加;若将其作为征税收入,则本年应纳税所得额增加。考虑到资金的时间价值,应该将其作为不征税收入。同时,企业对其取得的不征税收入以及不征税收入所形成的支出和资产要进行单独核算,以免由于核算不清而被划入征税的范围。

二、免税收入筹划

(一) 筹划原理

免税收入是指属于企业的应税所得但按照税法规定免予征收企业所得税的收入,实质是一种税收优惠。企业的下列收入为免税收入：①国债利息收入；②符合条件的居民企业之间的股息、红利等权益性投资收益；③在中国境内设立机构、场所的非居民企业从居民企业取得的与该机构、场所有实际联系的股息、红利等权益性投资收益；④符合条件的非营利性组织的收入。

（二）筹划要点

企业取得的各项免税收入所对应的各项成本与费用，除另有规定者外，可以在计算企业应纳税所得额时扣除。企业应该合理安排相关活动，使得收入符合免税收入的相关规定，从而享受该税收优惠。当企业有闲置资金时，可以与其他投资项目进行比较，准确估计项目的收益率，在取得同等收益率的情况下优先购买国债和权益性投资。同时要注意，非营利性组织在进行税收筹划时，要分清非营利性收入和营利性收入，不能分清的，不能视为免税收入。

【讨论】 不征税收入与免税收入所对应的成本与费用能否税前扣除？

【知识点3】 扣除项目的筹划

一、成本的筹划

（一）筹划原理

成本是所得税税前扣除的项目之一，在税率一定的情况下，应纳税额的大小与成本的大小成反比，即成本越大，纳税人的税收负担越轻。因此，企业如果能够控制成本也就能控制应纳税额，即应纳税额的控制可以通过成本的控制来实现。

（二）筹划要点

在企业所得税中，成本项目的税收筹划可以从以下几个方面进行：

（1）合理处理成本的归属对象及归属期间。纳税人必须将经营活动中发生的成本合理划分为直接成本和间接成本。特别是对于既生产应税产品又生产免税产品的企业，合理确定直接成本和间接成本的归属对象及归属期间显得尤为重要。

（2）成本结转处理方法的筹划。成本结转处理方法主要包括约当产量法、完工产品计算法、定额成本计价法等。税法并没有限制使用哪一种方法，采用不同的成本结转处理方法对完工产品成本结转的影响很大，企业应根据实际情况选择适当的方法。

（3）成本核算方法的筹划。成本核算方法主要包括品种法、分批法、分步法三种基本方法。每一种方法对产成品成本会产生很大的影响。所以，合理选择成本核算方法，能够影响企业的产成品价值。

（4）成本与费用在存货、资本化对象或期间费用之间的选择。如果企业的某项成本与费用能在存货与资本化对象之间进行选择，对于纳税人而，应该尽可能选择计入存货成本，这样可以加快其税前扣除速度。如果企业发生的某项成本与费用可以在存货与期间费用之间选择，从所得税的角度而言，应该计入期间费用，因为期间费用在当期就可以得到扣除。

【问】 北京某企业采购一台设备，价值1 000万元；随同该设备购入的，还有与该设备有

关的零部件、附属件,价值30万元。从成本筹划的角度有以下两个方案可供选择:

方案一:零部件、附属件随同设备计入固定资产。

方案二:零部件、附属件作为低值易耗品入账。

【答】 两者在企业所得税前扣除的金额总和没有差异,但方案二的扣除速度快于方案一,企业可以获得货币的时间价值。

【讨论】 企业对存货成本的计算可以采取移动加权平均法、加权平均法和先进先出法。请问企业在适用累进税率、比例税率的情况下应分别采用何种方法实现最佳税收筹划?

二、费用的筹划

(一)筹划原理

企业生产经营中的期间费用包括销售费用、管理费用、财务费用,这些费用的大小直接影响企业的应纳税所得额。因此,如果能够控制费用,也就控制了应纳税额,即应纳税额的控制可以通过费用的控制来实现。同时,在企业盈利的情况下,如果费用能得到提前扣除,则可以为企业赢得一笔资金的时间价值。

(二)筹划要点

《企业所得税法实施条例》对允许扣除的项目做了规定,结合会计核算的费用项目划分需要,将费用项目分为三类:税法有扣除标准的费用项目、税法没有扣除标准的费用项目、税法给予优惠的费用项目。

1. 按标准扣除的费用项目的筹划

税法有扣除标准的费用项目包括职工福利费、职工教育经费、工会经费、业务招待费、广告费和业务宣传费、公益性捐赠支出等。这类费用一般采用以下筹划方法:

第一,原则上遵照税法的规定进行抵扣,避免因纳税调整而增加企业税负。

第二,区分不同费用项目的核算范围,使税法允许扣除的费用得以充分抵扣。

第三,费用的合理转化,将有扣除标准的费用通过会计处理,转化为没有扣除标准的费用,以加大扣除项目总额,降低应纳税所得额。

2. 按实际发生额扣除的费用项目的筹划

税法没有扣除标准的费用项目包括劳动保护支出、财产保险费、办公费、差旅费、董事会费、咨询费、诉讼费、租赁及物业费、车辆使用费、长期待摊费用摊销等。这类费用一般采用以下筹划方法:

第一,正确设置费用项目,合理加大费用开支。通过转变费用的性质,将有扣除标准的费用项目转换为没有扣除标准的费用,使其尽可能多地得到抵扣。

第二,选择合理的费用分摊方法。例如,对低值易耗品、无形资产、长期待摊费用等摊销时,要视纳税人不同时期的盈亏情况而定。在盈利年度,应选择使费用尽快得到分摊的方法,使其抵税作用尽早发挥,推迟所得税纳税时间;在亏损年度,应选择使亏损能全部得到税前弥补的费用摊销方法,充分发挥费用的抵税效应;在享受税收优惠的年度,应选择能使减免税年度摊销额最小、正常年度摊销额增加的摊销方法。

3. 给予税收优惠扣除的费用项目的筹划

税法给予优惠的费用项目如研发费用,纳税人应充分利用税收优惠政策,使得费用扣除最大化。例如,企业在一个纳税年度中开展研发活动实际发生的研发费用,允许按当年实际发生额的一定比例进行加计扣除。

【例4-3-2】 某集团的总资产约为120 000万元,正处于不断开发产品和市场的阶段。其中,A子公司的年销售额为25 000万元,但其广告宣传费为6 500万元。该集团应如何进行广告宣传费的税收筹划?

【解析】 如果不进行广告宣传费的税收筹划,那么该集团广告宣传费的扣除限额为3 750万元(25 000×15%),剩下的2 750万元(6 500-3 750)无法在本年度扣除,将产生一笔不菲的利益损失。因此,该集团需要进行广告宣传费的税收筹划,用以实现广告宣传费扣除限额的最大化。

(1) 方案一:成立独立的销售公司。

该集团可以将A子公司的销售部独立出去,专门成立一个独立核算的销售公司。A子公司的产品可以20 000万元卖给销售公司,而后销售公司再以25 000万元对外销售。也就是说,该集团将6 500万元的广告宣传费在两家公司之间分配:A子公司承担2 800万元,销售公司承担3 700万元(每个公司分配的销售费用均低于销售费用扣除限额即可)。在总体利益不变的情况下,广告宣传费就以两家公司的销售收入为依据计算扣除限额,相应的计算结果如下。

A子公司:广告宣传费的发生额为2 800万元,而扣除限额为3 000万元(20 000×15%),因此A子公司的广告宣传费2 800万元可以全部在税前列支。

销售公司:广告宣传费的发生额为3 700万元,而扣除限额为3 750万元(25 000×15%),因此,销售公司的广告宣传费3 700万元可以全部在税前列支。

另外,该方案还会涉及企业的增值税。如果该税收筹划发生在适用同等税率的公司之间,一方是进项税额,另一方是销项税额,那么公司之间的货物流动不会对增值税总体税负产生影响。如果该税收筹划发生在适用不同增值税税率的纳税人之间,则要考虑增值税总体上的得失。如果有的公司不允许增值税抵扣,则不适用该税收筹划方案。

(2) 方案二:分散广告费用。

在该集团中,很多子公司的广告都会让集团整体受益,但其中的一些子公司很少发生广告宣传费。因此,税收筹划的核心就在于如何分散6 500万元的广告宣传费。

具体操作思路是:依据销售额分摊广告宣传费,即依据销售额的15%确定各子公司应该承担的广告宣传费额度,并让各子公司依据承担的额度分别与媒体或广告公司签订广告合同。

例如,A子公司的年销售额为25 000万元,那么其与媒体或广告公司签订的广告合同额度就应该控制在3 750万元(25 000×15%)以下;余下的2 750万元(6 500-3 750)的广告宣传费尚需 18 333.33 万元(2 750÷15%)的销售额指标,可在其他几个尚有扣除额度的子公司中进行分配。

需要注意的是,在企业所得税税率相同的前提下,一方是收入,另一方是等额成本,因此交易价格不会影响该集团整体的企业所得税,但会影响两家公司各自的税收水平。生产公司以什么价格将产品卖给销售公司,才能保证两个企业都不亏损,需要进行核算。如果交易价格导致一方亏损、另一方盈利,那么亏损的一方就无法充分发挥抵税作用。所以,该筹划行为一定要仔细核算,以免发生不必要的损失。

与此同时,如果生产公司和销售公司是关联企业,则它们在确定交易价格时,也要注意关联交易的限制规定,以免带来税务风险。在实务中,产品大多有批发价和零售价,并且可以根据批量的大小来确定不同的价格,所以生产公司和销售公司在确定交易价格时有很大的筹划空间。

【讨论】 业务招待费的税收筹划:甲公司成立 1 年,市场处于开发阶段,公关也处于关键时期。该公司的年销售收入为 20 000 万元,当年发生业务招待费 330 万元,远超税法限定的 0.5% 的比例。该公司应如何进行业务招待费的税收筹划?

【知识点 4】 纳税义务发生时间的筹划

(一) 筹划原理

纳税义务发生时间的筹划是指纳税人通过合理安排应税所得和税前可扣除项目实现的时间进行的税收筹划。在合法的情况下,企业应尽量延期纳税。纳税人延期缴纳本期税款就等于得到了一笔无息贷款,可以使纳税人在本期有更多的资金用于产生收益,获得更多的所得,也相当于节省了税款。

(二) 筹划要点

所得税本期应纳税所得额为收入总额减去准予扣除项目金额。要推迟所得税纳税期,一方面要设法推迟收入的实现,另一方面要尽量提前税前扣除项目的列支。具体要点如下。

1. 收入的确认时间

(1) 推迟销售收入的实现时间。销售收入的实现是以发出商品并取得索取货款的凭据为依据的。如果销售发生在月末或年末,企业可以试图延缓销售至次月或次年。需要注意的是,企业不能为了自己推迟纳税而让客户推迟购买时间,这有可能失去一大批客户;同时,企业也不能为推迟纳税而推迟收款,这不利于企业资金周转。企业应综合考虑各种因素,实现财务利益最大化。

(2) 采取分期收款结算方式。分期收款销售商品以合同约定的收款日期确定收入的实现。若企业一时收不到货款,应采取分期收款方式,推迟销售收入的确认时间。

(3) 推迟长期工程收入的实现。长期工程(如建筑、安装、装配工程、加工、制造大型机械设备、船舶等)的持续时间超过 1 年的,按完工进度或完成的工作量确定收入的实现。在此,完工进度与完成的工作量是由企业自身经营情况决定的,因而在收入的实现时间上,企业具有较大的主动性,可以尽量推迟收入的实现。

2. 提前费用支出的扣除时间

(1) 提前摊销开办费用。税法规定,企业在筹建期间发生的开办费,应当从开始生产经营月份的次月起,在不短于5年的期限内分期摊销。尽管税法规定了摊销期限,但并未限定摊销方法是否必须为平均摊销法。因此,企业应在前期提高开办费的摊销比例,从而获得资金的时间价值。

(2) 提前计提折旧费用。在税法允许的条件下,采用加速折旧或者降低折旧年限的方式提前计提折旧,从而达到提前扣除费用的效果,使得税款递延至以后期间,节约了资金的时间价值。

(3) 提前计提成本。比如存货结转成本等,在物价持续上升的时候,可以采用加权平均法,使其当期扣除的金额大于采用先进先出法,从而递延税款。

需要注意的是,提前支出的扣除时间并不适用于任何情况。例如,对于处于"两免三减半"优惠期间的企业,减免期扣除项目的增加会导致企业享受的税收优惠减少,因此应将扣除项目推迟至正常纳税年度。

【例4-3-3】 甲公司2021年账上结存A钢材3吨,每吨成本1 000万元。2022年1月2日购进A钢材9吨,每吨成本1 100万元;1月20日购进A钢材6吨,每吨成本1 200万元;1月10日制造车间领用A钢材10.5吨,1月25日领用6吨;3月销售加工后的A钢材16.5吨,每吨不含税售价2 000万元,加工费每吨500万元。请从先进先出法、月末一次性加权平均法、移动加权平均法三种计价方法中筹划选出应纳税额更少的方案。

【解析】 方案一:先进先出法:

材料成本=3×1 000+7.5×1 100+1.5×1 100+4.5×1 200=18 300(万元)

方案二:月末一次性加权平均法:

材料成本=(3×1 000+9×1 100+6×1 200)÷(3+9+6)×16.5=18 425(万元)

方案三:移动加权平均法:

材料成本=(3×1 000+9×1 100)÷12×10.5+(1.5×1 075+6×1 200)÷7.5×6
=18 337.5(万元)

三种方案综合对比计算分析如表4-3所示。

表4-3 三种方案综合对比计算分析 单位:万元

项目	方案一	方案二	方案三
材料成本	18 300.00	18 425.00	18 337.50
总成本	26 550.00	26 675.00	26 587.50
销售收入	33 000.00	33 000.00	33 000.00
应纳企业所得税额	1 612.50	1 581.25	1 603.13

【知识点5】 税率的筹划

（一）筹划原理

由于企业所得税的税率有多个不同的档次，因此企业可以创造条件，尽可能按较低税率缴纳税款。具体筹划方式可以分为横向税率筹划与纵向税率筹划。横向税率筹划是指企业通过设立子公司或者采取转让定价等方式，将利润转移到低税率地区。纵向税率筹划是指企业在不同的发展阶段，尽可能合理地利用税法提供的多种税率优惠条件。

（二）筹划要点

（1）横向税率筹划。企业在低税率地区设立分支机构，应采用子公司的形式，子公司是独立的法人机构，可直接在所在地缴纳企业所得税，享受低税率的优惠；企业在高税率地区设立分支机构，应采用分公司的形式，分公司不是独立的法人机构，其所得需要汇总到总机构所在地纳税，借以降低分支机构的税负。除此之外，当企业整体难以满足高新技术企业的条件时，企业可以将其研发部门独立成立子公司，享受15%的优惠税率。当不同地区的分支机构之间存在差异时，可以通过关联企业之间适当的转让定价筹划，将利润从税率较高的企业转移到税率较低的企业，从而谋求最大化的税收筹划效果。

（2）纵向税率筹划。在成立初期，企业应该到国家重点扶持发展的地区从事鼓励类产业，从而适用低税率计算企业所得税，享受相应的税收优惠。或者企业可以通过不在中国境内设立机构、场所，或者虽在中国境内设立机构、场所，但其所得与机构、场所无实际联系的方式，从而适用20%的低税率并减按50%征收的优惠政策。除此之外，企业在成立之初应尽量满足小微企业的条件，以享受较低的优惠税率。在企业发展壮大后，其组织结构和业务形式日益多样化，企业可采取分立不同的业务部门、在集团内部成立关联公司的方式，使得企业部分业务部门可以享受优惠税率。当企业发展成为跨国公司后，可以采用在广泛签订税收协定的国家设立中介公司的形式，享受协定国之间优惠的预提所得税税率。

【例4-3-4】 A运输公司现有员工420人，资产总额600万元，年盈利570万元。该公司拟将组织架构分为多个运输车队，现有以下三个方案：方案一：按原公司继续经营；方案二：拆分成2个子公司；方案三：拆分成6个子公司。请问哪个方案，能为公司带来更多的利润？

【解析】 方案一：根据《企业所得税法》一般企业的企业所得税的税率为25%。

应纳税所得额＝570×25%＝142.5（万元）

净利润＝570－142.5＝427.5（万元）

方案二：根据《企业所得税法》以及《财政部 税务总局关于实施小微企业普惠性税收减免政策的通知》对小型微利企业年应纳税所得额不超过100万元的部分，减按25%计入应纳税所得额。在上述规定的优惠政策基础上，再减半征收企业所得税。对年应纳税所得额超过100万元但不超过300万元的部分，减按50%计入应纳税所得额，按20%的税率缴纳企业所得税。方案二符合小型微利企业的政策。

应纳税所得额＝285×25％×20％×2＝28.5(万元)

净利润＝285×2－28.5＝541.5(万元)

方案三：根据《企业所得税法》以及《财政部 税务总局关于实施小微企业普惠性税收减免政策的通知》《税务总局关于实施小微企业和个体工商户所得税优惠政策的公告》对小型微利企业年应纳税所得额不超过100万元的部分，减按25％计入应纳税所得额。在上述规定的优惠政策基础上，再减半征收企业所得税。方案三符合小型微利企业的政策。

应纳税所得额＝95×25％×20％×6＝28.5(万元)

净利润＝95×6－28.5＝541.5(万元)

综合上述三种方案，选择第二种或第三种方案，节税效果是一样的，因此，该公司选择第二种或第三种方案能带来更多利润。

【知识点6】 税收优惠的筹划

1. 享受区域税收优惠政策的筹划

现行税法中规定的享受减免税优惠政策的地区主要包括国务院批准的"老、少、边、穷"地区、西部地区、东北老工业基地、经济特区、经济技术开发区、沿海开放城市、保税区、旅游度假区等。

对于已成立的企业来说，如果具备了其他享受优惠政策的条件，只是由于注册地点不在特定税收优惠地区而不能享受相应的税收优惠政策，那么就应该考虑企业是否需要搬迁的问题。此时，企业需要充分考虑生产经营的寿命周期，为了享受税收优惠政策而产生的企业利润的改变，以及因为搬迁带来的成本与费用及新注册地与老注册地在信息、技术来源、客户开拓等方面的差异进行全面分析，对有关的经济技术数据进行测算，然后做出相应决策。

迁移企业注册地本身也存在一个方式筹划的问题。在迁移决策已定的情况下，如何迁移成为一个需要决策的问题。如果情况允许，可以将整个企业从一般地区迁移到有税收减免优惠政策的地区。如果全部搬迁不够理想，可以将企业的主要办事机构迁移到上述地区，采取只变更企业注册地的办法，而把老企业作为分支机构仍留在原地继续生产。如果上述办法行不通，则企业可以通过自身的产权重组达到变更注册地的目的。例如，采取企业分立或者分别注册的办法，让符合税收优惠条件的部分在税收优惠地区注册，让不符合税收优惠条件的部分仍留在老地方继续生产。此外，也可以采取先在合适的地区创办一家新的企业，并取得享受税收优惠的资格，然后将原有的企业与新企业进行合并，将原有的企业变更为享受税收优惠政策企业的一个分支机构，享受合并纳税的好处。当然，也可以通过企业间的关联交易，将高税率地区企业的利润转移到享受税收优惠的企业中去，实现企业整体税率的下降。需要注意的是，通过关联企业的关联交易实现利润的转移,关联交易价格必须在税法允许的范围之内,否则税务机关将对关联交易价格进行相应的调整。

2. 亏损弥补的筹划

亏损弥补政策是我国企业所得税中的一项重要优惠措施,是国家为了扶持纳税人发展,从政策上帮助纳税人渡过难关的一项优惠措施,企业要充分利用亏损弥补政策,以取得最大的节税效益。

(1) 重视亏损年度后的运营。企业在出现亏损后,必须重点抓生产经营及投资业务,比如企业可以减小以后5年内投资的风险性,以相对安全的投资为主,确保亏损能在规定的5年期限内得到全额弥补。需要注意的是,自2018年1月1日起,高新技术企业和科技型中小企业的亏损结转年限由5年延长至10年。

(2) 利用企业合并、分立、汇总纳税等优惠条款消化亏损。按照税法规定,汇总纳税、合并纳税的成员企业发生的亏损,可直接冲抵其他成员企业的所得额或并入母公司的亏损额,不需要用本企业以后年度所得进行弥补。对于符合特殊性税务处理条件的企业合并,被合并企业的亏损可以在税法规定的年限和限额内由合并企业弥补。所以,对于一些长期处于高盈利状态的企业,可以通过合并一些亏损企业,以减少其应纳税所得额,达到节税的目的。特别是大型集团公司,应尽量采取汇总纳税、合并纳税的方式,用盈利企业的所得额冲抵亏损企业的亏损额,从而减少应纳税额。

3. 享受叠加优惠政策选择的筹划

如果一个纳税人同时享受以下两类优惠政策,则存在叠加享受的问题,需要计算不得叠加享受的优惠税额,进行调整:

(1) 可以减半征收的项目所得。

(2) 全部所得都可以适用的低税率优惠。

纳税人先享受项目所得减半优惠,再享受低税率优惠。项目所得减半征收,即按法定税率25%减半征收,不得将低税率的优惠叠加到项目所得减半征收的优惠上。

【例4-3-5】 丙公司从事非国家限制或禁止行业,2022年度的资产总额、从业人数符合小型微利企业条件,纳税调整后所得为500万元,其中符合所得减半征收条件的花卉养殖项目所得为150万元,符合所得免税条件的林木种植项目所得为300万元。丙公司以前年度结转待弥补亏损20万元,不享受其他减免所得税额的优惠政策。请问丙公司如何选择税收优惠?

【解析】 丙公司在税收优惠上有两种方案可供选择:

方案一:享受小型微利企业所得税优惠,不享受项目所得减半优惠,不存在叠加享受调整的问题。

方案二:先享受项目所得减半优惠,再享受小型微利企业所得税优惠,进行叠加调整。

这两种方案的计算过程与计算结果如表4-4所示。

表 4-4　这两种方案的计算过程与计算结果　　　　　　　　单位:万元

序号	项目	享受小型微利企业所得税优惠政策，但不享受项目所得减半优惠政策	先享受项目所得减半优惠政策，再享受小型微利企业所得税优惠政策，并对叠加部分进行调整
1	纳税调整后的所得	500	500
2	所得减免	300	300＋150×50％＝375
3	弥补以前年度亏损	20	20
4	应纳税所得额	500－300－20＝180	500－375－20＝105
5	应纳所得税额	180×25％＝45	105×25％＝26.25
6	享受小型微利企业所得税优惠政策的减免税额	100×(25％－12.5％×20％)＋(180－100)×(25％－25％×20％)＝38.5	100×(25％－12.5％×20％)＋(105－100)×(25％－25％×20％)＝23.5
7	叠加享受减免优惠金额	0	A＝23.5　B＝23.5×[(150×50％)÷(500－375)]＝14.1　A 和 B 的较小值为 14.1
8	应纳税额	45－38.5＝6.5	26.25－(23.5－14.1)＝16.85

从上述计算过程可以看出，若纳税人纳税调整后的所得中既包含一般应税所得又包含可减半征收项目所得，是选择同时享受项目所得减半优惠与低税率优惠，还是只选择低税率优惠，需要进行测算。由于存在叠加享受调整的问题，同时享受优惠可能税负更重。丙公司选择方案一，即放弃项目所得减半优惠，只享受低税率优惠，这样应纳税额较小。

纳税人在选择适用优惠政策时，需要选择是否适用项目所得减半优惠。筹划思路如下：如果纳税人不能享受项目所得减半优惠，接下来就无法适用小型微利企业低税率优惠，因为适用项目所得减半优惠后才符合小型微利企业低税率优惠的条件，企业应选择适用项目所得减半优惠政策。

如果纳税人即便不享受项目所得减半优惠，也可以适用小型微利企业低税率优惠，则纳税人应直接享受小型微利企业低税率优惠，不选择项目所得减半优惠，即企业应选择放弃项目所得减半优惠政策。

【知识点 7】　企业设立业务中的企业所得税筹划

一、纳税人身份的筹划

1. 居民纳税人与非居民纳税人之间的选择

按照《企业所得税法》的规定，无论是外商投资企业还是外国企业，其纳税人身份面临两种选择：一是作为居民纳税人；二是作为非居民纳税人。作为居民纳税人，就应当承担无限纳税义务，既要对来源于中国境内的所得申报纳税，又要对来源于国外的收入和所得申报纳税。这样,有可能导致纳税人税负加重和双重征税的问题。因此,企业应尽可能选择非居民纳税人身份,负有限的纳税义务,从而减轻税收负担。

【例 4-3-6】 某外国企业到中国开展劳务服务业务,预计每年获得 1 000 万元人民币收入(这里暂不考虑相关的成本、费用、增值税及附加税费支出)。该企业面临以下三种选择:

第一,在中国境内设立实际管理机构。

第二,在中国境内不设立实际管理机构,但设立营业机构,营业机构适用 25% 的企业所得税税率。劳务收入通过该营业机构取得。

第三,在中国境内既不设立实际管理机构,也不设立营业机构。

对于上述三种不同的选择,该外国企业的收入面临不同的税率和纳税状况,该企业应如何筹划?

【解析】 如果该外国企业选择在中国境内设立实际管理机构,则一般被认定为居民企业,这种情况下适用的企业所得税税率为 25%,其应纳税额为:

应纳所得税税额 = 1 000 × 25% = 250(万元)

如果该外国企业选择在中国境内不设立实际管理机构,只设立营业机构并以此获取收入,这种情况下该营业机构适用的税率为 25%,其应纳税额为:

应纳所得税税额 = 1 000 × 25% = 250(万元)

如果该外国企业选择在中国境内既不设立实际管理机构,也不设立经营场所,则其来源于中国境内的所得适用 10% 的预提所得税税率,其应纳税额为:

应纳所得税税额 = 1 000 × 10% = 100(万元)

因此,该外国企业应该选择在中国境内既不设立实际管理机构,也不设立经营场所。

2. 转变为小微企业身份的筹划

由于小微企业适用的实际税率较低,因此小型企业在设立时应认真规划企业的规模和从业人数,当企业的规模较大或人数较多时,可考虑设立两个或多个独立的纳税企业,从而分散企业的人数、资产规模和应纳税所得额,享受小微企业的税收优惠,以减轻税收负担。

【讨论】 某高科技企业预计的应纳税所得额将达到 120 万元,应如何进行税收筹划?

3. 争取高新技术企业身份的筹划

高新技术企业享受 15% 的优惠税率水平。《企业所得税法》对高新技术企业身份的认定做出了一系列规定。企业在设立、投资等经营活动中应结合自身情况,充分考虑投资的对象并慎重定位企业的性质,以求最大限度地享受税收优惠,用足用够税收优惠政策。

【问】 某公司已经被认定为高新技术企业,请问该公司在享受 15% 的企业所得税税率时需要经税务机关审批吗?

【答】 不需要,根据《国家税务总局关于企业所得税税收优惠管理问题的补充通知》(国税函〔2009〕255 号)规定,除国务院明确的企业所得税过渡类优惠政策、执行新税法后继续保留执行的原企业所得税优惠政策、《企业所得税法》第 29 条规定的民族自治地方企业减免税优惠政策,以及国务院另行规定实行审批管理的企业所得税优惠政策外,其他各类企业所得税优惠政策,均实行备案管理(而非审批管理)。

二、企业组织形式的筹划

1. 子公司与分公司

企业在投资设立分支机构时,不同的组织形式各有利弊。子公司是以独立法人身份出现的,因而可以享受子公司所在地提供的包括减免税在内的税收优惠。但是,设立子公司的手续繁杂,需要具备一定的条件:①子公司必须独立经营、自负盈亏、独立纳税;②子公司在经营过程中还要接受当地政府部门的监督管理等。

分公司不具有独立的法人身份,因而不能享受当地的税收优惠。但是,设立分公司的手续简单,有关财务资料不必公开,不需要独立缴纳企业所得税,并且分公司这种组织形式便于总公司进行管理控制。

设立子公司与设立分公司的税收利益孰高孰低并不是绝对的,它受到一国税收制度、经营状况及企业内部利润分配政策等多种因素的影响。通常来说,在投资初期,分支机构发生亏损的可能性比较大,宜采用分公司的组织形式,因而其亏损可以与总公司的损益汇总纳税。公司经营成熟后,宜采用子公司的组织形式,以便充分享受公司所在地的各项税收优惠。

【例 4-3-7】 新营养技术生产公司为扩大生产经营范围,准备在我国其他地区(不包括港、澳、台地区)兴建一家芦笋种植加工公司。在选择芦笋种植加工公司的组织形式时,该公司进行了税收方面的分析。

芦笋是一种根茎类作物,在新的种植区域播种,达到初次具有商品价值的收获期需要四五年。这样一来,公司在开办初期将面临很大的亏损,但亏损会逐渐减少。经估计,此芦笋种植加工公司第一年的亏损额为 200 万元;第二年的亏损额为 150 万元;第三年的亏损额为 100 万元;第四年的亏损额为 50 万元;自第五年开始盈利,盈利额为 300 万元。

新营养技术生产公司的总部设在深圳,属于国家重点扶持的高新技术公司,适用的企业所得税税率为 15%。该公司除在深圳设有总部外,在我国其他地区(不包括港、澳、台地区)还有一个 H 子公司,适用的税率为 25%。经预测,在未来 5 年内,新营养技术生产公司总部的应纳税所得额均为 1 000 万元,H 子公司的应纳税所得额分别为 300 万元、200 万元、100 万元、0、-150 万元。

请问该公司将芦笋种植加工公司建设成为何种形式的企业,能够给企业带来更低的税收负担。

【解析】 经分析,现有三种组织形式方案可供选择。

(1)方案一:将芦笋种植加工公司建成具有独立法人资格的 M 子公司。

因为子公司具有独立法人资格,属于企业所得税的纳税人,需要按其应纳税所得额独立计算缴纳企业所得税。

在这种情况下,新营养技术生产公司包括三个独立纳税主体:新营养技术生产公司总部、H子公司和M子公司。在这种组织形式下,因芦笋种植加工公司——M子公司是独立的法人实体,不能与新营养技术生产公司或H子公司汇总纳税,所以其形成的亏损不能抵销新营养技术生产公司总部的利润,只能抵扣以后年度实现的利润。

在前4年里,新营养技术生产公司总部及其子公司的纳税总额分别为225万元(1 000×15%+300×25%)、200万元(1 000×15%+200×25%)、175万元(1 000×15%+100×25%)、150万元(1 000×15%)。4年间缴纳的企业所得税总额为750万元。

(2) 方案二:将芦笋种植加工公司建成非独立核算的分公司。

分公司不同于子公司,它不具备独立的法人资格,不独立建立账簿,只作为分支机构存在。按照税法的规定,分支机构的利润与总部的利润汇总纳税。在这种情况下,新营养技术生产公司仅有两个独立的纳税主体:新营养技术生产公司总部和H子公司。

在这种组织形式下,因为芦笋种植加工公司作为非独立核算的分公司,其亏损可由新营养技术生产公司用其利润弥补,从而降低了新营养技术生产公司第一年至第四年的应纳税所得额,并使新营养技术生产公司的应纳所得税得以延缓。

在前4年里,新营养技术生产公司总部、子公司及分公司的纳税总额分别为195万元(1 000×15%-200×15%+300×25%)、177.5万元(1 000×15%-150×15%+200×25%)、160万元(1 000×15%-100×15%+100×25%)、142.5万元(1 000×15%-50×15%)。4年间缴纳的所得税总额为675万元。

(3) 方案三:将芦笋种植加工公司建成我国其他地区(不包括港、澳、台地区)H子公司的分公司。

在这种情况下,芦笋种植加工公司和H子公司汇总纳税。此时,新营养技术生产公司有两个独立的纳税主体:新营养技术生产公司总部和H子公司。在这种组织形式下,因为芦笋种植加工公司作为H子公司的分公司与H子公司汇总纳税,其前四年的亏损可由H子公司当年的利润弥补,从而降低了H子公司第一年至第四年的应纳税所得额,不仅使H子公司的应纳所得税得以延缓,而且使得整体税负下降。

在前4年里,新营养技术生产公司总部、子公司及分公司的纳税总额分别为175万元(1 000×15%+300×25%-200×25%)、162.5万元(1 000×15%+200×25%-150×25%)、150万元(1 000×15%+100×25%-100×25%)、150万元(1 000×15%)。4年间缴纳的企业所得税总额为637.5万元。

通过对上述三种方案的比较,该公司应该选择第三种组织形式,即将芦笋种植加工公司建成我国其他地区(不包括港、澳、台地区)H子公司的分公司,这样可以使整体税负最低。

2. 公司制与非公司制

企业可以分为公司制企业和非公司制企业。从2000年1月1日起,我国对个人独资企业、合伙企业这类非公司制企业比照个体工商户的生产经营所得,适用5级超额累进税率,征收个人所得税。公司制企业需要缴纳企业所得税。如果向个人投资者分配股息、红利,还要代扣其个人所得税(对于股息、红利,税法规定适用20%的比例税率)。

一般来说,企业设立时应合理选择纳税主体的身份,选择时应考虑的问题主要有:

第一,从总体税负的角度考虑,非公司制企业一般要低于公司制企业,因为前者不存在重复征税问题,而后者一般涉及重复征税问题。

第二,在公司制企业与非公司制企业的身份选择决策中,要充分考虑税基、税率和税收优惠政策等多种因素,最终税负的高低是多种因素共同作用的结果,不能只考虑一种因素。

第三,在公司制企业与非公司制企业的身份选择决策中,还要充分考虑可能出现的各种风险。

【例4-3-8】 王先生自办企业,年应纳税所得额为300 000元(假设其不满足小微企业的相关规定)。王先生应如何进行税收筹划?

【解析】 如果该企业按个人独资企业或者合伙企业缴纳个人所得税,依据现行税制,王先生的税收负担为:

应纳税所得额=300 000×20%-10 500=49 500(元)

若该企业为公司制企业(未上市),其适用的企业所得税税率为25%,企业实现的税后利润全部作为股利分配给投资者,则该投资者的税收负担为:

应纳税所得额=300 000×25%+300 000×(1-25%)×20%=120 000(元)

由此可知,投资于公司制企业比投资于个人独资企业或合伙企业多承担所得税70 500元(120 000-49 500)。在进行公司组织形式选择时,应在综合权衡企业的经营风险、经营规模、管理模式及筹资额等因素的基础上,选择税费较小的组织形式。

三、开办费的筹划

税法规定,企业在筹建期间发生的开办费,应当从开始生产经营月份的次月起,在不短于5年的期限内分期摊销。税收筹划的重点在于确定摊销比例,最大化开办费用。

尽管税法规定了摊销期限,但并未限定摊销方法是否必须为平均摊销法。因此,企业应在前期提高开办费的摊销比例,从而获得资金的时间价值;或是在企业预期盈利的年度、在利润较多的年份多摊销一些,弹性地利用摊销比例,合理降低税收负担。

【例4-3-9】 甲公司在筹建期间发生费用1 000万元,自开始生产经营起,5年内的获利均为400万元。在折现率为10%的情况下,该公司应该如何进行开办费的税收筹划?

【解析】 该公司每年获利400万元,扣除企业所得税后,现金流入为300万元[400×(1-25%)]。

方案一:采用平均摊销法,每年摊销200万元。

方案二:前三年分别摊销300万元,第四年、第五年分别摊销50万元。

在这两种方案下,自甲公司开始生产经营起,5年内净现金流的现值如表4-5所示。

表 4-5 方案一和方案二的现金流现值　　　　　　　金额单位：万元

项目	第0年	第1年	第2年	第3年	第4年	第5年
现金流入		300.00	300.00	300.00	300.00	300.00
现金流出	−1 000.00					
节约税款		75.00	75.00	75.00	12.50	12.50
净现金流	−1 000.00	375.00	375.00	375.00	312.50	312.50
折现率(10%)		9.09%	8.26%	7.51%	6.83%	6.21%
净现值	−1 000.00	340.88	309.75	281.63	213.44	194.06
合计						339.76
项目	第0年	第1年	第2年	第3年	第4年	第5年
现金流入		300.00	300.00	300.00	300.00	300.00
现金流出	−1 000.00					
节约税款		50.00	50.00	50.00	50.00	50.00
净现金流	−1 000.00	350.00	350.00	350.00	350.00	350.00
折现率(10%)		9.09%	8.26%	7.51%	6.83%	6.21%
净现值	−1 000.00	318.15	289.10	262.85	239.05	217.35
合计						326.50

【知识点8】 企业投资业务中的企业所得税筹划

一、投资地点的筹划

国家为了适应各地区不同的情况，针对一些地区制定了不同的税收政策。例如，现行税法中规定的享受减免税优惠政策的地区主要包括国务院批准的"老、少、边、穷"地区、西部地区、东北老工业基地、经济特区、经济技术开发区、沿海开放城市、保税区、旅游度假区等。这些优惠的税收政策为企业进行注册地点选择的税收筹划提供了空间。企业在设立之初或为扩大经营进行投资时，可以选择低税负的地区进行投资，以享受税收优惠的好处。

【例4-3-10】 某投资者欲在西部地区投资创办一家新公司，兼营公路旅客运输业务和其他业务，预计全年公路旅客运输业务收入为500万元，其他业务收入为300万元，利润率均为25%。请做出相应的企业所得税筹划方案。

【解析】 现有三种方案可供选择。

方案一：投资创办一个公路旅客运输企业并兼营其他业务，因公路旅客运输业务收入占全部业务收入的比例为62.5%(500÷800×100%)，小于70%，因此不能享受减按15%的税率征收企业所得税的优惠政策。

应纳税所得额＝(500＋300)×25%×25%＝50(万元)

方案二：分别投资两个企业，一个从事公路旅客运输业务，一个从事其他业务。从事公路旅客运输业务的收入为企业的总收入，占比为100%，超过了70%的比例，可享受减按15%的税率征收企业所得税的优惠政策。

应纳税所得额＝500×25%×15%＋300×25%×25%＝37.50(万元)

比较上述两种方案，由于方案二中公路旅客运输企业取得的收入可享受减按15%的税率征收企业所得税的优惠政策，比方案一少缴企业所得税12.5万元(50－37.5)，因此方案二更优。

方案三：投资创办一个公路旅客运输企业并兼营其他业务，该企业扩大投资规模，扩展公路旅客运输业务，预计年公路旅客运输业务收入为750万元，其他条件不变，则此时的公路旅客运输业务占企业全部业务收入的比例为71.43%[750÷(750＋300)×100%]，超过了70%。经企业申请，税务机关审核后认为该企业符合西部大开发的减免税政策，取得的全部业务收入都可享受减按15%的税率征收企业所得税的优惠政策。

应纳税所得额＝(750＋300)×25%×15%＝39.38(万元)

虽然方案三的收入大幅提高，但由于取得的全部业务收入都可享受减按15%的税率征收企业所得税的优惠政策，因此应缴纳的企业所得税并没有增加太多，从而获得了更多的税收利益，与前两种方案相比更具税收优势。

二、投资方式的筹划

按投资者能否直接控制其投资资金的运用进行划分，可将企业投资分为直接投资和间接投资。直接投资是指投资者用于开办企业、购置设备、收购和兼并其他企业等的投资行为，其主要特征是投资者能够有效地控制各类投资资金的使用，并能实施全过程的管理。间接投资主要是指投资者购买金融资产的行为，可以分为股票投资、债券投资等。不同投资所得会面临不同的税收待遇，比如国债利息收入属于免税收入。企业应综合考虑不同收益类型所适用的企业所得税政策对税后收益率的影响，选择税后收益率最大的投资方案。

【例4-3-11】 甲公司有500万元的闲置资金，打算近期进行投资。该公司面临两种选择：一种是选择年利率为5%的国债投资；另一种是选择年收益率为8%的其他债券投资，企业所得税税率为25%。请问从税收筹划角度分析，哪种方式更合适？

【解析】 若该公司选择投资国债，则：

投资收益＝500×5%＝25(万元)

由于税法规定国债利息收入免征企业所得税，所以税后收益为25万元。

若该公司选择投资其他债券，则：

投资收益＝500×8%＝40(万元)

税后收益＝40－40×25%＝30(万元)

因此，该公司选择投资其他债券获得的收益更高。

【知识点9】 企业融资业务中的企业所得税筹划

一、租赁方式的筹划

根据《企业所得税法》的规定，企业生产经营活动租入固定资产支付的租赁费，按照下列方法扣除：

（1）以经营租赁方式租入固定资产发生的租赁费支出，按照租赁期限均匀扣除。

（2）以融资租赁方式租入固定资产发生的租赁费支出，按照规定构成融资租入固定资产价值的部分应当提取折旧费用，分期扣除。

企业可以通过融资租赁迅速获取所需资产，这样做相当于获取了一笔分期付款的贷款。另外，从税收的角度来看：第一，租入的固定资产可以计提折旧，而且折旧可以计入成本与费用，从而减少利润、降低税负。第二，支付的租金利息也可按规定在所得税前扣除，从而减少了应纳税所得额，降低了税负，使税收抵免作用更为明显。

【例 4-3-12】 甲公司需要 5 000 万元购建固定资产，该固定资产投产后企业每年可增加利润 4 000 万元（未扣除固定资产折旧费用），假设按平均年限法计提折旧，折旧年限为 5 年，不考虑残值。

该公司有两种方案可供选择。

方案一：从银行借款 5 000 万元，偿还期为 5 年，年利率为 8%，每年年末付息。

方案二：融资租赁该固定资产，最低租赁付款额为 6 000 万元，最低租赁付款额现值为 5 000 万元，每年年末支付租金 1 200 万元。

甲公司应选择哪个方案？

【解析】 （1）方案一：税后利润计算如表 4-6 所示。

表 4-6　方案一税后利润计算表　　　　　　　单位：万元

项目	第1年	第2年	第3年	第4年	第5年
新增利润	4 000	4 000	4 000	4 000	4 000
折旧	−1 000	−1 000	−1 000	−1 000	−1 000
利息费用	−400	−400	−400	−400	−400
净利润	2 600	2 600	2 600	2 600	2 600
企业所得税	650	650	650	650	650
税后利润	1 950	1 950	1 950	1 950	1 950

（2）方案二：内部收益率的计算如下：

根据未来 5 年融资租赁款的现值，可以得出：

$$1\,200 \times (P/A, r, 5) = 5\,000（万元）$$

所以 $(P/A, r, 5) = 4.166\,7$

我们可以在多次试验的基础上,用插值法计算折现率。

当 $r=7\%$ 时,有 $(P/A, 7\%, 5)=4.1002$

故 $1\,200\times4.1002=4\,920.24<5\,000$

当 $r=6\%$ 时,有 $(P/A, 6\%, 5)=4.2124$

故 $1\,200\times4.2124=5\,054.88>5\,000$

$r=6.4\%$

财务费用和已收本金计算表如表 4-7 所示,方案二的税后利润计算如表 4-8 所示。

表 4-7 财务费用和已收本金计算表　　　　　　　　　　单位:万元

年度	租赁负债(年初)①	财务费用②=①×6.4%	租赁负债额③	租赁负债④=①+②-③
0	5 000.00	—	—	—
1	5 000.00	320.00	1 200.00	4 120.00
2	4 120.00	263.68	1 200.00	3 183.68
3	3 183.68	203.76	1 200.00	2 187.44
4	2 187.44	140.00	1 200.00	1 127.44
5	1 127.44	72.56	1 200.00	0
总额		1 000.00	6 000.00	5 000.00

表 4-8 税后利润计算表　　　　　　　　　　单位:万元

项目	第 1 年	第 2 年	第 3 年	第 4 年	第 5 年
新增利润	4 000.00	4 000.00	4 000.00	4 000.00	4 000.00
会计折旧	1 000.00	1 000.00	1 000.00	1 000.00	1 000.00
利息费用	320.00	263.68	203.76	140.00	72.56
净利润	2 680.00	2 736.32	2 796.24	2 860.00	2 927.44
税法折旧	1 200.00	1 200.00	1 200.00	1 200.00	1 200.00
应纳税所得额	2 800.00	2 800.00	2 800.00	2 800.00	2 800.00
企业所得税	715.00	734.08	749.06	765.00	781.86
税后利润	1 965.00	2 002.24	2 047.18	2 095.00	2 145.58

由于方案二的税后利润较高,因此应选择方案二。

二、融资渠道的筹划

融资渠道是指筹集资金的方向与通道。企业的融资渠道可以分为内部渠道和外部渠道。其中,内部渠道主要是指企业的自我积累和内部集资;外部渠道主要包括向金融机构、非金融机构借款,向社会发行债券、股票等。不同的融资渠道意味着企业会有不同的资本结构,因此企业所承担的税负也不一样。企业可以结合自身实际需要和资本市场环境,选择最适宜的渠道进行税收筹划。

1. 企业内部融资的筹划

如果企业通过自我积累方式进行融资,通常所需时间较长,无法满足绝大多数企业正常的生产经营需要。另外,从税收的角度来看,企业自我积累的资金无法产生利息税前扣除的抵税效应,加之企业资金的占用和使用融为一体,因而企业会承担较高的风险。

如果企业采用自我集资的方式进行融资,则需要考虑集资对象。如果是向职工个人借款,则应注意其产生的利息支出在税前扣除的额度不得高于按照金融机构同期同类贷款利率计算的数额。

【例4-3-13】 某企业的职工人数为1 000人,人均月工资为3 000元。该企业向职工人均集资10 000元,年利率为10%,同期同类银行贷款的年利率为7%。当年税前会计利润为300 000元(利息支出全部扣除)。由于《企业所得税法》规定:向非金融机构借款的利息支出若不高于按照金融机构同期同类贷款利率计算的数额,则准予扣除。也就是说,超过的部分不能扣除,应当调整的应纳税所得额为:

应纳税所得额=1 000×10 000×(10%−7%)=300 000(元)

该企业应当缴纳企业所得税税额为:

应纳税所得额=(300 000+300 000)×25%=150 000(元)

应当代扣代缴个人所得税:

代扣代缴个人所得税=10 000×10%×20%×1 000=200 000(元)

请给出该企业的税收筹划方案。

【解析】 该企业可以考虑将集资利率降低到7%,即每位职工的利息损失为300元[10 000×(10%−7%)]。此后,该企业可以通过提高工资待遇的方式来弥补职工在利息上受到的损失,即将300元平均摊入一年的工资中,每月增加工资25元。这样,该企业为本次集资所付出的利息与税收筹划前是一样的,职工实际获得的利息也是一样的。但在这种情况下,该企业所支付的集资利息就可以全额扣除了,而人均工资增加25元仍可以在计算企业所得税时全额扣除。由于职工个人的月工资没有超过《个人所得税法》所规定的费用扣除标准(5 000元),因此职工也不需要为此缴纳个人所得税。

通过计算,该企业应当缴纳企业所得税税额:

300 000×25%=75 000(元)

节约企业所得税税额:

150 000−75 000=75 000(元)

另外,该企业还可以减少代扣代缴的个人所得税税额:

10 000×1 000×(10%−7%)×20%=60 000(元)

经过税收筹划,企业和职工都获得了税收收益,可谓一举两得。

【知识点 10】 企业销售业务中的企业所得税筹划

一、销售结算方式的筹划

对于销售方式选择的税收筹划,最关键的一点就是尽量递延纳税义务发生时间,为企业赢得货币时间价值。

【问】 甲公司是全国知名的计算机生产企业,生产的某品牌计算机全部委托给分布在全国 30 多个大中城市的代理商销售。甲公司应如何进行税收筹划?

【答】 该公司在与代理商的合作方式上,有以下两种方案。方案一:采用委托代销方式。到年底结账时,该公司以收到代销单位的代销清单的时间为纳税义务发生时间。方案二:采用直接销售方式。该公司的纳税义务发生时间为货物发出时。比较上述两个方案可以看出,甲公司采取委托代销方式可以实现递延纳税。

【例 4-3-14】 W 经理:您好,我是正泰公司的财务经理。关于我公司一幢办公楼该如何装修及相应的税收问题,想听听您的建议。

L 顾问:您好,很高兴能为贵公司服务。请描述该业务的具体情况。

W 经理:我司是企业集团的母公司,2021 年 1 月竣工了一幢综合办公楼,除了我司自己使用外,其余部分将以租赁的形式提供给各子公司使用。

L 顾问:贵公司及其子公司分别是什么纳税类型的企业呢?

W 经理:我司及子公司均为一般纳税人。

L 顾问:贵公司及子公司在我们当地,还是在税收洼地呢?

W 经理:都在本地市区,企业所得税税率为 25%。

L 顾问:租金是怎么确定的呢?

W 经理:我司租金按独立企业间的交易价格确定。

L 顾问:金额定为多少呢?

W 经理:经过董事会研究,有两种方案:

方案一:母公司将办公楼统一装修后,以每年 600 万元的租金价格出租给各子公司;方案二:母公司不装修办公楼,以每年 400 万元出租给子公司,由子公司自行装修。

L 顾问:租期呢?

W 经理:经过测算,预测租赁期限为 10 年。

L 顾问:装修成本打算投入多少?

W 经理:2 000 万元。

L 顾问:装修费用的摊销期限呢?

W 经理:经过测算,预测装修的摊销期限也为 10 年。

L 顾问:租金及装修费用都是均匀进行摊销吗?

W 经理:是这样的,我们简化处理了。

L 顾问:商定的租金及装修费均不含增值税吧?

W 经理:是的。

L 顾问:贵司打算从什么角度考虑问题呢?

W 经理:我们想从集团整体税收负担角度考虑。

L 顾问:稍等,我给您测算下。测算过程中,由于装修费的进项税额和印花税对两个方案不影响,暂不考虑,同时,涉及其他印花税的计算采用不含税金额。

……(中间等待过程省略)

W 经理:好的,感谢您的专业建议。

L 顾问:不客气。

【解析】 (1)方案一:

母公司角度:

应纳增值税税额 $=600\times 9\%=54$(万元)

应纳城市维护建设税、教育费附加和地方教育附加税额 $=54\times(7\%+3\%+2\%)=6.48$(万元)

应纳房产税税额 $=600\times 12\%=72$(万元)

应纳印花税税额 $=600\times 0.1\%=0.6$(万元)

应纳企业所得税税额 $=(600-6.48-72-0.6-200)\times 25\%=80.23$(万元)

子公司角度:

增值税抵减额 $=-600\times 9\%=-54$(万元)

城市维护建设税、教育费附加和地方教育附加抵减额 $=-54\times(7\%+3\%+2\%)=-6.48$(万元)

印花税税额 $=600\times 0.1\%=0.6$(万元)

租金抵税 $=600\times 25\%=150$(万元)

总税负 $=72+0.6+80.23+0.6-150=3.43$(万元)

(2)方案二:

母公司角度:

应纳增值税税额 $=400\times 9\%=36$(万元)

城市维护建设税、教育费附加和地方教育附加税额 $=36\times(7\%+3\%+2\%)=4.32$(万元)

房产税税额 $=400\times 12\%=48$(万元)

印花税税额 $=400\times 0.1\%=0.4$(万元)

企业所得税税额 $=(400-4.32-48-0.4)\times 25\%=86.82$(万元)

子公司角度:

增值税抵减额 $=-400\times 9\%=-36$(万元)

城市维护建设税、教育费附加和地方教育附加抵减额 $=-36\times(7\%+3\%+2\%)=$

—4.32(万元)

印花税税额＝400×0.1％＝0.4(万元)

租金和摊销的装修费抵税＝(400＋200)×25％＝150(万元)

总税负＝48＋0.4＋86.82＋0.4－150＝－14.38(万元)

从节税角度来看,正泰公司应选择方案二,方案二母公司和子公司合计税负为－14.38万元,与方案一的3.43万元相比较,缴纳的税额更少。

二、关联企业间转让价格的筹划

关联企业间的转让价格是指关联企业中各个经济实体之间商品、劳务和无形资产转让时的定价。如果商品、劳务或无形资产定价过低,则买方的盈利能力就会增强,而卖方的获利能力就会相对减弱;反之,如果定价过高,则卖方的获利能力就会增强,而买方则会遭受同样的损失。但对于关联企业的整体来说,获利没有受到影响,因为利润转移只是在关联企业内部的各个公司实体之间进行。例如,在生产企业和销售企业承担的纳税负担不一致的情况下,若销售企业适用的税率高于生产企业或生产企业的适用税率高于销售企业,那么有关联关系的销售企业和生产企业就可以通过某种契约的形式,增加低税率一方的利润,使两者共同承担的税负最小化。转让定价税收筹划的前提条件是关联企业间的税率不同。

【例4-3-15】 甲公司生产一种建筑材料生产模具,主要销往陕西、四川、西藏、新疆等地,每件产品的市场售价为30 000元,每件产品的基本费用如下:生产成本为15 000元,销售费用为3 000元,管理费、财务成本等综合费用暂不考虑。如何进行筹划才能减轻企业所得税负担?

【解析】 按现有方案,甲公司的应纳所得税税额为:

应纳所得税税额＝(30 000－15 000－3 000)×25％＝3 000(元)

如果该公司在西藏设立一家全资子公司专门负责对公司产品的销售工作,甲公司专注于生产,只要在税法准许的情况下,能够达到同行业一般生产型企业的平均利润水平,就可以将部分利润转让给西藏销售公司。

假设将销售给西藏销售公司的售价调整为25 000元/件,则甲公司的应纳所得税税额为:

应纳所得税税额＝(25 000－15 000)×25％＝2 500(元)

销售公司应纳所得税税额为:

应纳所得税税额＝(30 000－25 000－3 000)×15％＝300(元)

两公司共计应纳所得税税额为:

应纳所得税税额＝2 500＋300＝2 800(元)

由此可见,设立销售公司进行转让价格的筹划,使得每件产品减少缴纳所得税200元(3 000－2 800)。

【知识点11】 企业经营过程中的企业所得税筹划

一、存货成本计价方式的筹划

企业所得税
——操作视频查账征收

企业所得税
——操作视频核对征收

《企业会计准则第1号——存货》规定：企业应当采用先进先出法、加权平均法或者个别计价法确定发出存货的成本；对于性质和用途相似的存货，应当采用相同的成本计算方法确定发出存货的成本；对于不能替代使用的存货、为特定项目专门购入或制造的存货以及提供的劳务，通常采用个别计价法确定发出存货的成本。计价方法一经选用不得随意变更。

在价格平稳或者价格波动不大时，存货计价方法对成本的影响不显著，但当价格水平不断波动时，存货计价方法对成本的影响就较为显著。

第一，根据物价变动趋势选择计价方法。当物价有上涨趋势时，采用月末一次加权平均法计算出的期末存货价值最低、销售成本最高，可将利润递延至次年，以延缓纳税时间。当物价呈现下降趋势时，则采用先进先出法计算出的存货价值最低，同样可达到延缓纳税的目的。在物价升降不定的情况下，企业选择个别计价法最合适，企业可以选择成本高的存货先发出，这样能够使前期纳税少、后期纳税多，相当于企业使用了一笔国家提供的无息贷款，这就是延期纳税的好处。如果存货较多，不宜采用个别计价法，企业应采用加权平均法，使各期纳税较平均，不至于使前期纳税多，而后期纳税少。当然，在物价持续下降的情况下，企业采用先进先出法同样能带来税收收益。

第二，根据减免税期间选择计价方法。当企业处于企业所得税的免税期时，企业获得的利润越多，其得到的免税额就越多，这样，企业就可以选择前期成本低的计价方法，以减少当期成本、费用的摊入，增加当期利润。

当企业处于征税期或高税率期时，可以选择前期成本高的计价方法，将当期的摊入成本尽量扩大，以减少当期利润和应纳税额。

【例4-3-16】 甲公司期初存货数量为1 000件，单位成本为800元；本期第一批次入库数量为2 000件，单位成本为900元；第二批次入库数量为3 000件，单位成本为1 000元。本期销售数量为4 000件，甲公司处于正常纳税年度，使用何种计价方法能实现节税效果？

【解析】 （1）先进先出法：

销货成本＝800×1 000＋900×2 000＋1 000×1 000＝3 600 000（元）

可抵缴企业所得税税额＝3 600 000×25％＝900 000（元）

（2）加权平均法：

销货成本＝(800×1 000＋900×2 000＋1 000×3 000)÷(1 000＋2 000＋3 000)×4 000
＝3 733 333.33（元）

可抵缴企业所得税税额＝3 733 333.33×25％＝933 333.33（元）

加权平均法与先进先出法相比，前期税前扣除成本较高，抵税额大，可以实现递延纳税的效果。

【例4-3-17】 甲公司的年度购销货情况如下：3月购进货物50万千克，单价4.6元；4月购进货物60万千克，单价4.5元；5月购进货物80万千克，单价4.8元；6月销货160万千克，单价5.5元；11月购进货物40万千克，单价5元；12月销货50万千克，单价6元。甲公司无期初存货。甲公司的进、销、存情况如表4-9所示。请从税收筹划的角度选择适合甲公司的存货计价方式。

表4-9 甲公司的进、销、存情况表

月份	进（销）数量（万千克）	单价（元）	剩余数量（万千克）
3	50	4.6	50
4	60	4.5	110
5	80	4.8	190
6	(160)	5.5	30
11	40	5.0	70
12	(50)	6.0	20

【解析】 （1）方案一：采用先进先出法。

根据先进先出法，6月的销货成本为：

销货成本＝50×4.6＋60×4.5＋50×4.8＝740（万元）

收入为：

收入＝160×5.5＝880（万元）

应纳税所得额为：

应纳税所得额＝880－740＝140（万元）

12月的销货成本为：

销货成本＝30×4.8＋20×5＝244（万元）

收入为：

收入＝50×6＝300（万元）

应纳税所得额为：

应纳税所得额＝300－244＝56（万元）

共计应纳税所得额为196万元。

（2）方案二：采用移动加权平均法。

可计算出6月的加权平均价为4.653元，则存货成本为：

存货成本＝4.653×160＝744.48（万元）

收入为：

收入＝160×5.5＝880（万元）

应纳税所得额为：

应纳税所得额＝880－744.48＝135.52（万元）

12月的加权平均价为 4.851 元,则存货成本为:

存货成本＝4.851×50＝242.55(万元)

收入为:

收入＝50×6＝300(万元)

应纳税所得额为:

应纳税所得额＝300－242.55＝57.45(万元)

共计应纳税所得额为 192.97 万元。

由此可见,当进货价格呈现上升趋势时,企业所得税的税负由轻到重依次是:移动加权平均法、先进先出法。企业存货计价方法的最佳方案是采用移动加权平均法,此时期末存货成本低、当期成本高、利润降低,起到延缓缴纳企业所得税的效果,能减少物价上涨对企业带来的不利影响。反之,当物价呈下降趋势时,企业选择方案的顺序正好与之颠倒,最佳方案是采用先进先出法。例如,电子产品的更新换代快、价格逐渐下降,因而选择先进先出法对企业有利。

二、固定资产折旧的筹划

折旧是影响企业所得税的重要因素,固定资产折旧金额的大小主要取决于固定资产原值、折旧年限、折旧方法以及净残值。计提折旧时应充分考虑这四种因素的影响。

对于加速折旧法的采用,税法有非常严格的规定。《企业所得税法实施条例》第九十八条规定,企业可以采取缩短折旧年限或者采取加速折旧的方法的固定资产,包括:①由于技术进步,产品更新换代较快的固定资产;②常年处于强震动、高腐蚀状态的固定资产。采取缩短折旧年限方法的,最低折旧年限不得低于税法规定折旧年限的 60%;采取加速折旧法的,可以采取双倍余额递减法或年数总和法。

在企业创办初期且享有减免税优惠待遇时,企业可以通过延长固定资产折旧年限,将计提的折旧递延到减免税期满后计入成本,从而获得节税利益。

对处于正常生产经营期且未享有税收优惠的企业来说,缩短固定资产折旧年限,往往可以加速固定资产成本的回收,使企业的后期成本与费用前移、前期利润后移,从而获得延期纳税的好处。

在物价持续上涨时期,如果企业采用加速折旧法,则既可以缩短资产回收期,又可以加快折旧速度,有利于发挥"折旧税盾"效应,从而取得递延纳税的好处。

应加快处理不能计提折旧又不使用的固定资产,尽早实现财产损失的税前扣除。

【例 4-3-18】 甲公司有一项闲置的固定资产,原值 100 万元,预计使用期限为 10 年,无残值。目前已使用 5 年,账面剩余价值 50 万元,由于能耗过高被停用,如果出售可以获得 5 万元。

【解析】 如果该固定资产不做任何处理,那么账面上的 50 万元既不能计提折旧,也不能将计提的跌价准备在税前扣除。

如果出售可以获得 5 万元收入,则实现固定资产处置的净损失为 45 万元(50－5),而 45 万元的损失在当期就可以抵税,故企业当期可以少缴纳企业所得税 11.25 万元(45×25%)。

【知识链接】《企业所得税法》及《企业所得税法实施条例》规定,可以缩短折旧年限或者加速折旧的固定资产包括由技术进步导致产品更新换代较快的固定资产,以及常年处于强震动、高腐蚀状态的固定资产。

为贯彻落实国务院完善固定资产加速折旧政策精神,财政部、国家税务总局于 2014 年 10 月 20 日联合下发了《关于完善固定资产加速折旧企业所得税政策的通知》(财税〔2014〕75 号),该文件明确规定了一系列有关固定资产加速折旧企业所得税政策的问题:对生物药品制造业,专用设备制造业,铁路、船舶、航空航天和其他运输设备制造业,计算机、通信和其他电子设备制造业,仪器仪表制造业,信息传输、软件和信息技术服务业 6 个行业的企业于 2014 年 1 月 1 日后新购进的固定资产,可缩短折旧年限或采取加速折旧的方法。对前述 6 个行业的小型微利企业于 2014 年 1 月 1 日后新购进的研发和生产经营共用的仪器、设备,单位价值不超过 100 万元的,允许一次性计入当期成本与费用,在计算应纳税所得额时扣除,不再分年度计算折旧;单位价值超过 100 万元的,可缩短折旧年限或采取加速折旧的方法。对所有行业企业于 2014 年 1 月 1 日后新购进的专门用于研发的仪器、设备,单位价值不超过 100 万元的,允许一次性计入当期成本与费用,在计算应纳税所得额时扣除,不再分年度计算折旧;单位价值超过 100 万元的,可缩短折旧年限或采取加速折旧的方法。对所有行业企业持有的单位价值不超过 5 000 元的固定资产,允许一次性计入当期成本与费用,在计算应纳税所得额时扣除,不再分年度计算折旧。

需要注意的是,上述规定中的最低折旧年限不得低于《企业所得税法实施条例》规定折旧年限的 60%;采取加速折旧方法的,可采取双倍余额递减法或者年数总和法。

根据《财政部 国家税务总局关于进一步完善固定资产加速折旧企业所得税政策的通知》(财税〔2015〕106 号)的规定,对轻工、纺织、机械、汽车四个领域重点行业的企业于 2015 年 1 月 1 日后新购进的固定资产,可由企业选择缩短折旧年限或采取加速折旧的方法。

对上述行业的小型微利企业于 2015 年 1 月 1 日后新购进的研发和生产经营共用的仪器、设备,单位价值不超过 100 万元的,允许一次性计入当期成本与费用,在计算应纳税所得额时扣除,不再分年度计算折旧;单位价值超过 100 万元的,可由企业选择缩短折旧年限或采取加速折旧的方法。

为引导企业加大设备、器具的投资力度,财政部、国家税务总局于 2023 年 8 月联合下发了《关于设备、器具扣除有关企业所得税政策的公告》(财税〔2023〕37 号)。为引导企业加大设备、器具投资力度,企业在 2024 年 1 月 1 日至 2027 年 12 月 31 日期间新购进的设备、器具,单位价值不超过 500 万元的,允许一次性计入当期成本费用在计算应纳税所得额时扣除,不再分年度计算折旧;单位价值超过 500 万元的,仍按企业所得税法实施条例、《财政部 国家税务总局关于完善固定资产加速折旧企业所得税政策的通知》(财税〔2014〕75 号)、《财政

部 国家税务总局关于进一步完善固定资产加速折旧企业所得税政策的通知》(财税〔2015〕106号)等相关规定执行。

三、固定资产修理的筹划

固定资产的日常维修与大修理支出在税收处理上有较大的差异。相比较而言,日常维修费用能直接在税前扣除,而固定资产的大修理支出必须作为长期待摊费用按规定摊销,不得直接在当期税前扣除。《企业所得税法实施条例》规定,固定资产的大修理支出是指同时符合下列条件的支出:第一,修理支出达到取得固定资产时的计税基础50%以上;第二,修理后固定资产的使用年限延长2年以上。

【例4-3-19】 甲公司对旧生产设备进行大修,大修过程中所耗材料费、配件费为80万元,增值税为10.4万元,支付工人工资20万元,总共花费100万元,而整台设备原值为198万元。甲公司应如何进行税收筹划?

【解析】 总的修理支出大于设备原值(计税基础)的50%,按照税法的规定,凡修理支出达到取得固定资产时的计税基础50%以上且修理后固定资产的使用年限延长2年以上的,一律作为大修支出,按照固定资产尚可使用年限分期摊销。因此,应将100万元费用计入长期待摊费用,在固定资产尚可使用期限内逐年摊销。

需要注意的是,固定资产原值(计税基础)的50%为99万元,与现有花费相当,如果进行税收筹划,可以节约税金。具体安排如下:节省修理支出至99万元以下,就可将其视为日常维修处理,99万元的修理支出可以计入当期损益并在企业所得税税前扣除,从而获得递延纳税的好处。

四、工资、薪金的筹划

税法规定:对于真实合理的工资、薪金支出,可以在企业所得税前扣除。职工福利费支出的扣除额度为工资、薪金总额的14%,超过部分不得扣除。

具体说来,企业对于工资、薪金的筹划包括以下几种方法。

(1) 把发放的福利费用部分转化为职工工资。税法规定,企业发放的职工工资可以100%在企业所得税税前扣除,而职工福利费只能扣除工资、薪金总额的14%,因此可以根据企业福利费总额的实际发生情况,对超出部分进行转化列支,以减少企业所得税的支出。当然,企业也可以考虑将职工福利费转化为劳动保护支出。例如,如果企业为每位职工发放防暑降温费,则属于职工福利费,只能在工资、薪金总额的14%以内扣除;如果企业发放的是价值相同的防暑降温药品,则属于劳动保护支出,可以100%扣除。

【例4-3-20】 甲公司计划每年向职工发放12万元,现有以下两种方案可供选择,该公司应选择哪一种?

方案一:全部作为职工的工资发放。

方案二:10万元作为职工工资,2万元用于职工福利费支出。

【解析】 因为税法规定,企业发放的职工工资可以100%扣除,而职工福利费支出只能在工资总额的14%以内限额扣除。

在这两种方案下,甲公司所得税前扣除额为:

方案一的税前扣除额为12万元。

方案二的税前扣除额为11.4万元(10+10×14%)。

甲公司应选择方案一,根据企业福利费总额的实际发生情况,对超出部分进行转化列支,把职工福利费支出部分转化为职工工资,可以减少企业所得税的应纳税额。

(2) 合理安排研发人员的工资,可以减轻企业所得税税负。《财政部、税务总局、科技部关于进一步提高科技型中小企业研发费用税前加计扣除比例的公告》(财政部、税务总局、科技部公告2022年第16号)科技型中小企业开展研发活动中实际发生的研发费用,未形成无形资产计入当期损益的,在按规定据实扣除的基础上,自2022年1月1日起,再按照实际发生额的100%在税前加计扣除;形成无形资产的,自2022年1月1日起,按照无形资产成本的200%在税前摊销。《财政部、税务总局关于进一步完善研发费用税前加计扣除政策的公告》(财税〔2023〕7号)规定,企业开展研发活动中实际发生的研发费用,未形成无形资产计入当期损益的,在按规定据实扣除的基础上,自2023年1月1日起,再按照实际发生额的100%在税前加计扣除;形成无形资产的,自2023年1月1日起,按照无形资产成本的200%在税前摊销。

在职工从事研发期间,可多安排工资、奖金(包括全年一次性奖金),从而更多地享受加计扣除。需要注意的是,多安排工资、奖金相应增加的个人所得税负担,不能超过加计扣除部分减少的企业所得税负担,否则将得不偿失。

(3) 合理安排在职残疾人员的工资,可以减轻企业所得税税负。税法规定,企业安置残疾人员的,在按照支付给残疾职工工资据实扣除的基础上,按照支付给残疾职工工资的100%加计扣除。

五、业务招待费的筹划

税法规定,企业发生的与生产经营活动有关的业务招待费支出,按照发生额的60%扣除,但最高不得超过当年销售收入的5‰,且超支部分不得向以后年度结转。企业发生的业务招待费支出,应尽量控制在销售收入的5‰范围之内;业务招待费与业务宣传费的内容有相互替代的性质,可以进行项目之间的转换。例如,企业外购用于赠送的礼品应作为业务招待费,但如果礼品上印有企业标记,对企业的形象、产品有宣传作用,也可作为业务宣传费,因为广告费和业务宣传费支出不超过当年销售收入15%的部分可据实扣除,超过比例的部分可结转到以后年度扣除。在考虑是作为业务宣传费还是业务招待费时,应优先列为业务宣传费。

【例4-3-21】 甲公司外购100万元的礼品赠送给客户,并将其列为业务招待费。已知当年销售收入为2 000万元,甲公司应如何进行税收筹划?

【解析】 税法规定,企业发生的与生产经营活动有关的业务招待费支出,按照发生额的

60%扣除,但最高不得超过当年销售收入的5‰,且超支部分不得向以后年度结转。因此,甲公司仅可在税前抵扣10万元。

若甲公司将礼品印上企业标记,其对企业的形象、产品有宣传作用,则可作为业务宣传费支出。因为广告费和业务宣传费(简称广宣费)支出不超过当年销售收入15%的部分可据实扣除,超过比例的部分可结转到以后年度扣除。因此,有:

2 000×15%＝300(万元)

故甲公司可在税前扣除100万元。由此可见,业务招待费与广宣费之间的转化在一定情况下可以达到节税的目的。

六、业务宣传费的筹划

税法规定,企业发生的业务宣传费不高于当年销售收入15%的部分准予扣除,超支部分可以向以后年度结转。企业发生的业务宣传费支出应尽量控制在销售收入15%的范围之内。但财政部、国家税务总局于2020年11月27日联合下发的《关于广告费和业务宣传费支出税前扣除有关事项的公告》(财税〔2020〕43号)规定,自2021年1月1日起至2025年12月31日,对化妆品制造或销售、医药制造和饮料制造(不含酒类制造)企业发生的广告费和业务宣传费支出,不超过当年销售(营业)收入30%的部分,准予扣除;超过部分,准予在以后纳税年度结转扣除。因此,相关企业只需将发生的业务宣传费支出尽量控制在销售收入30%的范围内即可。

【例4-3-22】 甲公司为房地产开发企业,计划在上海一个黄金地段开发楼盘,预计本年销售收入为7 000万元,本年宣传费用开支为1 200万元。税法规定,企业发生的符合条件的广告费和业务宣传费支出,除国务院财政、税务主管部门另有规定外,不超过当年销售(营业)收入15%的部分,准予扣除;超过部分,准予在以后纳税年度结转扣除。甲公司应如何进行税收筹划?

【解析】 甲公司围绕宣传费用开支1 200万元做出如下两个税收筹划方案。

方案一:在当地电视台黄金时间每天播出4次,间隔播出10个月;在当地报刊连续刊登12个月。该方案因广告费超支,需要调增当年的应纳税所得额,由此导致应纳所得税额增加:

(1 200－7 000×15%)×25%＝37.5(万元)

则广告实际总支出为:1 200＋37.5＝1 237.5(万元)

方案二:在当地电视台每天播出3次,间隔播出10个月在当地报刊做广告。这两项活动共需要支出900万元。此外,甲公司雇用少量人员在节假日到各商场和文化活动场所散发宣传材料需要支出30万元;建立自己的网页和在有关网站发布售房信息,发布和维护费用需要支出270万元。

经比较方案二为最佳方案。因网站发布和维护费用可在管理费用中列支(税法未对此项费用做出限制,一般作为管理费用中的其他项目列支)。此时,方案二中的各项支出均可在规定的扣除项目限额内列支,无须纳税调整,并且从多个角度对房产进行了宣传,对房产销售能起到很好的促进作用。

另外,当企业的广告费过多时,可以考虑成立单独核算的销售分公司。随着企业销售总额的规模增加,广告费列支标准也随之增长,但要注意成立销售分公司的成本。

【例 4-3-23】 甲企业为新设企业,生产儿童食品,适用的广告费扣除率为 15%,企业所得税税率为 25%。甲企业年初推出一种新产品,预计年销售收入为 8 000 万元(假设本地销售 1 000 万元,乙地区销售 7 000 万元),需要广告费支出 1 500 万元。甲企业应如何进行税收筹划?

【解析】 甲企业围绕新产品的宣传,做出以下两个税收筹划方案。

方案一:产品销售统一在本公司核算,需要在当地电视台、乙地区电视台分别投入广告费 500 万元、1 000 万元。

方案二:鉴于产品的主要销售市场在乙地区,可在乙地区设立独立核算的销售公司,该销售公司可与甲企业联合起来做广告宣传。甲企业估计成立销售公司需要支付场地、人员工资等相关费用 30 万元,向当地电视台、乙地区电视台分别支付广告费 500 万元、1 000 万元。其中,乙地区销售公司的销售额为 7 000 万元,甲企业向乙地区销售公司按照出厂价 6 000 万元进行销售,甲企业的当地销售额为 1 000 万元。

方案一的广告费超出扣除限额 300 万元(1 500-8 000×15%),尽管 300 万元的广告费可以无限期扣除,但毕竟要提前缴纳所得税 75 万元(300×25%)。

在方案二中,若乙地区销售公司的销售收入仍为 7 000 万元,这样甲企业向乙地区销售公司移送产品可按照出厂价进行销售,此产品的出厂价为 6 000 万元。甲企业准予扣除的广告费限额为 1 050 万元[(1 000+6 000)×15%],乙地区销售公司准予扣除的广告费限额为 1 050 万元(7 000×15%),即准予税前扣除的广告费限额为 2 100 万元。因此实际支出的 1 500 万元广告费可由两家公司分担,分别在甲企业和销售公司的销售限额内列支,且均不被纳税调整。与此同时,由于销售公司对外销售的价格不变,整体增值额不变,也不会加重总体的增值税负担;对两家公司来说,当年方案二比方案一能增加净利润 75 万元。

七、捐赠的筹划

企业当年发生以及以前年度结转的公益性捐赠支出,不超过年度利润总额 12%的部分,准予扣除。超过年度利润总额 12%的部分,准予结转以后 3 年内在计算应纳税所得额时扣除。

企业捐赠可从以下三个方面进行税收筹划:

(1)捐赠对象的筹划。企业应合理安排其捐赠活动,尽可能捐赠能够在税前全额扣除的项目,比如对公益性青少年活动场所的捐赠,对自主科研机构、高等院校的研发经费的捐赠,向受灾地区的捐赠等。

(2)捐赠时间的筹划。企业应该合理安排捐赠发生的时间,应该在正常的纳税年度捐赠,避免在免税期和亏损年度捐赠,以保证其捐赠金额可以按规定限额在税前扣除。

(3) 捐赠金额的筹划。企业在捐赠前应该预测 3 年内的利润总额,使其捐赠金额尽可能在 3 年内利润总额的 12% 以内,从而得以充分扣除。若企业的捐赠金额超过限额,企业可以采取分期捐赠的方式,使捐赠金额尽可能在税前扣除。

任务四　企业所得税申报实例

【知识点 1】　企业所得税纳税申报期限

一、企业所得税分月或者分季预缴

企业应当自月份或者季度终了之日起 15 日内,向税务机关报送预缴企业所得税纳税申报表及月份或者季度财务报表等相关资料,预缴税款。

现行有效的预缴申报表是 2021 年 3 月国家税务总局修订下发的《中华人民共和国企业所得税月(季)度预缴纳税申报表(A 类)》(适用于实行查账征收企业所得税的居民企业)和 2020 年 6 月修订下发的《中华人民共和国企业所得税月(季)度预缴和年度纳税申报表(B 类,2018 年版)》(适用于实行核定征收企业所得税的居民企业)。我国企业所得税纳税申报表如表 4-10 所示。

表 4-10　企业所得税纳税申报表

A200000　中华人民共和国企业所得税月(季)度预缴纳税申报表(A 类)

税款所属期间:　　年　月　日至　　年　月　日

纳税人识别号(统一社会信用代码):□□□□□□□□□□□□□□□□□□

纳税人名称:　　　　　　　　　　　　　　　　　　　　　金额单位:人民币元(列至角分)

优惠及附报事项有关信息									
项目	一季度		二季度		三季度		四季度		季度平均值
	季初	季末	季初	季末	季初	季末	季初	季末	
从业人数									
资产总额(万元)									
国家限制或禁止行业	□是　□否				小型微利企业		□是　□否		
附报事项名称									金额或选项
事项 1	(填写特定事项名称)								
事项 2	(填写特定事项名称)								

(续表)

序号	预缴税款计算	本年累计
1	营业收入	
2	营业成本	
3	利润总额	
4	加:特定业务计算的应纳税所得额	
5	减:不征税收入	
6	减:资产加速折旧、摊销(扣除)调减额(填写 A201020)	
7	减:免税收入、减计收入、加计扣除(7.1+7.2+…)	
7.1	（填写优惠事项名称）	
7.2	（填写优惠事项名称）	
8	减:所得减免(8.1+8.2+…)	
8.1	（填写优惠事项名称）	
8.2	（填写优惠事项名称）	
9	减:弥补以前年度亏损	
10	实际利润额(3+4−5−6−7−8−9)\按照上一纳税年度应纳税所得额平均额确定的应纳税所得额	
11	税率(25%)	
12	应纳所得税额(10×11)	

二、企业所得税汇算清缴

企业应当自年度终了之日起 5 个月内,向税务机关报送年度企业所得税纳税申报表,并汇算清缴,结清应缴应退税款。

【知识点 2】 企业所得税纳税申报资料

实行查账征收企业所得税的居民纳税人在月(季)度预缴企业所得税时,应当填报"中华人民共和国企业所得税月(季)度预缴纳税申报表(A 类)",以及附表;实行核定征收管理办法缴纳企业所得税的纳税人在月(季)度预缴企业所得税时,应当填报"中华人民共和国企业所得税月(季)度和年度纳税申报表(B 类)"。

实行查账征收企业所得税的居民纳税人在年度企业所得税汇算清缴时,应当填报"中华人民共和国企业所得税年度纳税申报表(A 类)"和"企业所得税年度纳税申报表附表"。

企业在报送企业所得税纳税申报表时,应当按照规定附送财务会计报告和其他有关资料。

【例 4-4-1】 甲公司是增值税一般纳税人，生产的产品适用 13% 的增值税税率。2022 年 12 月 27 售出烘焙模具 500 套，每套 100 元，共收款 5 万元。该销售承诺 7 日内无条件退货。12 月末，尚未收到退货申请，甲公司根据经验，估计退货率为 10%。甲公司的会计处理如下：

借：银行存款　　　　　　　　　　　　　　　　　　　50 000.00
　　贷：主营业务收入　　　　　　　　　　　　　　　　39 823.01
　　　　应交税费——应交增值税（销项税额）　　　　　5 176.99
　　　　预计负债——应付退货款　　　　　　　　　　　5 000.00

计算上述交易在 2022 年度企业所得税纳税申报时应确认的收入金额。按照正确的会计分录，请问甲公司应调增还是调减应纳税所得额。调整金额是多少？A105000 纳税调整项目明细表如何填写？

【解析】 在税法上无论附有销售退回条件售出的商品是否退回，均在满足税法规定确认收入时全额确认收入，计算缴纳增值税和所得税应税收入。对于实际发生退货时，才冲减增值税计税依据和企业所得税应税收入。

该笔交易在企业所得税纳税申报时应确认的收入金额 = 50 000 ÷ (1 + 13%) = 44 247.79（元）

甲公司应调增应纳税所得额调整金额 = 44 247.79 − 39 823.01 = 4 424.78（元）

纳税调整项目明细表如表 4-11 所示。

表 4-11　A105000 纳税调整项目明细表　　　　　　　　单位：元

行次	项目	账载金额 1	税收金额 2	调增金额 3	调减金额 4
1	一、收入类调整项目(2+3+4+5+6+7+8+10+11)	—	—		
……					
11	（九）其他	39 823.01	44 247.79	4 424.78	0

【例 4-4-2】 某公司 2022 年度会计利润为 700 万元，2021 年未扣完的公益性捐赠支出 30 万元，2022 年实际发生公益性捐赠支出 84.75 万元。2022 年可税前扣除的公益性捐赠支出是多少？结转到下年的支出是多少？可以结转到哪年扣除？《A105070 捐赠支出及纳税调整明细表》如何填写？

【解析】 该公司 2022 年公益性捐赠扣除限额为 84 万元（700×12%），2022 年发生的捐赠支出 84.75 万元，2022 年捐赠扣除时，先扣除 2021 年未扣完的公益性捐赠支出 30 万元，然后扣除 2022 年发生的捐赠支出 54 万元（84−30），结转到下年的支出为 30.75 万元（84.75−54）。该捐赠可结转到 2023 年至 2025 年优先扣除。捐赠支出及纳税调整明细表如表 4-12 所示。

表 4-12　A105070 捐赠支出及纳税调整明细表　　　　单位:元

行次	项目	账载金额	以前年度结转可扣除的捐赠额	按税收规定计算的扣除限额	税收金额	纳税调增金额	纳税调减金额	可结转以后年度扣除的捐赠额
		1	2	3	4	5	6	7
2	二、限额扣除的公益性捐赠(3+4+5+6)	847 500	300 000	840 000	840 000	307 500	300 000	307 500
3	前三年度(2019年)	—	—	—	—	—	—	—
4	前二年度(2020年)	—	—	—	—	—	—	—
5	前一年度(2021年)	—	300 000	—	—	—	300 000	0
6	本年	847 500	—	840 000	840 000	307 500	—	307 500

【例 4-4-3】　A 公司是中国境内居民企业,为某集团公司总部,主要从事股权投资业务,同时从事技术开发及相关产品的生产和销售,拥有高新技术企业资格,适用 15% 的企业所得税税率,2022 年经营数据如下:

(1) 营业收入 2 000 万元,其中转让 5 年以上非独占许可使用权取得技术转让收入 800 万元。

(2) 投资收益 245 万元,其中权益法核算确认的股权投资收益 35 万元,成本法核算确认的股权投资收益 80 万元,国债利息收入 50 万元,转让子公司的股权转让收益 8 万元(其中股权转让收入 58 万元,会计投资成本 50 万元,计税成本 30 万元),其他各类普通债券投资收益 72 万元。

(3) 营业成本 900 万元,其中与技术转让相关的无形资产摊销额 100 万元,实际发生工资费用 120 万元,实际发生职工教育经费 20 万元。

(4) 税金及附加 280 万元,其中与技术转让相关的税金 3 万元。

(5) 期间费用 230 万元,其中发生业务招待费 50 万元,实际发生工资费用 82 万元,实际发生职工教育经费 5 万元。

(6) 营业外收入 850 万元。

(7) 营业外支出 30 万元,其中对外公益性捐赠 20 万元。

(8) 季度已累计预缴企业所得税 100 万元。

根据资料,A 公司应如何填写企业所得税纳税申报表。(计算过程中数据四舍五入保留小数点后 2 位)

【解析】　(1) A 公司 2022 年会计利润总额=营业收入+投资收益−营业成本−税金及附加−期间费用+营业外收入−营业外支出=2 000+245−900−280−230+850−30=1 655(万元)。

根据相关数据,填写《A100000 中华人民共和国企业所得税年度纳税申报表(A 类)》第

1 行至第 13 行相关栏次,如表 4-13 所示。

表 4-13　A100000 中华人民共和国企业所得税年度纳税申报表(A 类)

行次	类别	项目	金额(万元)
1	利润总额计算	一、营业收入(填写 A101010/101020/103000)	2 000
2		减:营业成本(填写 A102010/102020/103000)	900
3		减:税金及附加	280
4		减:销售费用(填写 A104000)	0
5		减:管理费用(填写 A104000)	230
6		减:财务费用(填写 A104000)	0
7		减:资产减值损失	0
8		加:公允价值变动收益	0
9		加:投资收益	245
10	利润总额计算	二、营业利润(1-2-3-4-5-6-7+8+9)	835
11		加:营业外收入(填写 A101010/101020/103000)	850
12		减:营业外支出(填写 A102010/102020/103000)	30
13		三、利润总额(10+11-12)	1 655

(2) 技术转让所得＝技术转让收入－无形资产摊销费用－相关税费－应分摊期间费用(不含无形资产摊销费用和相关税费)。应分摊期间费用是指技术转让按照当年销售收入占比分摊的期间费用。

技术转让收益＝(800－100－3)－800÷2 000×230＝605(万元)

其中:500 万元免税,105 万元减半征收,合计减免 552.5 万元。

(3) 权益法股权投资收益 35 万元纳税调减,成本法核算的投资收益 80 万元符合股息红利免税政策,应作纳税调减。

(4) 国债利息收入 50 万元免税,应作纳税调减。

(5) 转让子公司收益因投资成本存在税法和会计上的差异应纳税调增 20 万元(50－30)。

(6) 计算业务招待费。根据国税函〔2010〕79 号相关规定,对从事股权投资业务的企业(包括集团公司总部、创业投资企业等),其从被投资企业所分配的股息、红利以及股权转让收入,可以按规定的比例计算业务招待费扣除限额。

实际发生额的 60%＝50×60%＝30(万元)

营业收入的 0.5%＝(2 000＋80＋58)×0.5%＝10.69(万元)

业务招待费调增金额＝50－10.69＝39.31(万元)

根据相关数据,填写《A105000 纳税调整项目明细表》相关栏次如表 4-14 所示。

表 4-14 A105000 纳税调整项目明细表   单位:万元

行次	项目	账载金额	税收金额	调增金额	调减金额
		1	2	3	4
15	(三)业务招待费支出	50	10.69	39.31	—

(7)职工教育经费税前扣除限额＝(120＋82)×8％＝16.16(万元)

职工教育经费超限额调增金额＝(20＋5)－16.16＝8.84(万元)

根据相关数据,填写《A105050 职工薪酬支出及纳税调整明细表》相关栏次,如表4-15所示。

表 4-15 A105050 职工薪酬支出及纳税调整明细表   单位:万元

行次	项目	账载金额	实际发生额	税收规定扣除率	以前年度累计结转扣除额	税收金额	纳税调整金额	累计结转以后年度扣除额
		1	2	3	4	5	6(1－5)	7
5	其中:按税收规定比例扣除的职工教育经费	25	25	8％	0	16.16	8.84	8.84

(8)公益性捐赠税前扣除限额＝1 655×12％＝198.6(万元)

实际发生的公益性捐赠20万元可全额税前扣除。

(9)A公司2022年应纳税所得额＝会计利润－技术转让税收优惠－权益法股权投资收益－成本法确认的股权投资收益免税－国债利息＋投资成本税会差异＋业务招待费超标＋职工教育经费超标＝1 655－552.5－35－80－50＋20＋39.31＋8.84＝1 005.65(万元)。

填写《A100000 中华人民共和国企业所得税年度纳税申报表》(A 类)相关栏次如表4-16所示。

表 4-16 A100000 中华人民共和国企业所得税年度纳税申报表

行次	类别	项目	金额(万元)
14	应纳税所得额计算	减:境外所得(填写 A108010)	0
15		加:纳税调整增加额(填写 A105000)	48.15
16		减:纳税调整减少额(填写 A105000)	15.00
17		减:免税、减计收入及加计扣除(填写 A107010)	130.00
18		加:境外应税所得抵减境内亏损(填写 A108000)	0
19		四、纳税调整后所得(13－14＋15－16－17＋18)	1 558.15
20		减:所得减免(填写 A107020)	552.50
21		减:弥补以前年度亏损(填写 A106000)	0
22		减:抵扣应纳税所得额(填写 A107030)	0
23		五、应纳税所得额(19－20－21－22)	1 005.65

(10) A 公司技术转让收益减半征收叠加享受减免税额。A 公司 2022 年度技术转让所得 105 万元减半征收,应该按照 25% 减半征收,应该缴纳企业所得税 13.125 万元,而按照 15% 减半征收只缴纳 7.875 万元,两者相差 5.25 万元。

叠加享受减免税优惠金额的计算公式如下:

A＝需要进行叠加调整的减免所得税优惠金额

B＝A×[(减半项目所得×50%)÷(纳税调整后所得－所得减免)]

叠加享受减免税优惠金额＝A 和 B 的孰小值

其中,需要进行叠加调整的减免所得税优惠金额为《减免所得税优惠明细表》(A107040)中第 1 行到第 28 行的优惠金额,不包括免税行次和第 21 行。

本例中,A＝需要进行叠加调整的减免所得税优惠金额＝1 005.65×(25%－15%)＝100.565(万元)

B＝A×[(减半项目所得×50%)÷(纳税调整后所得－所得减免)]＝100.565×[(105×50%)÷(1 558.15－552.5)]＝5.25(万元)

叠加享受减免税优惠金额＝A 和 B 的孰小值＝5.25(万元)

备注:本案例"纳税调整后所得"为《A100000 表》第 19 行的数据为 1 558.15 万元。

根据上述数据,填写《A107040 减免所得税优惠明细表》如表 4-17 所示。

表 4-17　A107040 减免所得税优惠明细表

行次	项目	金额(万元)
2	二、国家需要重点扶持的高新技术企业减按 15% 的税率征收企业所得税(填写 A107041)	100.565
29	二十九、减:项目所得额按法定税率减半征收企业所得税叠加享受减免税优惠	5.250
33	合计(1+2+…－29+30+31+32)	95.315

(11) A 公司 2022 年应纳所得税额:

应纳所得税额＝1 005.65×15%＋5.25＝156.10(万元)

(12) A 公司 2022 年应补所得税额:

应补所得税额＝156.10－100(预缴)＝56.10(万元)

根据上述相关数据,填写《A100000 中华人民共和国企业所得税年度纳税申报表》(A 类)相关栏次如表 4-18 所示。

表 4-18　A100000 中华人民共和国企业所得税年度纳税申报表

行次	类别	项目	金额(万元)
24	应纳税额计算	税率(25%)	
25		六、应纳所得税额(23×24)	251.412 5
26		减:减免所得税额(填写 A107040)	95.315 0

(续表)

行次	类别	项目	金额(万元)
27	应纳税额计算	减:抵免所得税额(填写A107050)	0
28		七、应纳税额(25-26-27)	156.097 5
29		加:境外所得应纳所得税额(填写A108000)	0
30		减:境外所得抵免所得税额(填写A108000)	0
31		八、实际应纳所得税额(28+29-30)	156.097 5
32		减:本年累计实际已预缴的所得税额	100.000 0
33		九、本年应补(退)所得税额(31-32)	56.097 5

项目五　个人所得税财税服务咨询

 思维导图

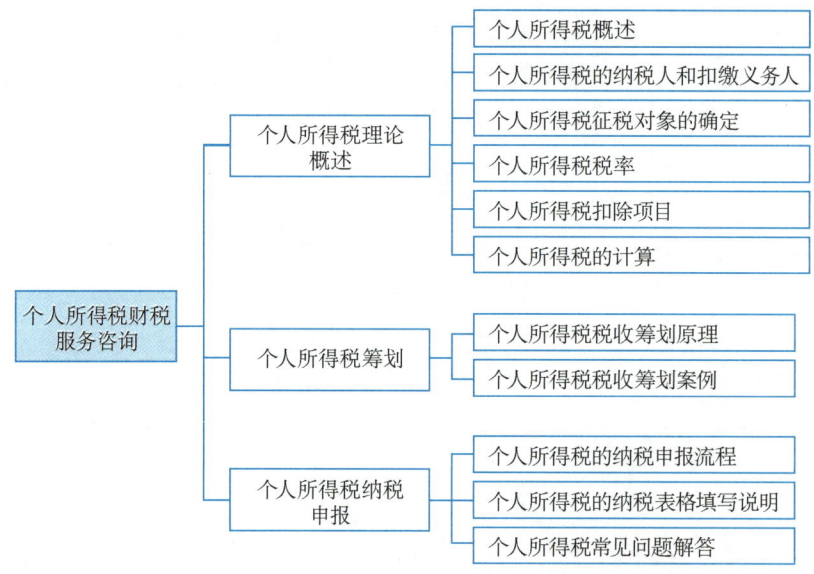

案例导入

A 先生：我现在在甲企业工作，至今单身，父母均为 55 周岁，去年 4 月份取得国债利息收入 20 000 元，取得乙公司的公司债券利息 50 000 元；7 月份按照首套住房贷款利息购入一套改善性住房，从当月开始还房贷，每月 8 000 元；8 月份转让自己写的一本小说的著作权，取得收入 30 000 元；每月取得扣除"三险一金"的工资收入 17 000 元，每季度末获得季度奖金 10 000 元。公司预扣预缴个人所得税 19 888 元。

财税咨询人员：您还有其他收入或者费用扣除吗？

A 先生：没有。

……

财务咨询人员：好的，根据您提供的信息，算出了应纳税额供您参考。

A 先生：好的，感谢您提供的专业服务。

财务咨询人员：不客气，如果您有需要欢迎来我们公司，我们乐意为您提供更加多的服务。

任务一 个人所得税理论概述

个人所得税——知识精讲

个人所得税——操作视频

【知识点 1】 个人所得税概述

一、个人所得税的产生与变迁

1799 年，个人所得税在英国诞生，它是以"劫富济贫"为立法初衷和主要功能开征的一种税种。

1950 年 7 月，我国政务院公布《中国税政实施要则》中列有个人所得税税种，当时定名为"薪给报酬所得税"。当时因为我国生产力和人均收入水平较低，虽然设立了个人所得税税种，却一直没有开征。

1980 年 9 月 10 日，第五届全国人民代表大会第三次会议通过《中华人民共和国个人所得税法》（以下简称《个人所得税法》），确定个人所得税于 1981 年开征，征税内容包括工资薪金所得、经营所得及其他的各类规定的收入和报酬。1981 年版个人所得税适用超额累进税率，同时规定了 800 元为个税起征点。

1986 年，我国开始实施《中华人民共和国城乡个体工商业所得税暂行条例》。这使我国形成了个人所得税、城乡个体工商户所得税和个人收入调节税三税并存格局的个人所得征税制度。

1993 年 10 月 31 日，第八届全国人民代表大会常务委员会第四次会议通过了《关于修改〈中华人民共和国个人所得税法〉的决定》的修正案，规定不分内、外，所有中国居民和有来源于中国所得的非居民，均应依法缴纳个人所得税，同日发布了新修改的《个人所得税法》。1994 年 1 月 28 日国务院配套发布了《中华人民共和国个人所得税法实施条例》（以下简称《个人所得税法实施条例》）。由此内外个人所得税制度又重新统一。

从 1996 年开始，我国经济进入回落周期。为了扩大内需，刺激消费，1999 年，《个人所得税法》第二次修正。同年 8 月 30 日，第九届全国人民代表大会常务委员会第 11 次会议通过了《关于修改〈中华人民共和国个人所得税法〉的决定》，把《个人所得税法》第四条第二款"储蓄存款利息"免征个人所得税项目删去，并开征了个人储蓄存款利息所得税。此时个人所得税除了有 800 元的免征额，还有补贴项目免税扣除额。这个补贴项目免税扣除额由各地根据当地的经济发展情况自行制定。例如：在 1999 年，北京的补贴项目免税扣除额是 200 元，广州是426元,珠海是600元,改革开放的窗口深圳补贴项目免税扣除额高达900元;到了2003年,北京的补贴项目免税扣除额调整到400元。这一年,我国个人所得税上缴总额达到413.66亿元。

2003年7月财政部财政科学研究所公布了一份名为《我国居民收入分配状况及财税调节政策》的报告,建议改革现行的个人所得税税制,适度提高个人所得税起征点,同时对中等收入阶层采取低税率政策。

2005年07月26日,时任国务院总理温家宝26日主持召开国务院常务会议,讨论并原则通过了《中华人民共和国个人所得税法修正案(草案)》。2005年10月27日,第十届全国人民代表大会常务委员会第十八次会议再次审议《个人所得税法修正案草案》,会议表决通过全国人民代表大会常务委员会关于修改《个人所得税法》的决定,免征额1 600元于2006年1月1日起施行。

2007年6月29日,第十届全国人民代表大会常务委员会第二十八次会议通过了《关于修改〈中华人民共和国个人所得税法〉的决定》,对《个人所得税法》进行了第四次修正。第十二条修改为:"对储蓄存款利息所得开征、减征、停征个人所得税及其具体办法,由国务院规定。"2007年12月29日,第十届全国人民代表大会常务委员会第三十一次会议表决通过了关于修改《个人所得税法》的决定。个人所得税免征额自2008年3月1日起由1 600元提高到2 000元。

2011年6月30日,第十一届全国人民代表大会常务委员会第二十一次会议表决通过了全国人民代表大会常务委员会关于修改《个人所得税法》的决定。个人所得税免征额将从2 000元提高到3 500元,同时,将个人所得税第1级税率由5%修改为3%,9级超额累进税率修改为7级,取消15%和40%两档税率,扩大3%和10%两个低档税率和45%最高档税率的适用范围等。该决定自2011年9月1日起实施。

2012年7月22日,中央政府有关部门已经准备在2012年启动全国地方税务系统个人信息联网工作,为"按家庭征收个人所得税"改革做好技术准备。此前业内一直呼吁的综合税制有望在未来实现。2018年3月5日,第十三届全国人民代表大会第一次会议在北京人民大会堂开幕,时任国务院总理李克强作政府工作报告指出:提高个人所得税起征点,增加子女教育、大病医疗等专项费用扣除,合理减负,鼓励人民群众通过劳动增加收入、迈向富裕。

2018年6月19日,《个人所得税法修正案草案》提请第十三届全国人民代表大会常务委员会第三次会议审议,这是《个人所得税法》自1980年出台以来第七次大修。个人所得税迎来一次根本性变革:工资薪金、劳务报酬、稿酬和特许权使用费等四项劳动性所得首次实行综合征税;起征点由每月3 500元提高至每月5 000元(每年6万元);首次增加子女教育支出、继续教育支出、大病医疗支出、住房贷款利息和住房租金等专项附加扣除;优化调整税率结构,扩大较低档税率级距。

二、个人所得税的概念

个人所得税是以个人(自然人)取得的各项应税所得为对象征收的一种税,是调整征税机关与自然人(居民、非居民)之间在个人所得税的征纳与管理过程中所发生的社会关系的法律规范的总称。个人所得税的纳税人是指在中国境内有住所,或者虽无住所但在境内居住满1年,以及无住所又不居住或居住不满1年但有从中国境内取得所得的个人,包括中国公民(含香港、澳门、台湾同胞)、个体工商户、个人独资企业投资者和合伙企业自然合伙人。

1980年9月10日第五届全国人民代表大会第三次会议审议通过并公布实施了《个人所得税法》。1993年10月31日第八届全国人民代表大会常务委员会第四次会议公布了修改后的《个人所得税法》,并自1994年1月1日起施行。多年来,《个人所得税法》经过多次修订,目前适用的《个人所得税法》是2018年8月31日第十三届全国人民代表大会常务委员会第五次会议修订并公布的,自2019年1月1日起施行。

【小试牛刀-单选题5-1-1】 我国现行的《个人所得税法》是在(　　)开始实施的。
A. 2018年8月31日　　　　　　　　B. 2019年1月1日
C. 2018年10月1日　　　　　　　　D. 2018年12月31日

扫码查看答案解析

三、个人所得税的特征

(一)实行分类征收与综合所得相结合

我国个人所得税采取的是分类所得和综合所得相结合税制,即将个人取得的各种所得划分为9类,其中工资、薪金所得,劳务报酬所得,稿酬所得,特许权使用费所得统称为综合所得,适用超额累进税率。经营所得,利息、股息、红利所得,财产租赁所得,财产转让所得,偶然所得称为分类所得,此分类分别适用不同的费用减除规定、不同的税率和不同的计税方法。

我国现行的个人所得税制,可以广泛采用源泉扣缴办法,加强源泉控管,简化纳税手续,方便征纳双方。同时,还可以对不同所得实行不同的征税方法,便于体现国家的政策。综合课征可以实现税负公平,调整收入差距。

(二)累进税率与比例税率并用

分类所得税制一般采用比例税率,综合所得税制通常采用累进税率。比例税率计算简便。便于实行源泉扣缴;累进税率可以合理调节收入分配,体现公平。

我国现行个人所得税根据各类个人所得的不同性质和特点。将这两种形式的税率综合运用于个人所得税制。其中,对工资薪金所得、劳务报酬、稿酬,个体工商户的生产、经营所得,对企事业单位的承包、承租经营所得,采用累进税率,实行量能负担。对利息、股息、红利所得,财产租赁所得,财产转让所得和偶然所得,采用比例税率,实行等比负担。

(三)费用扣除方式多样化

2018年个人所得税全面改革后,我国的个人所得税遵循费用扣除从宽、从简的原则,对于应税所得,根据情况不同在费用扣除上分别采用定额扣除、定率扣除和会计计算等费用扣除方法。例如,工资薪金使用的减除费用标准为每月5 000元;对于财产租赁所得,在每次收入不超过4 000元时的费用扣除标准为800元,在每次收入4 000元以上时的扣除标准为20%;对于生产、经营所得,采取会计利润的方法进行计算。

(四)申报方式采取源泉扣缴与自行申报结合

源泉扣缴的方式是由支付人代扣代缴。对于无法进行源泉扣缴的所得和其他收入,由纳税人自行申报,从而最大限度保障了对个人所得税的及时、足额入库。

【知识点2】 个人所得税的纳税人和扣缴义务人

一、个人所得税的纳税人

个人所得税是对个人取得的各项应税所得所征收的一种所得税。个人所得税的纳税人具体包括中国公民(含香港、澳门、台湾同胞)、个体工商户、个人独资企业投资者和合伙企业自然人合伙人等。

在我国,依据住所和居住时间两个标准,将个人所得税的纳税人分为居民个人和非居民个人两大类,各自承担不同的纳税义务。居民个人与非居民个人的区别如表5-1所示。

表5-1 居民个人与非居民个人的区别

类别	判定标准	纳税义务
居民个人	(1) 境内有住所(住所标准:习惯性住所) (2) 境内没有住所,但在一个纳税年度内境内居住累计满183天(居住时间标准)	无限纳税义务
非居民个人	境内无住所且在一个纳税年度内境内累计居住不满183天	有限纳税义务(只针对来自中国境内所得负有纳税义务)

1. 居民个人

在中国境内有住所,或者无住所而一个纳税年度内在中国境内居住累计满183天的个人,为居民个人。居民个人从中国境内和境外取得的所得,依照《个人所得税法》的规定缴纳个人所得税。现行税法中关于"中国境内"的概念,是指中国内地(大陆),目前还不包括中国香港、澳门和台湾地区。

【问】 对境内居住满183天应如何理解?

【答】 ①在境内居住满183天,是指在一个纳税年度(即1月1日起至12月31日止)内,在中国境内累计居住满183天。②在中国境内居住累计满183天的任一年度中有一次离境超过30天的,其在中国境内居住累计满183天的年度的连续年限重新起算。

【问】 如何理解习惯性居住?

【答】 "习惯性居住"相当于定居的概念,是指个人在较长时间内相对稳定地在一地居住。它是指个人在学习、工作、探亲等原因消除之后,没有理由在其他地方继续居留时所要回到的地方,而不是指实际居住或在某一个特定时期内的居住地。一个纳税人因学习、工作、探亲、旅游等原因,原来是在中国境外居住,但在这些原因消除之后,如果必须回到中国境内居住,则中国境内为此人的习惯性居住地。尽管该纳税人在一个纳税年度内,甚至连续几个纳税年度都未在中国境内居住,但他仍是中国居民个人,应就其来自全球的应纳税所得向中国缴纳个人所得税。相反,对于因学习、工作、探亲、旅游等原因在中国境内居住,但这些原因消除后仍然准备回境外居住的,不属于在中国境内习惯性居住。

2. 非居民个人

在中国境内无住所又不居住,或者无住所而一个纳税年度内在中国境内居住累计不满183天的个人,为非居民个人。非居民个人从中国境内取得的所得,依照个人所得税法规定缴纳个人所得税。

(1) 在中国境内无住所的个人,一个纳税年度内在中国境内居住累计不超过90天的,其来源于中国境内的所得,由境外雇主支付且不由该雇主在中国境内的机构、场所负担的部分,免予缴纳个人所得税。

(2) 在中国境内无住所的个人,在中国境内居住累计满183天的年度连续不满6年的,经向主管税务机关备案,其来源于中国境外且由境外单位或者个人支付的所得,免予缴纳个人所得税;在中国境内居住累计满183天的任一年度中有一次离境超过30天的,重新起算上述"居住满6年"的连续年限。无住所个人一个纳税年度在中国境内累计居住满183天的,如果此前6年在中国境内每年累计居住天数都满183天而且没有任何一年单次离境超过30天,该纳税年度来源于中国境内、境外的所得均应当缴纳个人所得税;如果此前6年的任一年在中国境内累计居住天数不满183天或者单次离境超过30天,该纳税年度来源于中国境外且由境外单位或者个人支付的所得,免予缴纳个人所得税。

(3) 当非居民个人为高管人员,担任高管人员取得的由中国境内企业支付的董事费或工资、薪金,不论个人是否在中国境内履行职务,均应申报缴纳个人所得税。高管人员在境内居住时间累计不超过90天,其取得由境内雇主支付或者负担的工资薪金所得应当计算缴纳个人所得税,不是由境内雇主支付或者负担的工资薪金所得,不缴纳个人所得税。当月工资薪金收入额为当月境内支付或者负担的工资薪金收入额。高管人员在境内居住时间累计超过90天不满183天,其取得的工资薪金所得,除归属于境外工作期间且不是由境内雇主支付或者负担的部分外,应当计算缴纳个人所得税。居民个人与非居民个人纳税义务不尽相同,如表5-2所示。

表5-2 居民与非居民个人纳税义务的界定

居住时间	纳税人	境内所得		境外所得	
		境内支付	境外支付	境内支付	境外支付
≤90天	非居民个人	√	免税	非高管:× 高管:√	×

(续表)

居住时间	纳税人	境内所得		境外所得	
		境内支付	境外支付	境内支付	境外支付
90~183天	非居民个人	√	√	非高管:× 高管:√	×
连续不满6年	居民个人	√	√	√	免税
连续满6年	居民个人	√	√	√	√

无住所个人在中国境内的停留天数的判定，如表5-3所示。

表5-3 无住所个人天数的计算

纳税人	累计天数	计算方法	用途
无住所个人	居住天数	按照个人在中国境内累计停留的天数计算： (1) 在中国境内停留的当天满24小时的，计入中国境内居住天数 (2) 在中国境内停留的当天不足24小时的，不计入中国境内居住天数	居住天数是为了判定纳税人身份是居民个人还是非居民个人
	工作天数	(1) 按照个人在境内工作天数计算，包括其在境内的实际工作日及境内工作期间在境内、境外享受的公休假、个人休假、接受培训的天数 (2) 在境内、境外单位同时担任职务或者仅在境外单位任职的个人，在境内停留的当天不足24小时的，按照半天计算境内工作天数	工作天数是为了计算个人所得税

扫码查看答案解析

【小试牛刀-单选题5-1-2】 下列个人，属于个人所得税居民个人的是（　　）。

A. 在中国境内无住所且不居住，但有来自境内所得的外籍个人
B. 2022年1月1日至5月30日在境内居住之后再未入境的外籍个人
C. 2022年3月1日至10月31日在境内履职的外籍个人
D. 在中国境内无住所且居住不满90天，但有来自境内所得的外籍个人

扫码查看答案解析

【小试牛刀-单选题5-1-3】 在中国境内无住所的下列外籍个人中，属于2022年度中国个人所得税居民个人的是（　　）。

A. 亨利2022年9月1日入境，2022年12月10日出境
B. 查理2022年1月20日入境，2022年7月10日出境
C. 乔治2022年3月15日入境，2022年10月25日出境
D. 约翰2021年10月1日入境，2022年5月5日出境

【小试牛刀-单选题 5-1-4】 某外籍个人接受总部派遣,于 2022 年 6 月 5 日来华,其任务是对境内的某外商投资企业进行考察调研,并于 2022 年 8 月 25 日离境,该外籍个人境内工作天数为(　　)天。
A. 79　　　　　B. 80　　　　　C. 81　　　　　D. 82

扫码查看答案解析

二、个人所得税的扣缴义务人

我国实行个人所得税代扣代缴和个人自行申报纳税相结合的征收管理制度。个人所得税采取代扣代缴办法,有利于控制税源,保证税收收入,简化征纳手续,加强个人所得税管理。税法规定,个人所得税以支付所得的单位或者个人为扣缴义务人。纳税人有中国公民身份号码的,以中国公民身份号码为纳税人识别号;纳税人没有中国公民身份号码的,由税务机关赋予其纳税人识别号。扣缴义务人扣缴税款时,纳税人应当向扣缴义务人提供纳税人识别号,扣缴义务人应当按照国家规定办理全员全额扣缴申报,并向纳税人提供其个人所得和已扣缴税款等信息。扣缴义务人在向纳税人支付各项应纳税所得时,必须履行代扣代缴税款的义务。

【知识点 3】 个人所得税征税对象的确定

个人所得税的征税对象是个人取得的应税所得。个人所得的形式,包括现金、实物(按照取得的凭证上所注明的价格计算应纳税所得额)、有价证券(根据票面价格和市场价格核定应纳税所得额)和其他形式的经济利益(参照市场价格核定应纳税所得额)。

一、工资、薪金所得

工资、薪金所得是指个人因任职或者受雇而取得的工资、薪金、奖金(所有具有工资性质的奖金,免税奖金的范围在税法中另有规定)、年终加薪、劳动分红(公司职工取得的用于购买企业国有股权的劳动分红,按工资、薪金所得)、津贴、补贴及与任职或者受雇有关的其他所得[例如:出租车经营单位对出租车驾驶员采取单车承包或者承租方式运营,出租车驾驶员从事客货营运取得的收入,按工资、薪金所得纳税;商品营销活动中,企业和单位对营销业绩突出的雇员以培训班、研讨会、工作考察等名义组织旅游活动,通过免收差旅费、旅游费对个人实行的营销业绩奖励(包括实物、有价证券等),应根据所发生费用的金额并入营销人员当期的工资、薪金所得,按工资、薪金所得项目征收个人所得税。]。

年终加薪、劳动分红不分种类和取得情况,一律按工资、薪金所得征税。

不属于工资、薪金性质的补贴、津贴不征收个人所得税,具体包括:独生子女补贴;执行公务员工资制度未纳入基本工资总额的补贴、津贴差额和家属成员的副食补贴;托儿补助费;差旅费津贴、误餐补助(个人因公在城区、郊区工作,不能在工作单位或返回就餐的,根据实际误餐顿数,按规定的标准领取的误餐费。单位以误餐补贴名义发给职工的补助、津贴不能包括在内)。

【问】 刘先生所在单位派其到外地出差3天,每天补助120元。请问刘先生获取的360元的补助需要缴纳个人所得税吗?

【答】 根据我国税法的规定刘先生获得的360元补助没有特殊说明的,需要计入工资、薪金所得,所以这360元也是需要缴纳个人所得税的。

扫码查看答案解析

【小试牛刀-单选题5-1-5】 出租汽车经营单位对出租车驾驶员采取单车承包或者承租方式运营,出租车驾驶员从事客货营运取得的收入,按(   )项目缴纳个人所得税。
A. 个体工商户的生产、经营所得
B. 工资、薪金所得
C. 劳务报酬所得
D. 对企事业单位的承包经营、承租经营所得

【问】 退休人员退休后再任职,其获得的收入该如何计税?

【答】 退休人员再任职取得的收入,在减除按税法规定的费用扣除标准后,按工资、薪金所得项目缴纳个人所得税。

离退休人员按规定领取离退休工资或养老金外,另从原任职单位取得的各类补贴、奖金、实物,不属于免税项目,应按工资、薪金所得应税项目的规定缴纳个人所得税。

二、劳务报酬所得

劳务报酬所得是指个人从事劳务取得的所得,包括从事设计、装潢、安装、制图、化验、测试、医疗、法律、会计、咨询、讲学、翻译、审稿、书画、雕刻、影视、录音、录像、演出、表演、广告、展览、技术服务、介绍服务、经纪服务、代办服务以及其他劳务取得的所得。需要注意的是:

(1) 在校学生因参与勤工俭学活动而取得所得,按劳务报酬所得计税。劳务报酬与工资薪金的区别如表5-4所示。

表5-4 劳务报酬与工资薪金的区别

情形	所得项目
任职受雇	工资、薪金
非任职、受雇	劳务报酬

(2) 个人担任董事职务所取得的董事费收入,属于劳务报酬性质,按劳务报酬项目征税。

(3) 个人兼职所得应按劳务报酬所得征税。

(4) 商品营销活动中,企业和单位对其营销业绩突出的非雇员以培训班、研讨会、工作考察等名义组织旅游活动,通过免收差旅费、旅游费对个人实行的营销业绩奖励(包括实物、

有价证券等),应按照劳务报酬所得征税。

【小试牛刀-多选题 5-1-6】 个人取得的下列收入中应按照劳务报酬所得项目缴纳个人所得税的有(　　)。
A. 演员参加非本公司组织的综艺活动取得的收入
B. 学生勤工俭学取得的收入
C. 个人工作室取得的收入
D. 个人兼职取得的收入
E. 教师参加校外社会讲座取得的收入

扫码查看答案解析

三、稿酬所得

稿酬所得是指个人因其作品以图书、报刊等形式出版、发表而取得的所得。作品包括文学作品、书画作品、摄影作品,以及其他作品。作者去世后,财产继承人取得的遗作稿酬,也应征收个人所得税。

(1) 报社、杂志社、出版社等单位的职员在本单位的刊物上发表作品、出版图书取得所得征税问题分以下两种情况。

任职、受雇于报社、杂志社等单位的记者、编辑等专业人员,因在本单位的报纸、杂志上发表作品取得的所得,应与当月工资合并,按工资、薪金所得征税。

其他人员在报社、杂志社等单位报纸、杂志上发表作品取得所得,应按稿酬所得征税。

(2) 出版社的专业作者撰写、编写或翻译的作品,由本社以图书形式出版而取得的稿费收入,应按稿酬所得征税。

(3) 财产继承人取得遗作稿酬,应按稿酬所得征税。

【小试牛刀-多选题 5-1-7】 下列所得中,应按照稿酬所得缴纳个人所得税的有(　　)。
A. 书法家为企业题字获得的报酬
B. 杂志社记者在本社杂志发表文章获得的报酬
C. 电视剧制作中心的编剧编写剧本获得的报酬
D. 出版社的专业作者翻译的小说由该出版社出版获得的报酬
E. 报社印刷车间工作人员在该社报纸发表作品获得的报酬

扫码查看答案解析

四、特许权使用费所得

特许权使用费所得是指个人提供专利权(由国家专利主管机关依法授予专利申请人或其权利继承人在一定期间内实施其发明创造的专有权)、商标权(商标注册人享有的商标专用权)、著作权(依法对文学、艺术和科学作品享有的专有权)、非专利技术及其他特许权的使用权取得的所得。提供著作权的使用权取得的所得,不包括稿酬所得。

(1) 对于作者将自己的文字作品手稿原件或复印件公开拍卖(竞价)取得的所得,属于提供著作权的使用所得,应按特许权使用费所得项目征收个人所得税。

(2) 个人取得特许权的经济赔偿收入应按特许权使用费所得项目缴纳个人所得税税款由支付赔偿的单位或个人代扣代缴。

(3) 从2005年5月1日起,编剧从电视剧的制作单位取得的剧本使用费不再区分剧本的使用方是否为其任职单位,统一按特许权使用费所得项目征收个人所得税。

扫码查看答案解析

【小试牛刀-单选题5-1-8】 个人取得的下列收入,按照工资薪金所得项目缴纳个人所得税的是(   )。
   A. 记者在任职单位报纸上发表报道取得的收入
   B. 财务人员在任职单位杂志上发表论文取得的收入
   C. 编剧从电视剧制作单位取得的剧本使用费收入
   D. 专业作者在任职单位出版社出版专著取得的收入

五、经营所得

经营所得包括:①个体工商户从事生产、经营活动取得的所得,个人独资企业投资人、合伙企业的个人合伙人来源于境内注册的个人独资企业、合伙企业生产、经营的所得;②个人依法从事办学、医疗、咨询以及其他有偿服务活动取得的所得;③个人对企业、事业单位承包经营、承租经营以及转包、转租取得的所得;④个人从事其他生产、经营活动取得的所得。

个体工商户、个人独资企业和合伙企业或个人从事种植业、养殖业、饲养业、捕捞业取得的所得,暂不征收个人所得税。

个体工商户和从事生产经营的个人,取得与生产、经营活动无关的其他各项应税所得,应分别按照有关规定,计算征收个人所得税。

出租车归属为个人的,属于经营所得,包括:从事个体出租车运营的出租车驾驶员取得的收入;出租车属个人所有,但挂靠出租汽车经营单位或企事业单位,驾驶员向挂靠单位缴纳管理费的;出租汽车经营单位将出租车所有权转移给驾驶员的,出租车驾驶员从事客货运营取得的收入。

出租汽车经营单位对出租车驾驶员采取单车承包或承租方式运营,出租车驾驶员从事客运取得的收入,按工资、薪金所得项目征收个人所得税。

六、财产租赁所得

财产租赁所得是指个人出租不动产、机器设备、车船以及其他财产而取得的所得。个人取得的财产转租收入属于财产租赁所得的征税范围,由财产转租人缴纳个人所得税。在确认纳税人时,应以产权凭证为依据;对无产权凭证的,由主管税务机关根据实际情况确定。

七、财产转让所得

财产转让所得是指个人转让有价证券、股权、合伙企业中的财产份额、不动产、机器设备、车船以及其他财产取得的所得。

(1) 股票转让所得,转让境内上市公司股票净所得暂免征收个人所得税,但2010年1月1日起,对个人转让上市公司限售股征收个人所得税。转让境外上市公司股票所得按照财产转让所得缴纳个人所得税。

(2) 量化资产股份转让所得,集体所有制企业在改制为股份合作制企业时,对职工个人以股份形式取得的拥有所有权的企业量化资产,暂缓征收个人所得税;待个人将股份转让时,就其转让收入额减除个人取得该股份时实际支付的费用和合理转让费用后的余额,按财产转让所得计征个人所得税。

【小试牛刀-多选题5-1-9】 在下列关于个人转让限售股计缴个人所得税的表述中,正确的有(   )。
A. 个人转让限售股取得的所得,按照财产转让所得缴纳个人所得税
B. 限售股在解禁前被多次转让的,转让方对每一次转让所得均应按规定缴纳个人所得税
C. 纳税人同时持有限售股及该股流通股的,其股票转让所得视同先转让限售股,按规定计算缴纳个人所得税
D. 个人转让限售股,以每次限售股转让收入减除股票原值和合理税费后的余额作为应纳税所得额,缴纳个人所得税

扫码查看答案解析

八、利息、股息、红利所得

利息、股息、红利所得是指个人拥有债权、股权等而取得的利息、股息、红利所得。个人取得国债利息、国家发行的金融债券利息、教育储蓄存款利息,均免征个人所得税。

储蓄存款在1999年10月31日前孳生的利息,不征收个人所得税;储蓄存款在1999年11月1日至2007年8月14日孳生的利息,按照20%的税率征收个人所得税;储蓄存款在2007年8月15日至2008年10月8日孳生的利息,按照5%的税率征收个人所得税;储蓄存款在2008年10月9日后(含10月9日)孳生的利息,暂免征收个人所得税。

九、偶然所得

偶然所得是指个人得奖、中奖、中彩,以及其他偶然性质的所得。

特殊的个人为单位或他人提供担保获得收入,按照偶然所得项目计算缴纳个人所得税。房屋产权所有人将房屋产权无偿赠与他人的,受赠人因无偿受赠房屋取得的受赠收入,按照

偶然所得项目计算缴纳个人所得税。企业对累积消费达到一定额度的顾客给予额外抽奖机会，个人的获奖所得，按照偶然所得项目全额适用20%的税率缴纳个人所得税。企业在业务宣传、广告等活动中，随机向本单位以外的个人赠送礼品（包括网络红包，下同），以及企业在年会、座谈会、庆典以及其他活动中向本单位以外的个人赠送礼品，个人取得的礼品收入，按照偶然所得项目计算缴纳个人所得税，但企业赠送的具有价格折扣或折让性质的消费券代金券、抵用券、优惠券等礼品除外。

个人取得单张有奖发票奖金所得超过800元的，应全额按照偶然所得项目征收个人所得税。税务机关或其指定的有奖发票兑奖机构，是有奖发票奖金所得个人所得税的扣缴义务人。

扫码查看答案解析

【小试牛刀-单选题5-1-10】 根据个人所得税法律制度的规定，居民个人的下列所得中，不属于综合所得的是（　　）。
A. 特许权使用费所得　　　　　　B. 偶然所得
C. 劳务报酬所得　　　　　　　　D. 稿酬所得

【知识点4】 个人所得税税率

个人所得税分别按不同个人所得项目，规定了超额累进税率和比例税率两种形式。

一、综合所得

工资、薪金所得，劳务报酬所得，稿酬所得，特许权使用费所得统称为综合所得，因我国现行税制规定个人所得税采用预扣预缴，年终汇缴清算的方式，综合所得部分的税率适用于个人所得税的预扣率（预扣预缴）。

（1）居民个人工资、薪金所得预扣预缴个人所得税的预扣率如表5-5所示。

表5-5　居民个人工资、薪金所得预扣预缴个人所得税的预扣率表

级数	全年应纳税所得额	税率	速算扣除数（元）
1	不超过36 000元的	3%	0
2	超过36 000元至144 000元的部分	10%	2 520
3	超过144 000元至300 000元的部分	20%	16 920
4	超过3 000 000元至420 000元的部分	25%	31 920
5	超过420 000元至660 000元的部分	30%	52 920
6	超过660 000元至960 000元的部分	35%	85 920
7	超过960 000元的部分	45%	181 920

（2）居民个人劳务报酬所得预扣预缴个人所得税的预扣率如表5-6所示。

表 5-6　居民个人劳务报酬所得预扣预缴个人所得税的预扣率表

级数	预扣预缴应纳税所得额	预扣率	速算扣除数（元）
1	不超过 20 000 元的	20%	0
2	超过 20 000 元至 50 000 元的部分	30%	2 000
3	超过 50 000 元的部分	40%	7 000

（3）居民个人稿酬所得、特许权使用费所得适用 20% 的比例预扣率。

（4）财产租赁所得，财产转让所得，利息、股息、红利所得和偶然所得的适用比例税率，税率为 20%。

二、经营所得的适用税率

经营所得适用 5% 至 35% 五级超额累进税率，如表 5-7 所示。

表 5-7　经营所得个人所得税的税率表

级数	全年应纳税所得额	税率	速算扣除数（元）
1	不超过 30 000 元的	5%	0
2	超过 30 000 元至 90 000 元的部分	10%	1 500
3	超过 90 000 元至 300 000 元的部分	20%	10 500
4	超过 300 000 元至 500 000 元的部分	30%	40 500
5	超过 500 000 元的部分	35%	65 500

三、法定免税项目

（1）省级人民政府、国务院部委和中国人民解放军军以上单位，以及外国组织、国际组织颁发的科学、教育、技术、文化、卫生、体育、环境保护等方面的奖金。

（2）国债和国家发行的金融债券利息。

（3）按照国务院规定发给的政府特殊津贴、院士津贴和国务院规定免纳个人所得税的其他补贴、津贴。

注意： 达到离休、退休年龄，但确因工作需要，适当延长离休退休年龄的高级专家（指享受国家发放的政府特殊津贴的专家、学者），其在延长离休退休期间的工资、薪金所得，视同退休工资、离休工资免征个人所得税。

【小试牛刀-多选题 5-1-11】 个人取得的下列收入或所得中，应计算缴纳个人所得税的有（　　）。

A. 享受国务院特殊津贴专家在延迟退休期间取得的工资薪金

B. 个人退休后再任职取得的收入

扫码查看答案解析

C. 个人退休后按照国家统一规定领取的退休金

D. 个人达到国家规定退休年龄后领取的年金

E. 个人提前退休取得的一次性补贴收入

(4) 福利费、抚恤金、救济金。

(5) 保险赔款。

(6) 军人的转业费、复员费、退役金。

(7) 按照国家统一规定发给干部、职工的安家费、退职费、基本养老金或退休费、离休费、离休生活补助费。

(8) 依照我国法律规定应予免税的各国驻华使馆、领事馆的外交代表、领事官员和其他人员的所得。

(9) 中国政府参加的国际公约、签订的协议中规定免税的所得。

(10) 经国务院财政部门批准免税的所得。

四、法定减税项目

下列情形可以减征个人所得税,具体幅度和期限,由省、自治区、直辖市人民政府规定,并报同级人民代表大会常务委员会备案。

(1) 残疾、孤老、烈属的所得。

(2) 因自然灾害遭受重大损失的。

五、其他减免税项目

(1) 外籍个人以非现金形式或实报实销形式取得的住房补贴、伙食补贴、搬迁费、洗衣费。

(2) 外籍个人按合理标准取得的境内、境外出差补贴。

(3) 外籍个人取得的探亲费、语言训练费、子女教育费等,经当地税务机关审核批准为合理的部分。

注意:2024 年 1 月 1 日至 2027 年 12 月 31 日外籍个人符合居民个人条件的,可以选择享受个人所得税专项附加扣除,也可以选择按照《财政部 国家税务总局关于个人所得税若干政策问题的通知》(财税字〔1994〕020 号)、《国家税务总局关于外籍个人取得有关补贴征免个人所得税执行问题的通知》(国税发〔1997〕54 号)和《财政部 国家税务总局关于外籍个人取得港澳地区住房等补贴征免个人所得税的通知》(财税〔2004〕29 号)规定,享受住房补贴、语言训练费、子女教育费等津补贴免税优惠政策,但不得同时享受。外籍个人一经选择,在一个纳税年度内不得变更。

【小试牛刀-单选题 5-1-12】 下列各项所得,免征个人所得税的是（　　）。
A. 个人的房屋租赁所得
B. 个人根据遗嘱继承房产的所得
C. 外籍个人取得的现金住房补贴所得
D. 个人因任职从上市公司取得的股票增值权所得

扫码查看答案解析

（4）个人举报、协查各种违法、犯罪行为而获得的奖金。
（5）个人办理代扣代缴税款手续,取得的扣缴手续费。
（6）个人转让自用达 5 年以上并且是唯一的家庭生活用房的所得。
（7）对个人购买社会福利有奖募捐奖券、体育彩票,一次中奖收入在 1 万元以下的（含 1 万元）暂免征收个人所得税,超过 1 万元的,全额征收个人所得税。

【小试牛刀-单选题 5-1-13】 个人取得的下列奖金中,应计算缴纳个人所得税的是（　　）。
A. 运动员获得省政府颁发的奖金
B. 个人因举报犯罪行为从县政府获得的奖金
C. 大学生获得的国家奖学金
D. 个人获得的见义勇为单位发放的奖金

扫码查看答案解析

（8）自 2022 年 1 月 1 日起,对法律援助人员按照《中华人民共和国法律援助法》规定获得的法律援助补贴,免征个人所得税。
（9）自 2024 年 1 月 1 日至 2025 年 12 月 31 日,对出售自有住房并在现住房出售后 1 年内在市场重新购买住房的纳税人,对其出售现住房已缴纳的个人所得税予以退税优惠。其中,新购住房金额大于或等于现住房转让金额的,全部退还已缴纳的个人所得税;新购住房金额小于现住房转让金额的,按新购住房金额占现住房转让金额的比例退还出售现住房已缴纳的个人所得税。

注意：享受上述规定优惠政策的纳税人须同时满足以下条件：
第一,纳税人出售和重新购买的住房应在同一城市范围内,同一城市范围是指同一直辖市、副省级城市、地级市（地区、州、盟）所辖全部行政区划范围。
第二,出售自有住房的纳税人与新购住房之间须直接相关,应为新购住房产权人或产权人之一。

【知识点 5】 个人所得税扣除项目

为贯彻落实党中央、国务院决策部署,进一步支持个体工商户发展,财政部和税务总局联合发布《关于进一步支持小微企业和个体工商户发展有关税费政策的公告》（财政部 税务总局公告 2023 年第 12 号）（以下简称 12 号公告）。12 号公告明确,自 2023 年 1 月 1 日至

2027年12月31日,对个体工商户年应纳税所得额不超过200万元的部分,减半征收个人所得税。个体工商户在享受现行其他个人所得税优惠政策的基础上,可叠加享受此项优惠政策。

【问】 减免税额如何计算?取得多处经营所得的个体工商户如何享受优惠政策?

【答】 减免税额=(经营所得应纳税所得额不超过200万元部分的应纳税额-其他政策减免税额×经营所得应纳税所得额不超过200万元部分÷经营所得应纳税所得额)×50%。

例如:纳税人李某经营个体工商户C,年应纳税所得额为80 000元(适用税率10%,速算扣除数1 500),同时可以享受残疾人政策减免税额2 000元,那么李某的减免税额=[(80 000×10%-1 500)-2 000]×50%=2 250(元)。

【例5-1-1】 纳税人吴某经营个体工商户D,年应纳税所得额为2 400 000元(适用税率35%,速算扣除数65 500),同时可以享受残疾人政策减免税额6 000元,那么吴某的减免为多少元?

【解析】 吴某的减免税额=[(2 000 000×35%-65 500)-6 000×2 000 000÷2 400 000]×50%=314 750(元)。

【问】 取得多处经营所得的个体工商户如何享受优惠政策?

【答】 按照现行政策规定,纳税人从两处以上取得经营所得的,应当选择向其中一处经营管理所在地主管税务机关办理年度汇总申报。若个体工商户从两处以上取得经营所得,需在办理年度汇总纳税申报时,合并个体工商户经营所得年应纳税所得额,重新计算减免税额,多退少补。举例如下:

纳税人张某同时经营个体工商户A和个体工商户B,年应纳税所得额分别为80万元和150万元,那么张某在年度汇总纳税申报时,可以享受减半征收个人所得税政策的应纳税所得额为200万元。

一、子女教育专项附加扣除

纳税人的子女接受全日制学历教育的相关支出,按照每个子女每月2 000元的标准定额扣除。

全日制学历教育:义务教育(小学、初中)、高中阶段教育(普通高中、职业高中中等专业、技工)、高等教育(大学专科、大学本科、硕士研究生、博士研究生)。

计算时间:子女接受全日制学历教育入学的当月至全日制学历教育结束的当月。

【问1】 我的孩子在幼儿园读大班,但幼儿园教育不属于学历教育,在这种情况下我的税前工资就不能享受子女教育专项附加扣除了吗?

【答】 年满3岁至小学入学前处于学前教育阶段的子女,其教育支出,也遵照每个子女每月2 000元的标准定额扣除。子女教育"学前教育阶段",为子女年满3周岁当月至小学入学前一月。

【问2】 老张的孩子在美国念书,每年负担的学费很重,但费用是支付给美国的学校。

在这种情况下,老张的工资税前可以享受子女教育专项附加扣除吗?

【答】 纳税人子女在中国境外接受教育的,也遵照上述扣除标准,但纳税人应当留存境外学校录取通知书、留学签证等相关教育的证明资料备查。

【问3】 一对夫妇名下有一个孩子,该孩子在念高中,按税法规定,税前工资可以扣除 2 000 元。但这 2 000 元,到底是由爸爸减除,还是由妈妈减除?

【答】 父母可以选择由其中一方按扣除标准的 100% 扣除,也可以选择由双方分别按扣除标准的 50% 扣除,具体扣除方式在一个纳税年度内不能变更。

二、继续教育专项附加扣除

继续教育包含境内(学位)继续教育、职业资格继续教育,扣除标准和要求如表 5-8 所示。

表 5-8 继续教育专项附加扣除表

继续教育类别		扣除标准	其他要求
境内学历(学位)继续教育		每月 400 元	同一学历(学位)继续教育的扣除期限不能超过 48 个月,入学当月起算,教育结束当月终止
职业资格继续教育	技能人员	3 600 元定额扣除	取得证书当年扣除,证书需要留存备查
	专业技术人员		

扣除主体:个人接受本科及以下学历(学位)继续教育,符合本办法规定扣除条件的,可以选择由其父母扣除,也可以选择由本人扣除。

三、住房贷款利息专项附加扣除

纳税人本人或者配偶单独或者共同使用商业银行或者住房公积金个人住房贷款为本人或者其配偶购买中国境内住房,发生的首套住房贷款利息支出,在实际发生贷款利息的年度,按照每月 1 000 元的标准定额扣除,扣除期限最长不超过 240 个月。纳税人只能享受一次首套住房贷款的利息扣除。具体扣除标准如表 5-9 所示。

表 5-9 住房贷款附加扣除表

扣除条件及标准	具体内容
首套住房贷款	指购买住房享受首套住房贷款利率的住房贷款
扣除主体	经夫妻双方约定,可以选择由其中一方扣除,具体扣除方式在一个纳税年度内不能变更
计算时间	为贷款合同约定开始还款的当月至贷款全部归还或贷款合同终止的当月,扣除期限最长不得超过 240 个月
备查资料	住房贷款合同、贷款还款支出凭证等资料

(续表)

扣除条件及标准	具体内容
	夫妻双方婚前分别购买住房发生的首套住房贷款,其贷款利息支出,婚后可以选择其中一套购买的住房,由购买方按扣除标准的 100% 扣除,也可以由夫妻双方对各自购买的住房分别按扣除标准的 50% 扣除,具体扣除方式在一个纳税年度内不能变更

四、住房租金专项附加扣除

纳税人在主要工作城市没有自有住房而发生的住房租金支出,可以按照以下标准定额扣除,不同区域扣除标准如表 5-10 所示。

表 5-10 住房租金专项附加扣除表

名称	扣除范围	定额扣除标准
住房租金专项附加扣除	直辖市、省会(首府)城市、计划单列市以及国务院确定的其他城市	1 500 元/月
	除第一项所列城市以外,市辖区户籍人口超过 100 万的城市	1 100 元/月
	除第一项所列城市以外,市辖区户籍人口不超过 100 万的城市	800 元/月
备注:市辖区户籍人口,以国家统计局公布的数据为准。纳税人的配偶在纳税人的主要工作城市有自有住房的,视同纳税人在主要工作城市有自有住房		

【问】 张某在无锡租住一套房子;其妻子在南京租住一套房子。假如张某与其妻子在主要工作城市均无自有住房,则张某和妻子当月税前工资是否可以分别扣除住房租金专项附加扣除?

【答】 张某和妻子当月税前工资可以分别扣除住房租金专项附加扣除。

主要工作城市,是指纳税人任职受雇的直辖市、计划单列市、副省级城市、地级市(地区、州、盟)全部行政区域范围;纳税人无任职受雇单位的,为受理其综合所得汇算清缴的税务机关所在城市。

扣除主体:住房租金支出由签订租赁住房合同的承租人扣除。夫妻双方主要工作城市相同的,只能由一方扣除住房租金支出。

计算时间:租赁合同(协议)约定的房屋租赁期开始的当月至租赁期结束的当月。提前终止合同(协议)的,以实际租赁期限为准。

备查资料:住房租赁合同或协议等资料。

五、赡养老人专项附加扣除

纳税人赡养一位及以上被赡养人的赡养支出,统一按照以下标准定额扣除,如表 5-11 所示。

表 5-11　赡养老人专项附加扣除表

名称	扣除人员	扣除标准
赡养老人专项附加扣除	独生子女	3 000 元/月
	非独生子女	3 000 元/月（兄弟姐妹分摊）
备注：被赡养人是指年满 60 岁的父母，以及子女均已去世的年满 60 岁的祖父母、外祖父母		

不管什么情况，每人分摊的额度不能超过每月 1 500 元。（注意：2022 年 12 月 31 日前，为 2 000 元/月）

【小试牛刀-单选题 5-1-14】 张某兄妹 2 人均为居民个人，父母均年满 60 周岁。同时张某还赡养其祖父母，2022 年张某综合所得申报缴纳个人所得税时，针对赡养老人专项附加扣除，每年最多可以扣除的金额是（　　）元。
A. 6 000　　　　B. 12 000　　　　C. 24 000　　　　D. 18 000

扫码查看答案解析

赡养老人具体分摊效力和计算时间如表 5-12 所示。

表 5-12　赡养老人附加扣除表

项目	内容
分摊效力	指定分摊＞约定分摊＞人均分摊
计算时间	被赡养人年满 60 周岁的当月至赡养义务终止的年末
备查资料	约定或指定分摊的书面分摊协议等资料
注意：约定或者指定分摊的须签订书面分摊协议，且具体分摊方式和额度在一个纳税年度内不能变更	

六、大病医疗专项附加扣除

在一个纳税年度内，纳税人发生的与基本医保相关的医药费用支出，扣除医保报销后个人负担（指医保目录范围内的自付部分）累计超过 15 000 元的部分，由纳税人在办理年度汇算清缴时，在 80 000 元限额内据实扣除。

【问 1】 李华 2022 年全年的医疗费支出为 32 000 元，全部取得医保定点医疗机构的医疗单据。其中 20 000 元为医保报销部分，剩余部分由自己负担。在 2023 年李华参与 2022 年的汇算清缴时可以税前扣除的大病医疗支出为多少？

【答】 32 000－20 000＝12 000(元)＜15 000 元，2023 年李华参与 2022 年的汇算清缴时可以税前扣除的大病医疗支出为 0。

【问 2】 李华 2022 年全年的医疗费支出为 42 000 元，全部取得医保定点医疗机构的医疗单据。其中 20 000 元为医保报销部分，剩余部分由自己负担。在 2023 年李华参与 2022 年的汇算清缴时可以税前扣除的大病医疗支出为多少？

【答】 42 000－20 000－15 000＝7 000(元)，2023 年李华参与 2022 年的汇算清缴时可

以税前扣除的大病医疗支出为 7 000 元。

【问3】 李华2022年全年的医疗费支出为142 000元,全部取得医保定点医疗机构的医疗单据。其中 20 000 元为医保报销部分,剩余部分由自己负担。在 2023 年李华参与 2022 年的汇算清缴时可以税前扣除的大病医疗支出为多少?

【答】 142 000－20 000－15 000＝107 000(元)＞80 000 元,2023 年李华参与 2022 年的汇算清缴时可以税前扣除的大病医疗支出为 80 000 元。

大病医疗的专项扣除内容如表 5-13 所示。

表 5-13 大病医疗专项附加扣除内容

项目	内容
扣除范围	纳税人及其配偶、未成年子女发生的医药费用支出,按上述规定分别计算扣除额
扣除主体	纳税人发生的医药费用支出可以选择由本人或者其配偶扣除;未成年子女发生的医药费用支出可以选择由其父母一方扣除
计算时间	为医疗保障信息系统记录的医药费用实际支出的当年
备查资料	纳税人应当留存医药服务收费及医保报销相关票据原件(或者复印件)等资料备查,包括:大病患者医药服务收费及医保报销相关票据原件或复印件,或者医疗保障部门出具的纳税年度医药费用清单等资料

扫码查看答案解析

【小试牛刀-单选题5-1-15】 邹某和 10 岁的儿子 2022 年发生医疗费用。扣除医疗报销后个人负担的费用分别是 18 000 元和 23 000 元,邹某实施综合所得汇算时,税前扣除的大病医疗的最高数额是( )元。
A. 41 000　　B. 11 000　　C. 3 000　　D. 26 000

七、3 岁以下婴幼儿照护专项附加扣除

纳税人照护 3 岁以下婴幼儿子女的相关支出,按照每个婴幼儿每月 2 000 元的标准定额扣除。

扣除主体:父母可以选择由其中一方按扣除标准的 100% 扣除,也可以选择由双方分别按扣除标准的 50% 扣除,具体扣除方式在一个纳税年度内不能变更。

计算时间:婴幼儿出生的当月至年满 3 周岁的前一个月。

备查资料:子女的出生医学证明等资料。

扫码查看答案解析

【小试牛刀-单选题5-1-16】 下列关于 3 岁以下婴幼儿照护专项附加扣除的说法,符合个人所得税相关规定的是( )。
A. 父母自婴幼儿出生的次月起享受优惠政策
B. 每个婴幼儿每月定额扣除标准为 2 000 元
C. 父母可选择由其中一方按标准比例 100%,也可约定其他的扣除比例
D. 父母选择具体扣除方法 3 年内不得变更

八、专项附加扣除其他相关规定

(一) 纳税人

(1)享受子女教育、继续教育、住房贷款利息或者住房租金、赡养老人、3岁以下婴幼儿照护专项附加扣除的纳税人,自符合条件开始,可以向支付工资、薪金所得的扣缴义务人提供上述专项附加扣除有关信息,由扣缴义务人在预扣预缴税款时扣除;也可以在次年3月1日至6月30日内,向汇缴地主管税务机关办理汇算清缴申报时扣除。

【问1】 大病医疗汇算清缴申报扣除应在什么时间段?

【答】 享受大病医疗专项附加扣除的纳税人,由其在次年3月1日至6月30日内,自行向汇缴地主管税务机关办理汇算清缴申报时扣除。

【问2】 两次以上取得工资薪金,对应的专项附加扣除是否可以扣除两次?

【答】 纳税人同时从两处以上取得工资、薪金所得,并由扣缴义务人办理上述专项附加扣除的,对同一专项附加扣除项目,一个纳税年度内,纳税人只能选择从其中一处扣除。

思政小视频:3项个人所得税专项附加扣除标准提高

扫码了解详情

(2)纳税人年度中间更换工作单位的,在原单位任职、受雇期间已享受的专项附加扣除金额,不得在新任职、受雇单位扣除。原扣缴义务人应当自纳税人离职不再发放工资薪金所得的当月起,停止为其办理专项附加扣除。

(3)一个纳税年度内,纳税人在扣缴义务人预扣预缴税款环节未享受或未足额享受专项附加扣除的,可以在当年内向支付工资、薪金的扣缴义务人申请在剩余月份发放工资、薪金时补充扣除,也可以在次年3月1日至6月30日内,向汇缴地主管税务机关办理汇算清缴时申报扣除。

(4)纳税人次年需要由扣缴义务人继续办理专项附加扣除的,应当于每年12月份对次年享受专项附加扣除的内容进行确认,并报送至扣缴义务人。纳税人未及时确认的,扣缴义务人于次年1月起暂停扣除,待纳税人确认后再行办理专项附加扣除。

(5)纳税人未取得工资、薪金所得,仅取得劳务报酬所得、稿酬所得、特许权使用费所得需要享受专项附加扣除的,应当在次年3月1日至6月30日内,自行向汇缴地主管税务机关报送《个人所得税专项附加扣除信息表》(以下简称《扣除信息表》),并在办理汇算清缴申报时扣除。

(6) 纳税人应当将《扣除信息表》及相关留存备查资料,自法定汇算清缴期结束后保存5年。

(二) 扣缴义务人

我国实行个人所得税代扣代缴和个人自行申报纳税相结合的征收管理制度。扣缴义务人在填写报送信息时应遵循以下规定:①纳税人向扣缴义务人提供专项附加扣除信息的,扣缴义务人应当按照规定予以扣除,不得拒绝;扣缴义务人应当为纳税人报送的专项附加扣除信息保密;②纳税人报送给扣缴义务人的《扣除信息表》,扣缴义务人应当自预扣预缴年度的次年起留存5年;③扣缴义务人应当及时按照纳税人提供的信息计算办理扣缴申报,不得擅自更改纳税人提供的相关信息;④扣缴义务人发现纳税人提供的信息与实际情况不符,可以要求纳税人修改,纳税人拒绝修改的,扣缴义务人应当向主管税务机关报告,税务机关应当及时处理;⑤除纳税人另有要求外,扣缴义务人应当于年度终了后两个月内,向纳税人提供已办理的专项附加扣除项目及金额等信息。

(三) 税务机关

税务机关核查时,纳税人无法提供留存备查资料,或者留存备查资料不能支持相关情况的,税务机关可以要求纳税人提供其他佐证;不能提供其他佐证材料,或者佐证材料仍不足以支持的,不得享受相关专项附加扣除。

纳税人有下列情形之一的,主管税务机关应当责令其改正;情形严重的,应当纳入有关信用信息系统,并按照国家有关规定实施联合惩戒;涉及违反税收征管法等法律法规的,税务机关依法进行处理:报送虚假专项附加扣除信息、重复享受专项附加扣除、超范围或标准享受专项附加扣除、拒不提供留存备查资料、税务总局规定的其他情形。

(四) 其他扣除项

企业年金、职业年金、商业健康保险以及个人养老金在个人所得税前扣除时应注意:

(1) 年金实际上是一种补充养老保险,企业年金是针对企业单位,职业年金是针对事业单位,在缴费方面,单位按标准缴费部分,在计入个人账户时,个人暂不缴纳个人所得税。个人缴费部分,在不超过本人缴费工资计税基数的4%标准内的部分,暂从个人当期的应纳税所得额中扣除。

缴费工资计税基数:

企业年金:本人上一年度月平均工资。

职业年金:职工岗位工资和薪级工资之和。

注意:上述金额超过职工工作地所在设区城市上一年度职工月平均工资300%以上的部分,不计入个人缴费工资计税基数。

(2) 商业健康保险的个人所得税政策:对个人购买符合规定的商业健康保险产品的支出,允许在当年(月)计算应纳税所得额时予以税前扣除,扣除限额为2400元/年(200元/月)。

单位统一为员工购买符合规定的商业健康保险产品的支出,应分别计入员工个人工资薪金,视同个人购买,按上述限额予以扣除。

适用对象：适用商业健康保险税收优惠政策的纳税人，是指取得工资薪金所得、连续性劳务报酬所得的个人，以及取得个体工商户生产经营所得、对企事业单位的承包承租经营所得的个体工商户业主、个人独资企业投资者、合伙企业合伙人和承包承租经营者。

（3）个人养老金的扣除凭据：以个人养老金信息管理服务平台出具的扣除凭证为扣税凭据。

扣除环节：取得工资薪金所得、按累计预扣法预扣预缴个人所得税劳务报酬所得的，其缴费可以选择在当年预扣预缴或次年汇算清缴时在限额标准内据实扣除；取得其他劳务报酬、稿酬、特许权使用费等所得或经营所得的，其缴费在次年汇算清缴时在限额标准内据实扣除。

扣缴主体：个人按规定领取个人养老金时，由开立个人养老金资金账户所在市的商业银行机构代扣代缴其应缴的个人所得税。

（4）税收递延型养老保险，自 2018 年 5 月 1 日起，在上海市、福建省（含厦门市）和苏州工业园区实施个人税收递延型商业养老保险试点，试点期限暂定 1 年。对试点地区个人通过个人商业养老资金账户购买符合规定的商业养老保险产品的支出，允许在一定标准内税前扣除；计入个人商业养老资金账户的投资收益，暂不征收个人所得税；个人领取商业养老金时再征收个人所得税。

自 2022 年 1 月 1 日起对个人养老金实施递延纳税优惠政策，在缴费环节，个人养老金资金账户的缴费，按照 12 000 元/年的限额标准，在综合所得或经营所得中据实扣除；在投资环节，计入个人养老金资金账户的投资收益暂不征收个人所得税；在领取环节，个人领取的养老金，不并入综合所得，单独按 3% 的税率计算缴纳个人所得税，其缴纳的税款计入"工资、薪金所得"项目。

九、捐赠扣除

个人将其得对教育、扶贫、济困等公益慈善事业进行捐赠，捐额未超过纳税人申报的应纳税所得额 30% 的部分，可以从其应纳税所得额中扣除。个人将其所得对教育、扶贫、济困等公益慈善事业进行捐赠，是指个人将其所得通过中国境内的公益性社会组织、国家机关向教育、扶贫、济困等公益慈善事业的捐赠；应纳税所得额是指计算扣除捐赠额之前的应纳税所得额。

个人通过非营利性的社会组织和国家机关向红十字事业、福利性、非营利性老年服务机构、公益性青少年活动场所，农村义务教育（含高中）等的公益性捐赠可以从其纳税所得额中全额扣除。

【问】 公民李某通过县教育局向某希望小学捐款 500 元，其本月应纳税所得额为 1 500 元。李某本月可以抵扣的应纳税所得额是多少？

【答】 公民李某可以抵扣的最高数额为 450 元（1 500×30%），其捐款数额为 500 元，超过上限，所以公民李某本月可以抵扣的数额为 450 元。

【知识点6】 个人所得税的计算

一、居民个人综合所得应纳税额的计算

（一）居民个人综合所得预扣预缴个人所得税的计算

自2019年1月1日起，扣缴义务人向居民个人支付工资、薪金所得，劳务报酬所得，稿酬所得，特许权使用费所得时，按以下方法预扣预缴个人所得税，并向主管税务机关报送《个人所得税扣缴申报表》。年度预扣预缴税额与年度应纳税额不一致的，由居民个人于次年3月1日至6月30日向主管税务机关办理综合所得年度汇算清缴，税款多退少补。

$$本期应预扣预缴税额 = (累计预扣预缴应纳税所得额 \times 预扣率 - 速算扣除数) - 累计减免税额 - 累计已预扣预缴税额$$

$$累计预扣预缴应纳税所得额 = 累计收入 - 累计免税收入 - 累计减除费用 - 累计专项扣除 - 累计专项附加扣除 - 累计依法确定的其他扣除$$

式中，累计减除费用，按照5 000元/月乘以纳税人当年截至本月在本单位的任职受雇月份数计算；专项扣除，包括居民个人按照国家规定的范围和标准缴纳的基本养老保险、基本医疗保险、失业保险等社会保险费和住房公积金等；专项附加扣除，包括子女教育、继续教育、大病医疗、住房贷款利息或者住房租金、赡养老人、3岁以下婴幼儿照护等支出，具体范围、标准和实施步骤由国务院确定，并报全国人民代表大会常务委员会备案。

【例5-1-2】 中国居民赵某为某公司职员，假设2023年1月首次入职，1~3月每月应发工资10 000元，每月公司按规定标准为其代扣代缴"三险一金"1 500元，从1月起享受子女教育支出专项附加扣除1 000元，没有减免收入及减免税额等情况。请依照现行税法规定计算赵某1~3月每月应预扣预缴税额。个人所得税税率如表5-14所示。

表5-14 个税所得税税率
（居民个人工资、薪金所得预扣预缴适用）

级数	累计预扣预缴应纳税所得额	预扣率	速算扣除数（元）
1	不超过36 000元的部分	3%	0
2	超过36 000元至144 000元的部分	10%	2 520
3	超过144 000元至300 000元的部分	20%	16 920
4	超过300 000元至420 000元的部分	25%	31 920
5	超过420 000元至660 000元的部分	30%	52 920
6	超过660 000元至960 000元的部分	35%	85 920
7	超过960 000元的部分	45%	181 920

【解析】 1月预扣预缴应纳税所得额 = 10 000 - 5 000 - 1 500 - 1 000 = 2 500（元）

1月预扣预缴应纳税额＝2 500×3％＝75(元)

2月预扣预缴应纳税所得额＝10 000×2－5 000×2－1 500×2－1 000×2＝5 000(元)

2月预扣预缴应纳税额＝5 000×3％－75＝75(元)

3月预扣预缴应纳税所得额＝10 000×3－5 000×3－1 500×3－1 000×3＝7 500(元)

3月预扣预缴应纳税额＝7 500×3％－75－75＝75(元)

【例5-1-3】 陈某为某公司职员，假设2023年1月首次入职，1～3月每月工资收入为30 000元，每月公司按规定标准为其代扣代缴"三险一金"4 500元。

(1) 2023年2月，陈某孩子年满3周岁，陈某已将该信息提交给单位；1月份由陈某妻子全额扣除3岁以下婴幼儿照护。

(2) 2023年3月，陈某父亲年满60周岁，陈某为独生子女，陈某已将该信息提交给单位。

(3) 没有减免收入及减免税额等情况。

请依照现行税法规定计算1～3月每月应预扣预缴税额。子女教育专项附加扣除由陈某来扣除。

【解析】 1月预扣预缴应纳税所得额＝30 000－5 000－4 500＝20 500(元)

1月预扣预缴应纳税额＝20 500×3％＝615(元)

2月预扣预缴应纳税所得额＝30 000×2－5 000×2－4 500×2－1 000＝40 000(元)

2月预扣预缴应纳税额＝(40 000×10％－2 520)－615＝865(元)

3月预扣预缴应纳税所得额＝30 000×3－5 000×3－4 500×3－1 000×2－2 000＝57 500(元)

3月预扣预缴应纳税额＝(57 500×10％－2 520)－615－865＝1 750(元)

【问】 "新"员工累计减除费用有什么特殊规定？

【答】 对一个纳税年度内首次取得工资、薪金所得的居民个人，扣缴义务人在预扣预缴个人所得税时，可按照5 000元/月乘以纳税人当年截至本月月份数计算累计减除费用。

例如，大学生李明2023年6月毕业后进入A公司工作，并取得6月工资6 000元。请问A公司应如何预扣预缴李明工资、薪金所得个税？暂不考虑专项扣除、专项附加扣除，李明的应纳税所得为－24 000元(6 000－5 000×6)，小于0，无须预扣预缴个人所得税。

(二) 扣缴义务人向居民个人支付劳务报酬所得、稿酬所得、特许权使用费所得预扣预缴个人所得税的计算

扣缴义务人向居民个人支付劳务报酬所得、稿酬所得、特许权使用费所得，按次或者按月预扣预缴个人所得税。

具体预扣预缴方法如下：劳务报酬所得、稿酬所得、特许权使用费所得以收入减除费用后的余额为收入额。其中，稿酬所得的收入额减按70％计算。

劳务报酬所得、稿酬所得、特许权使用费所得每次收入不超过4 000元的，减除费用按800元计算；每次收入4 000元以上的，减除费用按20％计算。

【问】 某作家取得一次未扣除个人所得税的稿酬收入20 000元。请计算其应缴纳的个人所得税税额。

【答】 该作家取得未扣除个人所得税的稿酬收入为20 000元。

收入额=20 000×(1-20%)=16 000(元)

应纳税所得额=16 000×70%=11 200(元)

应纳税额=11 200×20%=2 240(元)

劳务报酬所得、稿酬所得、特许权使用费所得,以每次收入额为预扣预缴应纳税所得额。劳务报酬所得适用20%~40%的超额累进预扣率,稿酬所得、特许权使用费所得适用20%的比例预扣率。

【问】 歌星刘某一次取得表演收入40 000元。请计算其应纳个人所得税税额。

【答】 刘某取得表演收入40 000元。

收入额=40 000×(1-20%)=32 000(元)

预扣税额=32 000×30%-2 000=7 600(元)

劳务报酬所得应预扣预缴税额=预扣预缴应纳税所得额×预扣率-速算扣除数

稿酬所得、特许权使用费所得应预扣预缴税额=预扣预缴应纳税所得额×20%

【例5-1-4】 居民个人张某本年3月从兼职单位乙公司取得一次性劳务报酬收入40 000元,6月从丙出版社取得一次性稿酬收入12 000元,10月转让给丁公司专利权取得一次性特许权使用费收入共计3 000元。上述收入均为税前收入,且均来源于中国境内。假设不考虑增值税等因素。

(1)计算张某取得的劳务报酬所得应由乙公司预扣预缴的个人所得税。

(2)计算张某取得的稿酬所得应由丙出版社预扣预缴的个人所得税。

(3)计算张某取得的特许权使用费所得应由丁公司预扣预缴的个人所得税。

【解析】 (1)张某取得的劳务报酬所得应由乙公司预扣预缴的个人所得税=40 000×(1-20%)×30%-2 000=7 600(元)。

(2)张某取得的稿酬所得应由丙出版社预扣预缴的个人所得税=12 000×(1-20%)×70%×20%=1 344(元)。

(3)张某取得的特许权使用费所得应由丁公司预扣预缴的个人所得税=(3 000-800)×20%=440(元)。

扫码查看答案解析

【小试牛刀-单选题5-1-17】 2022年3月份张某和李某合作的教材发布,出版社的不含税稿酬是10 000元。分别给张某7 000元和李某3 000元。则出版社合计应扣缴个人所得税为( )元。

A. 1 092 B. 1 120

C. 1 560 D. 1 600

(三) 非居民个人工资、薪金所得,劳务报酬所得,稿酬所得,特许权使用费所得应纳税额的计算

扣缴义务人向非居民个人支付工资、薪金所得,劳务报酬所得,稿酬所得和特许权使用费所得时,应当按以下方法按月或者按次代扣代缴个人所得税。

(1) 非居民个人的工资、薪金所得,以每月收入额减除费用5 000元后的余额为应纳税所得额。

(2) 劳务报酬所得、稿酬所得、特许权使用费所得,以每次收入额为应纳税所得额,适用按月换算后的非居民个人月度税率表计算应纳税额。其中,劳务报酬所得、稿酬所得、特许权使用费所得以收入减除20%的费用后的余额为收入额。稿酬所得的收入额减按70%计算。

非居民个人工资、薪金所得,劳务报酬所得,稿酬所得,特许权使用费所得应纳税额的计算公式为:

$$应纳税额 = 应纳税所得额 \times 税率 - 速算扣除数$$

具体来说,非居民个人的工资、薪金所得适用七级超额累进税率,其应纳税额的计算公式为:

$$应纳税额 = 月应纳税所得额 \times 适用税率 - 速算扣除数$$
$$= (每月工资、薪金收入额 - 5\,000) \times 适用税率 - 速算扣除数$$

非居民个人的劳务报酬所得适用七级超额累进税率,其应纳税额的计算公式为:

$$应纳税额 = 应纳税所得额 \times 适用税率 - 速算扣除数$$
$$= 每次收入额 \times 适用税率 - 速算扣除数$$
$$= 劳务报酬收入 \times (1-20\%) \times 适用税率 - 速算扣除数$$

非居民个人的稿酬所得适用七级超额累进税率,其应纳税额的计算公式为:

$$应纳税额 = 应纳税所得额 \times 适用税率 - 速算扣除数$$
$$= 每次收入额 \times 适用税率 - 速算扣除数$$
$$= 稿酬收入 \times (1-20\%) \times 70\% \times 适用税率 - 速算扣除数$$

非居民个人的特许权使用费所得适用七级超额累进税率,其应纳税额的计算公式为:

$$应纳税额 = 应纳税所得额 \times 适用税率 - 速算扣除数$$
$$= 每次收入额 \times 适用税率 - 速算扣除数$$
$$= 特许权使用费收入 \times (1-20\%) \times 适用税率 - 速算扣除数$$

【问1】 本年1月,非居民个人杰克从任职单位取得税前工资、薪金收入12 000元。上述收入来源于中国境内且不享受免税优惠政策。计算杰克本年1月应缴纳的个人所得税。

【答】 杰克本年1月工资、薪金所得的应纳税所得额 = 12 000 - 5 000 = 7 000(元);杰

克本年1月工资、薪金所得应纳(任职单位应代扣代缴)个人所得税=7 000×10%－210＝490(元)。

【问2】 本年1月,非居民个人玛丽一次性取得劳务报酬收入18 000元;一次性取得稿酬收入6 000元;一次性取得特许权使用费收入3 500元。上述收入均为税前收入,均来源于中国境内,且不享受免税优惠政策。假设不考虑增值税等因素。计算玛丽本年1月应缴纳的个人所得税。

【答】 玛丽本年1月劳务报酬所得的应纳税所得额＝18 000×(1－20%)＝14 400(元)。

玛丽本年1月劳务报酬所得应纳(支付所得的单位应代扣代缴)个人所得税税额＝14 400×20%－1 410＝1 470(元)。

玛丽本年1月稿酬所得的应纳税所得额＝6 000×(1－20%)×70%＝3 360(元)。

玛丽本年1月稿酬所得应纳(支付所得的单位应代扣代缴)个人所得税税额＝3 360×10%－210＝126(元)。

玛丽本年1月特许权使用费所得的应纳税所得额＝3 500×(1－20%)＝2 800(元)。

玛丽本年1月特许权使用费所得应纳(支付所得的单位应代扣代缴)个人所得税＝2 800×3%＝84(元)。

玛丽本年1月应纳(支付所得的单位应代扣代缴)个人所得税合计＝1 470＋126＋84＝1 680(元)。

二、经营所得应纳税额的计算

每一纳税年度的收入总额减除成本、费用以及损失后的余额为经营所得的应纳税所得额。

经营所得个人所得税的计算公式为:

$$应纳税额＝应纳税所得额×适用税率－速算扣除数$$
$$＝(全年收入总额－成本、费用、损失)×适用税率－速算扣除数$$

成本、费用是指生产、经营活动中发生的各项直接支出和分配计入成本的间接费用以及销售费用、管理费用、财务费用;损失是指生产、经营活动中发生的固定资产和存货的盘亏、毁损、报废损失,转让财产损失,坏账损失,自然灾害等不可抗力因素造成的损失以及其他损失。

(一) 个体工商户经营所得计算

个人从事彩票代销业务而取得所得、从事个体运营的出租车驾驶员取得的所得、将自己拥有的出租车以挂靠方式运营取得所得,按照个体工商户经营所得征税;个体工商户或个人专营种植业、养殖业、饲养业、捕捞业(简称四业),且能单独(分开)核算,不征个人所得税;不属于原农、牧业税征收范围的,征收个人所得税;对农民销售自产农产品的所得暂不征个人所得税。

其中限定扣除项目有：从业人员的工资薪金可全额扣除，个体工商户业主工资不能税前扣除，职工福利费按照从业人员工资总额14％、职工工会经费按2％、职工教育经费按2.5％税前可扣除；个体工商户研究开发新产品、新技术、新工艺所发生的开发费用准予直接扣除。研究开发新产品、新技术而购置单台价值在10万元以下的测试仪器和试验性装置的购置费准予直接扣除；超过10万元(含10万元)的，按固定资产管理，不得在当期直接扣除。(其他规定可参照企业所得税扣除标准)

取得经营所得的个人，没有综合所得的，计算其每一纳税年度的应纳税所得额时，应当减除费用6万元、专项扣除、专项附加扣除以及依法确定的其他扣除。专项附加扣除在办理汇算清缴时减除。

【小试牛刀-单选题5-1-18】 2023年某个体工商户取得销售收入40万元，将不含税价格为5万元的商品用于家庭成员消费；当年取得银行利息收入1万元，转让股票取得转让所得10万元，取得基金分红1万元。该个体工商户允许税前扣除的广告费和业务宣传费限额为（　　）万元。
A. 6.00　　　　B. 6.75　　　　C. 7.50　　　　D. 8.25

扫码查看答案解析

【例5-1-5】 某个体工商户，2023年度有关经营情况如下：

（1）取得餐饮服务收入200万元(不含增值税)；发生营业成本140万元；发生税费10万元(不含增值税)；发生管理费用30万元；发生销售费用15万元。

（2）在管理费用和销售费用中共列支从业人员全年工资28.8万元；在管理费用中列支业主全年工资9.6万元。

（3）列支职工福利费0.7万元。其中从业人员发生的福利费0.6万元，业主发生的福利费0.1万元，当地上年度社会平均工资4万元。

（4）当年向业主朋友借款30万元(借款期限1年)，支付利息费用2万元，同期同类金融机构贷款利率为4％。

（5）管理费用中含业务招待费2万元。

（6）销售费用中含宣传费1万元。

（7）当年向从业人员列支人寿险0.4万元。假设业主本人符合税法规定的专项扣除、专项附加扣除和其他扣除共计为1.8万元且平时均未扣除。

请根据以上情形，计算企业的会计利润，并根据税法规定计算在发生管理费用、销售费用等项目下企业的应纳税所得额应怎么样调整？

【解析】 （1）会计利润＝200－140－10－30－15＝5(万元)

（2）业主工资不能扣除，需调增应纳税所得额9.6万元。

（3）从业人员福利费扣除标准＝28.8×14％＝4.032(万元)

业主福利费扣除标准＝4×3×14％＝1.68(万元)

不需要纳税调整。

（4）利息扣除标准＝30×4%＝1.2(万元)

调增应纳税所得额＝2－1.2＝0.8(万元)

（5）全年销售收入＝200(万元)

扣除标准1＝2×60%＝1.2(万元)

扣除标准2＝200×5‰＝1(万元)

调增应纳税所得额＝2－1＝1(万元)

（6）全年销售收入＝200(万元)

扣除标准＝200×15%＝30(万元)

不需要纳税调整。

（7）人寿险不得税前扣除，需调增应纳税所得额0.4万元。业主本人的专项扣除、专项附加扣除和其他扣除共计1.8万元，准许在税前列支，需要纳税调减。

(二) 个人独资企业和合伙企业的计算

个人独资企业、合伙企业的个人投资者以企业资金为本人、家庭成员及其相关人员支付与企业经营无关的消费性支出及购买汽车、住房等支出，视为企业对个人投资者利润分配，按"个体工商户的生产经营所得"项目计征个人所得税。

其他主体(法人企业)的上述行为，视为对个人投资者红利分配，依照"利息、股息、红利所得"征税。

个人独资企业和合伙企业应纳税所得额的计算公式为：

$$应纳税所得额＝收入总额－成本、费用、损失等扣除项目$$

个人独资和合伙企业应纳税所得额也需要遵循相应的扣除标准，如表5-15所示。

表5-15 应纳税所得额扣除限额

项目	税务处理
扣除项目	一般的扣除项目：成本、费用、税金、损失、支出等 其他限定扣除项目：(具体参照个体工商户的处理) (1) 职工福利费(14%)、工会经费(2%)、教育经费(2.5%) (2) 广告费和业务宣传费(15%) (3) 业务招待费(60%,5‰) 不得扣除项目：(具体参照个体工商户的处理)

其他扣除标准：

（1）投资者本人的工资薪金支出不得税前扣除，但其可按60 000元/年(5 000元/月)的标准在税前扣除。

注意：投资者兴办两个或两个以上企业的，其费用扣除标准应选择在一个企业的生产经营所得中扣除。

（2）投资者及其家庭发生的生活费用不允许在税前扣除，生活费用同经营费用难以划分的,则全部视同生活费用,不允许扣除。

(3) 企业生产经营和投资者及其家庭生活共用的固定资产,难以划分的,由税务机关核定准予在税前扣除的折旧费用的数额或比例。

【问】 个体工商户减半征收个人所得税政策的优惠力度提高了吗?

【答】 为进一步支持个体工商户发展,国家提高了政策优惠力度。自2023年1月1日至2027年12月31日,将个体工商户减半征收个人所得税的年应纳税所得额范围,由不超过100万元提高为不超过200万元。

三、财产租赁所得应纳税额的计算

【问】 我将自己的车出租给公司,公司要求开发票,个人所得税免征起点是多少?如果每月是2 000元,开具1年的发票,我在开票的时候需要缴纳多少费用?

【答】 财产转让所得和偶然所得,适用比例税率,税率为20%。

财产租赁所得,以1个月内取得的收入为一次,每次收入不超过4 000元,定额减除费用800元;每次收入在4 000元以上,定率减除20%的费用。

个人出租财产取得的财产租赁收入,在计算缴纳个人所得税时,应依次扣除以下费用:①准予扣除项目:主要指财产租赁过程中缴纳的税费。②由纳税人负担的该出租财产实际开支的修缮费用。修缮费的扣除以每次800元为限,一次扣除不完的,准予在下一次继续扣除,直到扣完为止。③税法规定的费用扣除标准(即定额减除费用800元或定率减除20%的费用)。

个人出租房屋的个人所得税应税收入不含增值税,计算房屋出租所得可扣除的税费不包括本次出租缴纳的增值税。个人转租房屋的,其向房屋出租方支付的租金及增值税税额,在计算转租所得时予以扣除。免征增值税的,确定计税依据时,租金收入不扣减增值税税额。

(1) 每次(月)收入不足4 000元的应纳税所得额计算公式为:

应纳税所得额=每次(月)收入额-准予扣除项目-修缮费(800元为限)-800

(2) 每次(月)收入在4 000元以上的应纳税所得额计算公式为:

应纳税所得额=[每次(月)收入额-准予扣除项目-修缮费(800元为限)]×(1-20%)

【问】 2022年初中国居民余某将自有商铺对外出租,租金8 000元/月。在不考虑其他税费的情况下,余某每月租金应缴纳多少个人所得税?

【答】 应缴纳个人所得税税额为:8 000×(1-20%)×20%=1 280(元)。

【例5-1-6】 中国居民刘某于2022年1月将其自有房屋出租给张某居住。刘某每月取得租金收入2 500元。当年2月份因下水道堵塞找人修理,发生修理费用500元,获取增值税普通发票。计算刘某全年租金收入应缴纳的个人所得税。(不考虑其他税费)

【解析】 (1) 1月应纳税额=(2 500-800)×10%=170(元)。

(2) 2月应纳税额＝(2 500－500－800)×10％＝120(元)。

(3) 3～12月应纳税额同1月。

(4) 全年应纳税额＝170×11＋120＝1 990(元)。

四、财产转让所得应纳税额的计算

以转让财产的收入额减除财产原值和合理费用后的余额,为财产转让所得的应纳税所得额。

个人转让房屋的个人所得税应税收入不含增值税,其取得房屋时所支付价款中包含的增值税计入财产原值,计算转让所得时可扣除的税费不包括本次转让缴纳的增值税。免征增值税的,确定计税依据时,转让房地产取得的收入不扣减增值税税额。

【问1】 个人无偿受赠房屋,如何缴纳个人所得税?

【答】《财政部 税务总局关于个人取得有关收入适用个人所得税应税所得项目的公告》(财税〔2019〕74号)规定:"房屋产权所有人将房屋产权无偿赠与他人的,受赠人因无偿受赠房屋取得的受赠收入,按照'偶然所得'项目计算缴纳个人所得税。"按照《财政部国家税务总局关于个人无偿受赠房屋有关个人所得税问题的通知》(财税〔2009〕78号)第一条规定,符合以下情形的房屋产权无偿赠予,对当事双方不征收个人所得税:

(1) 房屋产权所有人将房屋产权无偿赠与配偶、父母、子女、祖父母、外祖父母、孙子女、外孙子女、兄弟姐妹;

(2) 房屋产权所有人将房屋产权无偿赠与对其承担直接抚养或者赡养义务的抚养人或者赡养人;

(3) 房屋产权所有人死亡,依法取得房屋产权的法定继承人、遗嘱继承人或者受遗赠人。

个人无偿受赠房屋有关个人所得税的计算:除上述情形以外,房屋产权所有人将房屋产权无偿赠与他人的,受赠人因无偿受赠房屋取得的受赠所得,按照经国务院财政部门确定征税的其他所得项目缴纳个人所得税财产转让所得应纳税额的计算公式为:

$$应纳税额＝应纳税所得额×适用税率＝(收入总额－财产原值－合理税费)×20\%$$

【问2】 刘某于本年1月转让私有住房一套取得转让收入240 000元。该套住房购进时的原价为180 000元,转让时支付有关税费为16 000元。计算刘某转让其私有住房取得收入的应纳个人所得税。

【答】 应纳个人所得税税额为:(240 000－180 000－16 000)×20％＝8 800(元)。

五、利息、股息、红利所得和偶然所得应纳税额的计算

利息、股息、红利所得和偶然所得应纳税额的计算公式为:

$$应纳税额＝应纳税所得额×适用税率＝每次收入额×20\%$$

【问3】 网络红包等收入需要交个人所得税吗?是否需要按照偶然所得缴纳?

【答】 从性质上看,企业发放的网络红包,也属于公告所指礼品的一种形式。因此,网络红包的征免税政策按照公告规定的礼品税收政策执行,即:企业发放的具有中奖性质的网络红包,获奖个人应缴纳个人所得税,但具有销售折扣或折让性质的网络红包,不征收个人所得税。

【小试牛刀-单选题5-1-19】 2022年6月方某取得好友赠送的房产,赠送合同注明房产价值100万元,方某缴纳了相关税费5万元并办理了产权证。方某取得该房产应缴纳个人所得税( )万元。
A. 9.5　　　　　B. 10　　　　　C. 19　　　　　D. 20

扫码查看答案解析

六、全年一次性奖金及其他奖金应纳税额的计算

居民个人取得全年一次性奖金,符合《国家税务总局关于调整个人取得全年一次性奖金等计算征收个人所得税方法问题的通知》(国税发〔2005〕9号)规定的,不并入当年综合所得,以全年一次性奖金收入除以12个月得到的数额,按照按月换算后的综合所得税率表,确定适用税率和速算扣除数,单独计算纳税。同时,居民个人取得全年一次性奖金,也可以选择并入当年综合所得计算纳税。该公告执行至2027年12月31日。计算公式为:

扫码了解详情

应纳税额＝全年一次性奖金收入×适用税率－速算扣除数

税率和速算扣除数,单独计算纳税。居民个人取得全年一次性奖金,也可以选择并入当年综合所得计算纳税,全年一次性奖金适用按月计算税率如表5-16所示。

表5-16　全年一次性奖金税率

级数	全月应纳税所得额	税率	速算扣除数(元)
1	不超过3 000元的	3%	0
2	超过3 000元至12 000元的部分	10%	210
3	超过12 000元至25 000元的部分	20%	1 410
4	超过25 000元至35 000元的部分	25%	2 660
5	超过35 000元至55 000元的部分	30%	4 410
6	超过55 000元至80 000元的部分	35%	7 160
7	超过80 000元的部分	45%	15 160

雇员取得除全年一次性奖金以外的其他各种名目奖金,如半年奖、季度奖、加班奖、先进奖、考勤奖等,一律与当月工资、薪金收入合并,按税法规定缴纳个人所得税。

【例5-1-7】 中国居民陈某为公司职员,2023年1月收入如下:一般工资收入为8 000元,每月减除费用5 000元,"三险一金"等专项扣除为1 000元。当月取得2022年度全年一次性奖金48 000元,选择单独计税。没有减免收入及减免税额等情况。请依照现行税法规定

计算 1 月应预扣预缴税额及应纳税额。

【解析】 一般"工资、薪金所得"预扣预缴方式计税：

1 月预扣预缴应纳税所得额＝8 000－5 000－1 000＝2 000(元)

1 月预扣预缴应纳税额＝2 000×3％＝60(元)

2023 年取得上年全年奖金,选择不并入综合所得,单独计税。

计算如下：

第一步：找税率。

全月应纳税所得额＝48 000÷12＝4 000(元),对应的税率为 10％,速算扣除数为 210 元。

第二步：计算应纳税额。

应纳税额＝48 000×10％－210＝4 590(元)

陈某 1 月全部应纳税额＝60＋4 590＝4 650(元)

【例 5-1-8】 居民个人小刘 2020 年 1 月从单位取得 2019 年度全年绩效奖 48 000 元, 2019 年全年工资 120 000 元,不考虑"三险一金",无其他所得收入,专项附加扣除 12 000 元。 如何计缴个人所得税？

【解析】 (1)如选择全年一次性奖 48 000 元单独计税：

确定适用税率和速算扣除数：48 000÷12＝4 000(元),对应的税率 10％,速算扣除数 210 元。

全年一次性奖应纳个人所得税＝48 000×10％－210＝4 590(元)

综合所得应纳个人所得税税额＝(120 000－60 000－12 000)×10％－2 520＝2 280(元)

全年应纳个人所得税税额＝4 590＋2 280＝6 870(元)

(2)如选择全年一次性奖 48 000 元并入 2020 年综合所得计算纳税：

全年应纳个人所得税税额＝(120 000＋48 000－60 000－12 000)×10％－2 520＝7 080(元)

七、特殊的个人所得税计算

(一) 内部退养

【问】 内部退养取得一次性收入,如何缴个人所得税？

【答】 实行内部退养的个人在其办理内部退养手续后至法定离退休年龄之间从原任职单位取得的工资、薪金,不属于离退休工资,应按"工资、薪金所得"项目计征个人所得税。计税时,按照办理内部退养手续后至法定离退休年龄之间的所属月份进行平均后的商数,先与当月工资合并查找税率、计算税额,再减除当月工资收入应缴的税额,即为该项补贴收入应纳税额。发放一次性补贴收入当月取得的工资收入,仍需要并入综合所得计算缴税。在年终汇算时,正常按照税法规定扣除基本减除费用。

【例 5-1-9】 A 某 2020 年每月取得工资 7 000 元。2020 年 5 月 A 某办理了内部退养手续,从单位取得了一次性内部退养收入10万元。A某离正式退休时间还有20个月。假定A某2020年度没有其他综合所得,如何计算A某应缴纳的个人所得税?

【解析】 第一步:离正式退休时间还有20个月,平均分摊一次性收入。

平均分摊的每月一次性收入=100 000÷20=5 000(元)

第二步:5 000元与当月工资7 000元合并,减除当月费用扣除标准5 000元,以其余额为基数确定使用税率和速算扣除数:

全月应纳所得税额=(5 000+7 000)-5 000=7 000(元),应适用税率10%,速算扣除数210。

第三步:将当月工资7 000元加上当月取得的一次性收入100 000元,减去费用扣除标准5 000元,计算税款:

应纳税所得额=(7 000+100 000-5 000)×10%-210=9 990(元)

模拟计算单月工资应计算的税款=(7 000-5 000)×3%=60(元)。

A某获得一次性内部退养收入应缴纳的税款为9 990-60=9 930元。

(二) 退休返聘

【问】 退休返聘工资是否需要交税?

【答】 《个人所得税法》规定,按照国家统一规定发给干部、职工的安家费、退职费、退休工资、离休工资、离休生活补助费免纳个人所得税。

《国家税务总局关于个人兼职和退休人员再任职取得收入如何计算征收个人所得税问题的批复》(国税函〔2005〕382号)规定,退休人员再任职取得的收入,在减除按个人所得税法规定的费用扣除标准后,按"工资、薪金所得"应税项目缴纳个人所得税。

(三) 解除劳动关系的一次性补偿

【问】 与单位解除劳动关系取得的一次性补偿收入如何计税?要并入综合所得吗?

【答】 在当地上年职工平均工资3倍数额以内的部分,免征个人所得税;超过3倍数额的部分,不并入当年综合所得,单独适用综合所得税率表计算纳税。

【例5-1-10】 A某2020年每月取得工资7 000元。2021年5月A某办理了解除劳动手续,从单位取得了一次性补偿收入20万元。假定A某2020年度没有其他综合所得,如何计算A某应缴纳的个人所得税?(当地上年职工平均工资61 404元)

【解析】 第一步:确认收入是否在当地上年职工平均工资3倍?

200 000元>61 404×3=184 212(元)

因此,超过的部分单独适用综合所得税率表。

应纳税所得额=200 000-184 212=15 788(元)

按照综合所得税率表确定税率3%,速算扣除数为0。

第二步:计算个人所得税应纳税额。

个人所得税应纳税额=15 788×3%=473.64(元)

任务二　个人所得税筹划

【知识点 1】　个人所得税税收筹划原理

一、纳税人的筹划

（一）居民个人与非居民个人

1. 筹划原理

根据纳税人的住所和其在中国境内居住的时间,个人所得税的纳税人分为居民个人纳税人和非居民个人纳税人。由于对这两种纳税人的税收政策不同,因此纳税人可以通过住所和居住时间进行筹划。

2. 筹划要点

（1）控制居住时间,改变公民身份。

（2）迁移住所或居住地。

（二）公司制企业与个人工商户、个人独资企业、合伙企业的选择

1. 筹划原理

个体工商户、个人独资企业和合伙企业根据我国个人所得税法,缴纳个人所得税,不涉及企业所得税;而公司制企业既有企业所得税也需要缴纳个人所得税。不同类型的企业,税收负担不同。

2. 筹划要点

结合税收政策,企业可以对纳税人身份进行选择。

二、个人所得税计税依据筹划

1. 筹划原理

由于个人所得税的应税项目不同,并且取得某项所得所需的费用也不相同,因此在计算个人应纳税所得额时,需要按不同的应税项目分别计算,以某应税项目的收入额减去税法规定的相应减除标准后的余额为该项目的应纳税所得额。

2. 筹划要点

（1）应税收入。

（2）扣除费用。

三、个人所得税税率的筹划

1. 筹划原理

我国个人所得税制度采取了综合征收与分类征收相结合的模式,但由于其特定的收入调节功能,又对其中两个应税税目(综合所得与经营所得)采取超额累进税率。其他应税项目基本都是采取比例税率的形式。

2. 筹划要点

(1) 避免边际税率提高,可以将高边际税率向低边际税率转换以降低适用税率。

(2) 通过个人收入项目转换降低税率来筹划。

【知识点 2】 个人所得税税收筹划案例

【实战案例 1】 W 经理:你好,现在我们公司有一台设备出租,有纳税筹划空间吗?

L 顾问:您公司的类型是什么?

W 经理:个人独资企业。

L 顾问:您公司的年度经营所得大概是多少,另外设备出租所得收入为多少?

W 经理:2023 年度实现经营所得大概 320 000 元,设备出租约定年租赁收入为 40 000 元,不考虑相关税费。

L 顾问:目前这个设备是在公司名下吗?

W 经理:是的。

L 顾问:那有什么限制? 可以转到您个人的名下吗?

W 经理:可以的。

L 顾问:好的,那设备是可以通过增减资改变权属的。下面给您提供两个方案,您可以对比进行选择。

【案例解析】 方案一:将该设备作为企业的资产。个人独资企业按照生产经营所得缴纳个人所得税。

应纳税额=(320 000+40 000−60 000)×30%−40 500=49 500(元)

净利润=320 000+40 000−49 500=310 500(元)

方案二:将设备通过减资变成个人的资产,生产经营所得根据经营所得纳税,个人出租资产按照财产租赁所得计算个人所得税。财产租赁所得,一次超过 4 000 元以上的,减除 20%的费用,作为应纳税所得额,适应税率为 20%。

应纳税额=(320 000−60 000)×20%−10 500+[40 000×(1−20%)]×20%=47 900(元)

净利润=320 000+40 000−47 900=312 100(元)。

结算对比结果如表 5-17 所示。

表 5-17 方案一和方案二对比　　　　　　　　　　　　　单位:元

项目	方案一: 该资产作为企业资产	方案二: 将资产通过减资变成个人的资产
生产经营所得	320 000	320 000
固定资产出租收益	40 000	40 000

（续表）

项目	方案一： 该资产作为企业资产	方案二： 将资产通过减资变成个人的资产
应纳税额	49 500	47 900
净利润	310 500	312 100

【实战案例2】 W先生：您好，我想咨询一下个人所得税的相关问题。

L顾问：您说。

W先生：有一家医院想聘请我去当主任医师，给了我两份合同选择。我不知道该怎么选。

L顾问：具体金额方面告知吗？

W先生：报酬一样，都是每月3万元，一份是雇佣关系的劳动合同，一份是不存在雇佣关系的合同。

L顾问：有其他可扣除的费用吗？

W先生：先只考虑基本的减除费用吧，暂不考虑社保跟专项附加扣除等。

L顾问：在其他地方还有收入吗？

W先生：没有。

L顾问：好的，那我们会根据您的情况算出应纳税额供您参考。

【案例解析】 选择两种不同方案计算所得结果如表5-18所示。

表5-18 方案一和方案二对比　　　　　　　　　　单位：元

项目	方案一： 签订存在雇佣关系的劳动合同	方案二： 签订不存在雇佣关系的合同
年收入	360 000	360 000
年扣除费用	60 000	132 000
适用税率	20%	20%
年应纳税额	43 080	28 680

方案一：本方案适用的是综合所得的税率表，扣除费用＝5 000×12＝60 000（元），适用税率＝20%，应纳税额＝（360 000－60 000）×20%－16 920＝43 080（元）。

方案二：本方案也适用的是综合所得的税率表，扣除费用＝360 000×20%＋60 000＝132 000（元），适用税率＝20%，应纳税额＝（30 000－132 000）×20%－16 920＝28 680（元）。

【实战案例3】 W经理：您好，我想咨询个人所得税的相关问题。

L顾问：您说。

W经理：我公司有员工1万余人，人均年薪20万元，应该怎么计算个人所得税？

L顾问：您好，请问税前扣除的标准大概为多少？

W 经理:"五险一金"加上专项附加扣除,还有免税额度,人均税前扣除标准是 12 万元。

L 顾问:好的,那公司给员工买了其他商业保险吗?

W 经理:目前没有,正在考虑给员工设置企业年金或者购买商业保险。

L 顾问:好的,根据您提供的数据,我们给您提供以下几种方案,方案一……方案二……

W 经理:好的,感谢您提供的专业意见。

【案例解析】 该公司共有员工 1 万余人,人均年薪 20 万元,人均年个人所得税税前扣除标准为 12 万元,人均年应纳税所得额为 8 万元,人均年应纳个人所得税为:$80\,000×10\%-2\,520=5\,480$(元)。

方案一:如果该公司为全体员工设立企业年金,员工人均年缴费 8 000 元($200\,000×4\%$),符合税法规定,可以税前扣除。由此,人均年应纳个人所得税为:$(80\,000-8\,000)×10\%-2\,520=4\,680$(元)。人均节税额为:$5\,480-4\,680=800$(元),该公司全体员工年节税额为:$800×10\,000=800$(万元)。

方案二:如果该公司从员工的应发工资中为全体员工统一购买符合税法规定的商业健康保险,员工人均年缴费 2 400 元,可以税前扣除。由此,人均年应纳个人所得税税额为:$(80\,000-2\,400)×10\%-2\,520=5\,240$(元)。人均节税额为:$5\,480-5\,240=240$(元),该公司全体员工年节税额为:$240×1=240$(万元)。

方案三:如果该公司从员工的应发工资中为全体员工统一购买符合税法规定的税收递延型商业养老保险,员工人均年缴费 1.2 万元,可以税前扣除。由此,人均年应纳个人所得税税额为:$(80\,000-12\,000)×10\%-2\,520=4\,280$(元)。人均节税额为:$5\,480-4\,280=1\,200$(元),该公司全体员工在当期年节税额为:$1\,200×1=1\,200$(万元)。

综上可得,给员工购置税收递延型商业养老保险能够获得最多节税额。

【实战案例 4】 W 先生:您好,我想咨询一下关于专项附加扣除对个人所得税的影响。

L 顾问:您说。

W 先生:我和我太太都在工作,去年我的应纳税所得额是 10 万元,我太太的应纳税所得额是 3 万元,我们有一个儿子和一个女儿,都在上学,请问子女教育的专项附加扣除应该怎么申报?

L 顾问:根据您提供的数据,我们为您提供四种方案,您可以作为参考……

W 先生:非常感谢!

【案例解析】 方案一:如果不考虑专项附加扣除。W 先生应纳个人所得税税额为:$100\,000×10\%-2\,520=7\,480$(元);W 太太应纳个人所得税税额为:$30\,000×3\%=900$(元)。

方案二:W 太太申报两个子女的教育专项附加扣除 2.4 万元。则 W 先生应纳个人所得税税额为:$100\,000×10\%-2\,520=7\,480$(元);W 太太应纳个人所得税税额为:$(30\,000-24\,000)×3\%=180$(元)。节税额为:$900-180=720$(元)。

方案三:由 W 先生和 W 太太各申报一个子女的教育专项附加扣除 1.2 万元,W 先生应纳个人所得税税额为：$(100\,000-12\,000)\times10\%-2\,520=6\,280$（元）；W太太应纳个人所得税税额为：$(30\,000-12\,000)\times3\%=540$（元）。节税额为：$7\,480-6\,280+900-540=1\,560$（元）。

方案四：W先生申报两个子女的教育专项附加扣除2.4万元，W先生应纳个人所得税税额为：$(100\,000-24\,000)\times10\%-2\,520=5\,080$（元）；W太太应纳个人所得税税额为：$30\,000\times3\%=900$（元）。节税额为：$7\,480-5\,080=2\,400$（元）。

综上可得，对W先生夫妇而言，方案四为最佳方案。

【实战案例5】 W员工：您好，我是×××有限公司的职员，关于明年租房，公司给我们提供了两种方案，您能帮我看看我该选哪一种吗？

L顾问：您好，能具体说明贵公司提供的两种方案的情况吗？

W员工：方案一：公司每个月给我住房补贴3 000元，算入工资里面，我们自己租房住；方案二：公司提供集体宿舍，没有补贴。

L顾问：您每个月工资多少？

W员工：我每月工资是12 000元（不含住房补贴），每月缴纳三险一金2 500元，专项附加扣除除了租房的专项扣除，没有其他附加扣除。

L顾问：如果自己租房的话，预计租金支出多少？

W员工：每个月差不多3 000元左右，房租2 500元，再加上500元的交通费。

L顾问：好的，我这边给您测算一下。

L顾问：……（计算过程）

W员工：太感谢了！您的专业意见帮我解决了一大难题。

L顾问：不客气，这是我应该做的。

【案例解析】 方案一：公司每个月给予住房补贴3 000元，计入工资。

W员工年累计收入$=(12\,000+3\,000)\times12=180\,000$（元）

累计减除费用$=60\,000$（元）

累计专项扣除$=2\,500\times12=30\,000$（元）

累计专项附加扣除$=1\,500\times12=18\,000$（元）

应纳税所得额$=180\,000-60\,000-30\,000-18\,000=72\,000$（元）

应纳个人所得税税额$=72\,000\times10\%-2\,520=4\,680$（元）

实收工资$=180\,000-30\,000-4\,680-3\,000\times12=109\,320$（元）

方案二：公司提供集体宿舍，没有住房补贴。

W员工年累计收入$=12\,000\times12=144\,000$（元）

累计减除费用$=60\,000$（元）

累计专项扣除$=2\,500\times12=30\,000$（元）

累计专项附加扣除$=0$

应纳税所得额$=144\,000-60\,000-30\,000-0=54\,000$（元）

应纳个人所得税税额$=54\,000\times10\%-2\,520=2\,880$（元）

实收工资＝144 000－30 000－2 880＝111 120(元)

综上可得,W员工应选择方案二。

【实战案例6】 W先生:您好,为了提升企业的形象,我准备以个人名义长期开展一些公益捐赠。我应该通过什么渠道和方式进行捐赠比较合理?

L顾问:W先生,请问您每年收入大概多少?

W先生:我每年的综合所得应纳税额为1 000万元。

L顾问:好的,我们为您提供3种方案,您可以作为参考。

【案例解析】 方案一:每年直接向若干所希望小学捐赠500万元。W先生综合所得每年应纳税额为:1 000×45%－18.19＝431.81(万元)。

方案二:通过某地民政局向贫困地区每年捐赠500万元,W先生综合所得每年应纳税额为:(1 000－1 000×30%)×45%－18.19＝296.81(万元)。节税额＝431.81－296.81＝135(万元)。

方案三:每年向中国红十字会捐赠500万元,W先生综合所得每年应纳税额为:(1 000－500)×45%－18.19＝206.81(万元)。节税额＝431.81－206.81＝225(万元)。

【实战案例7】 A先生:我是Q上市公司的高级职员,最近打算对取得公司的股票期权行权,想听听您的建议。

L顾问:您好,很高兴能为您服务。请您描述具体情况。

A先生:2020年9月30日公司授予我30 000股的股票期权,签订股票期权协议书约定,2022年10月1日起可以行权,行权前不得转让。

L顾问:您打算什么时候行权呢?

A先生:最近股市行情不错,打算在2022年11月20日行权。

L顾问:您打算一次性行权吗?

A先生:是这么打算的,全部股票一次性行权。

L顾问:预计行权价多少?

A先生:应该是20元/股。

L顾问:该股票授予价是多少?

A先生:职员是6元/股。

L顾问:考虑到一次性行权您可能会多缴个人所得税,建议您分次行权,分解行权的股票数量,降低每次行权金额。

A先生:分两次行权呢? 2022年11月20日和2022年12月20日,预计这两天股价差不多。

L顾问:明年1月股价波动大吗? 如果不大的话,建议第二次的行权日放在明年1月。

A先生:明年1月的股价估计跟现在差不多,相对稳定。

L顾问:明白,如果明年1月的股价差别不大的话,建议您安排跨年度的行权日,可以节约个人所得税。同时,上市公司授予个人的股票期权向主管税务机关备案后,个人可以递延缴纳个人所得税。

L顾问：这样，我为您提供三种方案，您可以作为参考。

A先生：好的，感谢您的耐心解答。

【案例解析】 方案一：2022年11月20日，全部股票行权，股票市价20元/股。2022年11月20日行权，行权股数为30 000股，应纳税所得额为：(20－6)×30 000＝420 000（元），个人所得税应按"工资、薪金所得"适用的规定计算，应纳税所得额为420 000元，适用的税率为25%，速算扣除数为31 920，因此，应纳个人所得税税额为：420 000×25%－31 920＝73 080（元）。

方案二：2022年11月20日和2022年12月20日分别行权股数均为15 000股，股票市价20元/股。2022年11月20日行权，行权股数为15 000股，应纳税所得额为：(20－6)×15 000＝210 000（元），个人所得税应按"工资、薪金所得"适用的规定计算，应纳税所得额为210 000元，适用的税率为20%，速算扣除数为16 920，因此，应纳个人所得税税额为：210 000×20%－16 920＝25 080（元）；

2022年12月20日行权，行权股数为15 000股，应纳税所得额为：(20－6)×15 000＝210 000（元），个人所得税应按"工资、薪金所得"适用的规定计算，如果同一年分多次行权，应合并应纳税所得额为420 000元，适用的税率为25%，速算扣除数为31 920，因此，应纳个人所得税税额为：420 000×25%－31 920－25 080＝48 000（元）。

方案三：2022年11月20日和2023年1月5日分别行权股数均为15 000股，股票市价为20元/股。2022年11月20日行权，行权股数为15 000股，应纳税所得额为：(20－6)×15 000＝210 000（元），个人所得税应按"工资、薪金所得"适用的规定计算，应纳税所得额为210 000元，适用的税率为20%，速算扣除数为16 920，因此，应纳个人所得税税额为：210 000×20%－16 920＝25 080（元）；2023年1月5日行权，行权股数为15 000股，应纳税所得额为：(20－6)×15 000＝210 000（元），个人所得税应按"工资、薪金所得"适用的规定计算，应纳税所得额为210 000元，适用的税率为20%，速算扣除数为16 920，因此，应纳个人所得税税额为：210 000×20%－16 920＝25 080（元）。

综上所得，A先生应选择方案三。

【实战案例8】 刘先生2022年度综合所得应纳税所得额为100万元，全部来自工资薪金。单位为其提供了五种方案供其选择：方案一，全部通过工资薪金发放，不发放年终奖；方案二，发放3.6万元年终奖，综合所得应纳税所得额为96.4万元；方案三，发放14.4万元年终奖，综合所得应纳税所得额为85.6万元；方案四，发放43万元年终奖，综合所得应纳税所得额为57万元；方案五，发放42万元年终奖，综合所得应纳税所得额为58万元。如果你是刘先生，你会如何选择？

【案例解析】 方案一：刘先生应纳税额＝100×45%－18.19＝26.81（万元）。

方案二：刘先生综合所得应纳税额＝96.4×45%－18.19＝25.19（万元）；年终奖应纳税额＝3.6×3%＝0.11（万元）；合计应纳税额＝25.19＋0.11＝25.3（万元）。

方案三：刘先生综合所得应纳税额＝85.6×35％－8.59＝21.37(万元)；年终奖应纳税额＝14.4×10％－0.02＝1.42(万元)；合计应纳税额＝21.37＋1.42＝22.79(万元)。

方案四：刘先生综合所得应纳税额＝57×30％－5.29＝11.81(万元)；年终奖应纳税额＝43×30％－0.44＝12.46(万元)；合计应纳税额＝11.81＋12.46＝24.27(万元)。

方案五：刘先生综合所得应纳税额＝58×30％－5.29＝12.11(万元)；年终奖应纳税额＝42×25％－0.27＝10.23(万元)；合计应纳税额＝12.11＋10.23＝22.34(万元)。

综上所得，刘先生应该选择方案五。

任务三　个人所得税纳税申报

【知识点1】　个人所得税的纳税申报流程

我国实行个人所得税代扣代缴和个人自行申报纳税相结合的征收管理制度。个人所得税采取代扣代缴办法。税法规定，个人所得税以支付所得的单位或者个人为扣缴义务人。纳税人有中国公民身份号码的，以中国公民身份号码为纳税人识别号；纳税人没有中国公民身份号码的，由税务机关赋予其纳税人识别号。扣缴义务人扣缴税款时，纳税人应当向扣缴义务人提供纳税人识别号，扣缴义务人应当按照国家规定办理全员全额扣缴申报，并向纳税人提供其个人所得和已扣缴税款等信息。扣缴义务人在向纳税人支付各项应纳税所得时，必须履行代扣代缴税款的义务。扣缴义务人对纳税人的应扣未扣税款应由纳税人予以补缴。

居民个人取得综合所得，按年计算个人所得税；有扣缴义务人的，由扣缴义务人按月或者按次预扣预缴税款；需要办理汇算清缴的，应当在取得所得的次年3月1日至6月30日内办理汇算清缴。

扣缴义务人每月或者每次预扣、代扣的税款，应当在次月15日内缴入国库，并向税务机关报送个人所得税扣缴申报表。

扣缴义务人代扣代缴个人所得税时，应当填报个人所得税基础信息表、个人所得税扣缴申报表。

纳税人自行申报个人所得税时，根据不同的情况应当分别填报个人所得税年度自行纳税申报表(A表)(仅取得境内综合所得年度汇算适用)、个人所得税经营所得纳税申报表(A表)等申报表。

【知识点2】　个人所得税的纳税表格填写说明

一、适用范围

《个人所得税年度自行纳税申报表》(A表)(仅取得境内综合所得年度汇算适用)适用于

个人所得税纳税申报表

居民个人纳税年度内仅从中国境内取得工资薪金所得、劳务报酬所得、稿酬所得、特许权使用费所得(以下简称综合所得),按照税法规定进行个人所得税综合所得汇算清缴。居民个人纳税年度内取得境外所得的,不适用本表。

二、报送期限

居民个人取得综合所得需要办理汇算清缴的,应当在取得所得的次年3月1日至6月30日内,向主管税务机关办理个人所得税综合所得汇算清缴申报,并报送本表。

三、各栏填写

(一) 表头项目

(1) 税款所属期:填写居民个人取得综合所得当年的第1日至最后1日,如2023年1月1日至2023年12月31日。

(2) 纳税人姓名:填写居民个人姓名。

(3) 纳税人识别号:有中国公民身份号码的,填写中华人民共和国居民身份证上载明的公民身份号码;没有中国公民身份号码的,填写税务机关赋予的纳税人识别号。

(二) 基本情况

(1) 手机号码:填写居民个人中国境内的有效手机号码。

(2) 电子邮箱:填写居民个人有效电子邮箱地址。

(3) 联系地址:填写居民个人能够接收信件的有效地址。

(4) 邮政编码:填写居民个人联系地址对应的邮政编码。

(三) 纳税地点

居民个人根据任职受雇情况,在选项1和选项2之间选择其一,并填写相应信息。若居民个人逾期办理汇算清缴申报被指定主管税务机关的,无须填写本部分。

(1) 任职受雇单位信息:勾选"任职受雇单位所在地"并填写相关信息。按累计预扣法预扣预缴居民个人劳务报酬所得个人所得税的单位,视同居民个人的任职受雇单位。其中,按累计预扣法预扣预缴个人所得税的劳务报酬包括保险营销员和证券经纪人取得的佣金收入,以及正在接受全日制学历教育的学生实习取得的劳务报酬。

任职受雇单位信息中名称:填写任职受雇单位的法定名称全称;纳税人识别号:填写任职受雇单位的纳税人识别号或者统一社会信用代码。

(2) 户籍所在地/经常居住地/主要收入来源地:勾选"户籍所在地"的,填写居民户口簿中登记的住址。勾选"经常居住地"的,填写居民个人申领居住证上登载的居住地址;没有申领居住证的,填写居民个人实际居住地;实际居住地不在中国境内的,填写支付或者实际负担综合所得的境内单位或个人所在地。勾选"主要收入来源地"的,填写居民个人纳税年度内取得的劳务报酬、稿酬及特许权使用费三项所得累计收入最大的扣缴义务人所在地。

(四) 申报类型

未曾办理过年度汇算申报，勾选"首次申报"；已办理过年度汇算申报，但有误需要更正的，勾选"更正申报"。

(五) 综合所得个人所得税计算

(1) 第1行"收入合计"：填写居民个人取得的综合所得收入合计金额。

第1行＝第2行＋第3行＋第4行＋第5行。

(2) 第2行至第5行"工资、薪金""劳务报酬""稿酬""特许权使用费"：填写居民个人取得的需要并入综合所得计税的"工资、薪金""劳务报酬""稿酬""特许权使用费"所得收入金额。

(3) 第6行"费用合计"：根据相关行次计算填报。

第6行＝(第3行＋第4行＋第5行)×20%。

(4) 第7行"免税收入合计"：填写居民个人取得的符合税法规定的免税收入合计金额。

第7行＝第8行＋第9行。

(5) 第8行"稿酬所得免税部分"：根据相关行次计算填报。

第8行＝第4行×(1－20%)×30%。

(6) 第9行"其他免税收入"：填写居民个人取得的除第8行以外的符合税法规定的免税收入合计，并按规定附报《个人所得税减免税事项报告表》。

(7) 第10行"减除费用"：填写税法规定的减除费用。

(8) 第11行"专项扣除合计"：根据相关行次计算填报。

第11行＝第12行＋第13行＋第14行＋第15行。

(9) 第12行至第15行"基本养老保险费""基本医疗保险费""失业保险费""住房公积金"：填写居民个人按规定可以在税前扣除的基本养老保险费、基本医疗保险费、失业保险费、住房公积金金额。

(10) 第16行"专项附加扣除合计"：根据相关行次计算填报，并按规定附报《个人所得税专项附加扣除信息表》。

第16行＝第17行＋第18行＋第19行＋第20行＋第21行＋第22行。

(11) 第17行至第22行"子女教育""继续教育""大病医疗""住房贷款利息""住房租金""赡养老人"：填写居民个人按规定可以在税前扣除的子女教育、继续教育、大病医疗、住房贷款利息、住房租金、赡养老人等专项附加扣除的金额。

(12) 第23行"其他扣除合计"：根据相关行次计算填报。

第23行＝第24行＋第25行＋第26行＋第27行＋第28行。

(13) 第24行至第28行"年金""商业健康保险""税延养老保险""允许扣除的税费""其他"：填写居民个人按规定可在税前扣除的年金、商业健康保险、税延养老保险、允许扣除的税费和其他扣除项目的金额。其中，填写商业健康保险的，应当按规定附报《商业健康保险税前扣除情况明细表》；填写税延养老保险的，应当按规定附报《个人税收递延型商业养老保险税前扣除情况明细表》。

(14) 第 29 行"准予扣除的捐赠额":填写居民个人按规定准予在税前扣除的公益慈善事业捐赠金额,并按规定附报《个人所得税公益慈善事业捐赠扣除明细表》。

(15) 第 30 行"应纳税所得额":根据相关行次计算填报。

第 30 行＝第 1 行－第 6 行－第 7 行－第 10 行－第 11 行－第 16 行－第 23 行－第 29 行。

(16) 第 31 行、第 32 行"税率""速算扣除数":填写按规定适用的税率和速算扣除数。

(17) 第 33 行"应纳税额":按照相关行次计算填报。

第 33 行＝第 30 行×第 31 行－第 32 行。

(六) 全年一次性奖金个人所得税计算

无住所居民个人预缴时因预判为非居民个人而按取得数月奖金计算缴税的,汇缴时可以根据自身情况,将一笔数月奖金按照全年一次性奖金单独计算。

(1) 第 34 行"全年一次性奖金收入":填写无住所的居民个人纳税年度内预判为非居民个人时取得的一笔数月奖金收入金额。

(2) 第 35 行"准予扣除的捐赠额":填写无住所的居民个人按规定准予在税前扣除的公益慈善事业捐赠金额,并按规定附报《个人所得税公益慈善事业捐赠扣除明细表》。

(3) 第 36 行、第 37 行"税率""速算扣除数":填写按照全年一次性奖金政策规定适用的税率和速算扣除数。

(4) 第 38 行"应纳税额":按照相关行次计算填报。

第 38 行＝(第 34 行－第 35 行)×第 36 行－第 37 行。

(七) 税额调整

(1) 第 39 行"综合所得收入调整额":填写居民个人按照税法规定可以办理的除第 39 行之前所填报内容之外的其他可以进行调整的综合所得收入的调整金额,并在"备注"栏说明调整的具体原因、计算方式等信息。

(2) 第 40 行"应纳税额调整额":填写居民个人按照税法规定调整综合所得收入后所应调整的应纳税额。

(八) 应补/退个人所得税计算

(1) 第 41 行"应纳税额合计":根据相关行次计算填报。

第 41 行＝第 33 行＋第 38 行＋第 40 行。

(2) 第 42 行"减免税额":填写符合税法规定的可以减免的税额,并按规定附报《个人所得税减免税事项报告表》。

(3) 第 43 行"已缴税额":填写居民个人取得在本表中已填报的收入对应的已经缴纳或者被扣缴的个人所得税。

(4) 第 44 行"应补/退税额":根据相关行次计算填报。

第 44 行＝第 41 行－第 42 行－第 43 行。

(九)无住所个人附报信息

本部分由无住所居民个人填写。

(1)纳税年度内在中国境内居住天数:填写纳税年度内,无住所居民个人在中国境内居住的天数。

(2)已在中国境内居住年数:填写无住所居民个人已在中国境内连续居住的年份数。其中,年份数自 2019 年(含)开始计算且不包含本纳税年度。

(十)退税申请

本部分由应补/退税额小于 0 且勾选"申请退税"的居民个人填写。

(1)"开户银行名称":填写居民个人在中国境内开立银行账户的银行名称。

(2)"开户银行省份":填写居民个人在中国境内开立的银行账户的开户银行所在省、自治区、直辖市或者计划单列市。

(3)"银行账号":填写居民个人在中国境内开立的银行账户的银行账号。

(十一)备注

本部分填写居民个人认为需要特别说明的或者按照有关规定需要说明的事项。

四、其他事项说明

以纸质方式报送本表的,建议通过计算机填写打印,一式两份,纳税人、税务机关各留存一份。

【知识点3】 个人所得税常见问题解答

【问1】 我家里有两位超过 60 岁的老人需要赡养,如果要享受专项附加扣除,我要报送哪些资料?

【答】 您在享受赡养老人专项附加扣除时,需要填报相关信息,主要包括是否为独生子女、月扣除金额,被赡养人姓名及身份证类型和号码,以及与您的关系。此外,如有共同赡养人的,还要填报分摊方式、共同赡养人姓名及身份证类型和号码等信息。

【问2】 独生子女家庭,父母离异后再婚的,如何享受赡养老人专项附加扣除?

【答】 对于独生子女家庭,父母离异后重新组建家庭,在新组建的两个家庭中,如果纳税人对其亲生父母、继父母中的任何一人是唯一法定赡养人,则纳税人可以按照独生子女标准享受每月 3 000 元赡养老人专项附加扣除。除上述情形外,不能按照独生子女享受扣除。在填写专项附加扣除信息表时,纳税人需注明与被赡养人的关系。

【问3】 我们单位员工流动性比较大,一年在几个城市租赁住房,或者当年度一直外派并在当地租房子,如何申报住房租金专项附加扣除?

【答】 如果您单位为外派员工解决了住宿问题的,您单位员工就不能享受住房租金扣除,因为员工本人并未就租房发生房屋租金支出。如果外派员工自行解决租房问题的,如一年内多次变换工作地点的,个人应及时向扣缴义务人或者税务机关更新专项附加扣除相关信息,允许一年内按照更换工作地点的情况分别进行扣除。扣除标准以主要工作地城市的标准进行扣除。

【问4】 纳税人任职受雇单位在上海市,但日常工作地点在广州市,上海和广州均无自有住房。那么纳税人在广州发生的租房支出能否享受专项附加扣除?

【答】 对于您这种情况发生的租房支出,按照实际工作地点广州的住房租金扣除标准进行扣除。

【问5】 任职受雇单位在A城市,在A城市发放工资申报个税,但是被外派到B城市,请问租房扣除标准是按照A城市还是B城市?

【答】 按照实际工作地B城市适用租房扣除标准。

【问6】 同时接受多个学历继续教育或者取得多个专业技术人员职业资格证书,是否可以同时享受扣除?

【答】 在一个纳税年度内,一个纳税人最多享受一项学历(学位)继续教育支出扣除和一项职业资格继续教育扣除,继续教育支出最多扣除8 400元/年(3 600元/年＋4 800元/年),多个学历(学位)继续教育不可同时享受扣除,多个职业资格继续教育也不可同时享受扣除。

【问7】 请问自学考试能否扣除?可以的话从何时开始扣除?

【答】 只要报名后,考籍录入到教育部门的系统里就可以开始享受继续教育每月400元的扣除,扣除期限最长不得超过48个月。

【问8】 2022年通过了中级会计职称考试,2023年取得的证书,请问可以在2023年扣除吗?另外2023年考过的注册会计师考试,2024年5月之前取得证书,请问是在2023年汇算清缴期扣除还是可以选择在2024年扣除?

【答】 您2022年考过中级职称,2023年取得证书,可以在2023年享受职业资格继续教育3 600元扣除。

您2023年考过注册会计师考试,2024年5月取得证书,则应在2024年享受职业资格继续教育3 600元扣除。

【问9】 如果是2023年12月取得资格证书,纳税人12月工资不能一次性足额扣除3 600元(打比12月只享受扣除了1 000元),那余下的2 600元是不是就作废次年不能享受扣除了呢?

【答】 如果纳税人当月工资收入不足扣除的部分,可以在年度终了后,通过汇算清缴自行申报办理扣除。

【问10】 我是2022年12月20日入院治疗肠胃炎,今年(2023年)1月5日出院的,我这种跨年度的医疗费用,如何计算扣除额?是分两个年度分别扣除吗?

【答】 纳税人年末住院,第二年年初出院,一般是在出院时才进行医疗费用的结算。纳税人申报享受大病医疗扣除,以医疗费用结算单上的结算时间为准,因此该医疗支出属于是第二年的医疗费用,到2023年结束时,如果达到大病医疗扣除的"起付线",可以在2024年汇算清缴时享受扣除。

【问 11】 我们夫妻给儿子在老家的省会,用贷款买了一套房子供他结婚时用,房本写的是我们和儿子共有,可以享受住房贷款利息扣除吗？怎么扣除？

【答】 您买房时的贷款,如符合《个人所得税专项附加扣除暂行办法》(以下简称《暂行办法》)的相关规定,则可以享受住房贷款利息扣除。扣除方式是:经夫妻双方约定,住房贷款可以选择由其中一方扣除,具体扣除方式在一个纳税年度内不能变更。

【问 12】 商业住房贷款还清了,现还有唯一公积金住房贷款,可抵扣个税吗？

【答】 如果是同一套房子且符合政策规定条件,采取的为组合贷的形式,在商业贷款还清后,公积金贷款继续还的情况下可以抵扣个税。

【问 13】 2022 年 12 月份办理的住房贷款,但是现在还没批下来,预计 2023 年 1 月份批下来,单位现在让我填写专项附加扣除信息采集表报送上去,但是我没有取得《专项附加扣除信息表—住房贷款利息支出》中的"贷款合同编号",应如何处理？

【答】 纳税人可以待取得相关信息后填报扣除。如果因为一时信息不全没有及时填报也不用担心,后续月份填报后,也可以按照全年依规定可扣除的额度进行扣除,不影响纳税人享受专项附加扣除政策。

【问 14】 为什么允许个人放弃享受全年一次性奖金政策？

【答】 全年一次性奖金政策的优势是单独计税,不与当期综合所得合并计税,从而"分拆"收入降低税率。但对于全年综合所得较低的低收入者而言,享受全年一次性奖金政策反而有可能税负增加。

思政小案例：税惠"春雨"助力乡村振兴添新"苗"

扫码了解详情

项目六 其他税种财税服务咨询

思维导图

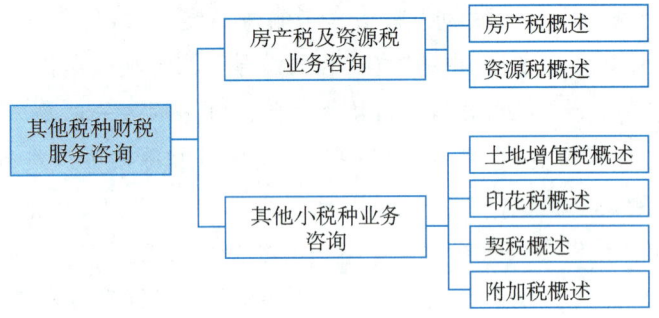

任务一 房产税及资源税业务咨询

案例导入

A 企业经理：您好，能咨询房产税的业务吗？

K 财务咨询顾问：可以的，您可以描述具体情况吗？

A 企业经理：我们公司有 3 栋闲置库房，房价的原值大概 3 000 万元。现在想把闲置房屋利用起来。经研究提出以下两种利用方案：一是将闲置库房出租收取租赁费，年租金不含税收入为 300 万元。二是配备保管人员将库房改为仓库，为客户提供仓储服务，收取仓储费，年仓储不含税收入为 300 万元。但需每年支付给保管人员 3 万元。当地房产原值的扣除比例为 30%。哪一种方案能使税负较小呢？

K 财务咨询顾问：根据您提供的资料，我们将帮您详细测算……

【知识点 1】 房产税概述

一、房产税的概念

房产税的纳税人是指在我国城市、县城、建制镇和工矿区(不包括农村)内拥有房屋产权的单位和个人,具体包括产权所有人、承典人、房产代管人或者使用人。

房产税的征税对象是房产,即有屋面和围护结构(有墙或两边有柱),能够遮风避雨,可提供人们在其中生产、学习、工作、娱乐、居住或储藏物资的场所。

二、房产税的计算

房产税依照房产原值一次减除 10%～30% 后的余值计算缴纳。具体减除幅度,由省、自治区、直辖市人民政府规定。没有房产原值作为依据的,由房产所在地税务机关参考同类房产核定。房产出租的,以房产租金收入为房产税的计税依据。

房产税的税率,依照房产余值计算缴纳的,税率为 1.2%;依照房产租金收入计算缴纳的,税率为 12%。

(1)从价计征房产税的计算公式:

$$应纳税额 = 房产原值 \times (1 - 扣除比例) \times 1.2\%$$

由此公式计算出来的房产税税额是年税额。

(2)从租计征房产税的计算公式:

$$应纳税额 = 租金收入 \times 12\% (或 4\%)$$

【例 6-1-1】 甲公司办公大楼原值为 30 000 万元。本年 4 月 30 日甲公司将其中部分闲置房间出租,租期为 2 年。出租部分房产原值为 5 000 万元,租金每年为 1 000 万元(不含增值税)。当地规定房产原值减除比例为 20%。问:甲公司本年的应纳房产税为多少?

【解析】 本年 1～4 月从价计征应纳房产税 = 30 000 × (1 − 20%) × 1.2% ÷ 12 × 4
= 96(万元)

本年 5～12 月从价计征应纳房产税 = (30 000 − 5 000) × (1 − 20%) × 1.2% ÷ 12 × 8
= 160(万元)

本年 5～12 月从租计征应纳房产税 = 1 000 × 12% ÷ 12 × 8(万元)

应纳房产税合计 = 96 + 160 + 80 = 336(万元)

三、房产税的征收管理

房产税在房产所在地缴纳。对房产不在同一地方的纳税人,应按房产的坐落地点分别向房产所在地的税务机关缴纳。

纳税人对房产税进行纳税申报时,应当填报"城镇土地使用税 房产税税源明细表""财产和行为税减免税明细申报附表""财产和行为税纳税申报表"。

【案例导入的解析】

利用房产税依照房产原值计算时需减除一定幅度后计征房产税;根据房屋实际使用需求计算不同方式的税费缴纳更少;

方案一:

房产税税额=300×12%=36(万元)

增值税税额=300×9%=27(万元)

附加税税额=27×12%=3.24(万元)

净利润税额=300−36−3.24=260.76(万元)

方案二:

支出:3万元

房产税税额=3 000×(1−30%)×1.2%=25.2(万元)

增值税税额=300×6%=18(万元)

附加税税额=18×12%=2.16(万元)

净利润税额=300−25.2−3−2.16=269.64(万元)

因此,该公司应选择方案二将闲置库房改为仓库提供仓储服务。

【知识点2】 资源税概述

案例导入

W经理:您好,关于本月我公司销售开采的矿石原矿涉及资源税问题,想听听您的建议。

L顾问:您好,很高兴能为贵司服务。请描述该业务的具体情况。

W经理:本月我司在本地开采铁矿石原矿10 000吨,在开采过程中,还开采了共伴生矿锰矿石原矿和铬矿石原矿。

L顾问:打算全部对外销售吗?

W经理:打算自留1 000吨铁矿石原矿移送加工选矿800吨进行销售,其余全部对外销售。

L顾问:预计铁矿石选矿的销售额是多少?

W经理:预计不含税销售额500万元。

L顾问:剩下的铁矿石原矿和共伴生矿的预计销售额是多少?

W经理:伴生矿不进行分离的话,剩下的全部对外销售预计不含税金额2 500万元。

L顾问:当地各矿石适用的资源税税率是多少?

W经理:铁矿石原矿5.4%、铁矿石选矿3%、锰矿石原矿3.5%、铬矿石原矿5%。

L顾问:这里需要提醒的一点:铁矿石原矿和伴生矿尽量分开核算销售金额,它们适用的资源税税率不同,如果没有分开核算,将从高税率计征。同时,我还查到当地政府规定开采伴生矿减征30%。

W经理:好的。

……(测算中)

经过测算,铁矿石原矿和共伴生矿分开核算的话,铁矿石、锰矿石和铬矿石原矿销售额分别为1 800万元、300万元和400万元。

L顾问:W经理,这是我的设计思路:

方案一:未分别核算铁矿石、锰矿石和铬矿石原矿销售额。

方案二:分别核算铁矿石、锰矿石和铬矿石原矿销售额。

……(计算过程)

W经理:好的,感谢您的专业意见。

L顾问:不客气。

一、资源税的发展历程及概念

1984年我国颁布《中华人民共和国资源税条例(草案)》;1993年12月25日,修订完善《中华人民共和国资源税暂行条例》,该条例于1994年1月正式实行。2011年9月,国务院再次公布修改后的《中华人民共和国资源税暂行条例》,规定资源税开始实施从价计征。到2016年,《全面推进资源税改革的通知》开始全面规范扩大资源税范围。

2019年8月26日,第十三届全国人民代表大会常务委员会第十二次会议表决通过了《中华人民共和国资源税法》(以下简称《资源税法》),该法于2020年9月1日起实施。依照《资源税法》的原则,对取用地表水或者地下水的单位和个人试点征收水资源税。水资源税试点实施办法由国务院规定,报全国人民代表大会常务委员会备案。

国务院自《资源税法》施行之日起5年内,就征收水资源税试点情况向全国人民代表大会常务委员会报告,并及时提出修改法律的建议。

资源税的纳税人是指在中华人民共和国领域和中华人民共和国管辖的其他海域开发应税资源(产品)的单位和个人。

应税资源的具体范围,由《资源税法》所附《资源税税目税率表》确定。我国目前资源税的征税范围仅涉及矿产品和盐两大类,具体包括:

(1) 能源矿产:原油;天然气、页岩气、天然气水合物;煤;煤成(层)气;铀、钍;油页岩、油砂、天然沥青、石煤;地热。

(2) 金属矿产:黑色金属和有色金属。

(3) 非金属矿产:矿物类、岩石类和宝玉石类。

(4) 水气矿产:二氧化碳气、硫化氢气、氦气、氡气;矿泉水。

(5) 盐：钠盐、钾盐、镁盐、锂盐；天然卤水；海盐。

纳税人开采或者生产应税产品自用的，应当依照《中华人民共和国资源税法》规定缴纳资源税；但是，自用于连续生产应税产品的，不缴纳资源税。

二、资源税税率

资源税征税范围较广，税率既有从价定率也有从量定额，具体的税目税率如表 6-1 所示。

表 6-1 资源税税目税率表

税目			征税对象	税率
能源矿产	原油		原矿	6%
	天然气、页岩气、天然气水合物		原矿	6%
	煤		原矿或者选矿	2%～10%
	煤成(层)气		原矿	1%～2%
	铀、钍		原矿	4%
	油页岩、油砂、天然沥青、石煤		原矿或者选矿	1%～4%
	地热		原矿	1%～20%或者每立方米1～30元
金属矿产	黑色金属	铁、锰、铬、钒、钛	原矿或者选矿	1%～9%
	有色金属	铜、铅、锌、锡、镍、锑、镁、钴、铋、汞	原矿或者选矿	2%～10%
		铝土矿	原矿或者选矿	2%～9%
		钨	选矿	6.50%
		钼	选矿	8%
		金、银	原矿或者选矿	2%～6%
		铂、钯、钌、锇、铱、铑	原矿或者选矿	5%～10%
		轻稀土	选矿	7%～12%
		中重稀土	选矿	20%
		铍、锂、锆、锶、铷、铯、铌、钽、锗、镓、铟、铊、铪、铼、镉、硒、碲	原矿或者选矿	2%～10%
非金属矿产	矿物类	高岭土	原矿或者选矿	1%～6%
		石灰岩	原矿或者选矿	1%～6%或者每吨(或者每立方米)1～10元
		磷	原矿或者选矿	3%～8%

(续表)

税目			征税对象	税率
非金属矿产	矿物类	石墨	原矿或者选矿	3%～12%
		萤石、硫铁矿、自然硫	原矿或者选矿	1%～8%
		天然石英砂、脉石英、粉石英、水晶、工业用金刚石、冰洲石、蓝晶石、硅线石（矽线石）、长石、滑石、刚玉、菱镁矿、颜料矿物、天然碱、芒硝、钠硝石、明矾石、砷、硼、碘、溴、膨润土、硅藻土、陶瓷土、耐火粘土、铁矾土、凹凸棒石粘土、海泡石粘土、伊利石粘土、累托石粘土	原矿或者选矿	1%～12%
		叶蜡石、硅灰石、透辉石、珍珠岩、云母、沸石、重晶石、毒重石、方解石、蛭石、透闪石、工业用电气石、白垩、石棉、蓝石棉、红柱石、石榴子石、石膏	原矿或者选矿	2%～12%
		其他黏土（铸型用黏土、砖瓦用黏土、陶粒用黏土、水泥配料用黏土、水泥配料用红土、水泥配料用黄土、水泥配料用泥岩、保温材料用黏土）	原矿或者选矿	1%～5%或者每吨（或者每立方米）0.1～5元
	岩石类	大理岩、花岗岩、白云岩、石英岩、砂岩、辉绿岩、安山岩、闪长岩、板岩、玄武岩、片麻岩、角闪岩、页岩、浮石、凝灰岩、黑曜岩、霞石正长岩、蛇纹岩、麦饭石、泥灰岩、含钾岩石、含钾砂页岩、天然油石、橄榄岩、松脂岩、粗面岩、辉长岩、辉石岩、正长岩、火山灰、火山渣、泥炭	原矿或者选矿	1%～10%
		砂石	原矿或者选矿	1%～5%或者每吨（或者每立方米）0.1～5元
	宝玉石类	宝石、玉石、宝石级金刚石、玛瑙、黄玉、碧玺	原矿或者选矿	4%～20%
水气矿产		二氧化碳气、硫化氢气、氦气、氡气	原矿	2%～5%
		矿泉水	原矿	1%～20%或者每立方米1～30元
盐		钠盐、钾盐、镁盐、锂盐	选矿	3%～15%
		天然卤水	原矿	3%～15%或者每吨（或者每立方米）1～10元
		海盐		2%～5%

(1) 资源税实行幅度税率。其具体适用税率由省、自治区、直辖市人民政府统筹考虑该应税资源的品位、开采条件及对生态环境的影响等情况,在《税目税率表》规定的税率幅度内提出,报同级人民代表大会常务委员会决定,并报全国人民代表大会常务委员会和国务院备案。

(2) 征税对象为原矿或者选矿的,应当分别确定具体适用税率。

(3) 纳税人开采或者生产不同税目应税产品的,应当分别核算不同税目应税产品的销售额或者销售数量;未分别核算或者不能准确提供不同税目应税产品的销售额或者销售数量的,从高适用税率。

(4) 纳税人开采或者生产同一税目下不同税率应税产品的,应当分别核算不同税率应税产品的销售额或者销售数量;未分别核算或者不能准确提供不同税率应税产品的销售额或者销售数量的,从高适用税率。

(5) 水资源税根据当地水资源状况、取用水类型和经济发展等情况实行差别税率。

三、资源税计算

资源税的应纳税额按照从价计征或者从量计征的办法,分别以应税产品的销售额乘以纳税人具体适用的比例税率或者以应税产品的销售数量乘以纳税人具体适用的定额税率计算。

纳税人开采或者生产不同税目应税产品的,应当分别核算不同税目应税产品的销售额或者销售数量;未分别核算或者不能准确提供不同税目应税产品的销售额或者销售数量的,从高适用税率。纳税人开采或者生产同一税目下适用不同税率应税产品的,应当分别核算不同税率应税产品的销售额或者销售数量;未分别核算或者不能准确提供不同税率应税产品的销售额或者销售数量的,从高适用税率。

(1) 采用从价计征办法应纳税额的计算公式为:

$$应纳税额＝应税产品的销售额\times 比例税率$$

【例6-1-2】 甲煤矿本年2月开采原煤100万吨,当月对外销售80万吨;为职工宿舍供暖,使用本月开采的原煤10万吨;向洗煤车间移送本月开采的原煤2万吨加工洗煤,尚未对外销售;其余8万吨原煤待售。该煤矿每吨原煤不含增值税售价为500元(不含从坑口到车站、码头等的运输费用),适用的资源税税率5%。甲煤矿本年2月应纳资源税。

【解析】 甲煤矿本年2月应纳资源税税额＝(80＋10)×500×5%＝2 250(万元)

(2) 采用从量计征办法应纳税额的计算公式为:

$$应纳税额＝应税产品的销售数量\times 定额税率$$

【例6-1-3】 假设某矿泉水生产企业2022年4月开发生产矿泉水15 000立方米,本月销售10 000立方米。该企业所在省政府规定,矿泉水实行定额征收资源税,资源税税率为5元/立方米。请计算该企业2022年4月应缴纳的资源税税额。

【解析】 该企业4月应缴纳资源税税额＝10 000×5＝50 000(元)

(3) 纳税人申报的应税产品销售额明显偏低且无正当理由的,或者有自用应税产品行为而无销售额的,主管税务机关可以按下列方法和顺序确定其应税产品销售额:①按纳税人最近时期同类产品的平均销售价格确定;②按其他纳税人最近时期同类产品的平均销售价格确定;③按后续加工非应税产品销售价格,减去后续加工环节的成本利润后确定;④按应税产品组成计税价格确定:组成计税价格=成本×(1+成本利润率)÷(1-资源税税率),公式中的成本利润率由省、自治区、直辖市税务机关确定;⑤按其他合理方法确定。

【例6-1-4】 某石化企业为增值税一般纳税人,假设其2022年5月发生以下业务:

(1) 开采原油6 000吨,本月销售2 000吨,取得含增值税销售额734.5万元。

(2) 将自行开采的原油500吨移送加工汽油410吨。

已知:原油资源税税率为6%。

要求:请计算该石化企业2022年5月应缴纳的资源税税额。

【解析】 (1) 应缴纳的资源税税额=734.5÷(1+13%)×6%=39(万元)。

(2) 应缴纳的资源税税额=734.5÷(1+13%)÷2 000×500×6%=9.75(万元);2022年5月该石化企业应缴纳资源税为:39+9.75=48.75(万元)。

(4) 原煤加工为洗选煤的资源税应纳税额的计算。

纳税人以自采原矿(经过采矿过程采出后未进行选矿或者加工的矿石)直接销售,按照原矿计征资源税。

纳税人以自采原矿洗选加工为选矿产品(通过破碎、切割、洗选、筛分、磨矿、分级、提纯、脱水、干燥等过程形成的产品,包括富集的精矿和研磨成粉、粒级成型、切割成型的原矿加工品)销售,按照选矿产品计征资源税,在原矿移送环节不缴纳资源税。

对于无法区分原生岩石矿种的粒级成型砂石颗粒,按照砂石税目征收资源税。洗选煤应纳税额的计算公式为:

$$应纳税额=洗选煤销售额×洗选煤折算率×适用税率$$

【例6-1-5】 某煤矿为增值税一般纳税人,2023年5月开采原煤20万吨,对外销售6万吨,取得不含税销售额3 000万元;将2万吨原煤用于职工食堂;移送10万吨原煤连续生产洗选煤。生产的洗选煤中4万吨对外销售,取得不含税销售额2 400万元,1万吨发给职工作为冬季取暖用;剩余原煤、洗选煤留存待售。已知煤原矿资源税税率为8%,煤选矿资源税税率为6.4%。计算该煤矿当月应缴纳资源税税额。

【解析】 (1) 将自采原煤用于职工食堂,视同销售,需要缴纳资源税。

原煤应缴纳的资源税税额=3 000÷6×(6+2)×8%=320(万元)

(2) 将自采原煤用于连续加工洗选煤,移送时不缴纳资源税,洗选煤销售或自用时按选矿税率计算纳税。

洗选煤应缴纳资源税税额=2 400÷4×(4+1)×6.4%=192(万元)

四、资源税申报

纳税人对资源税进行纳税申报时,应当填报资源税税源明细表、财产和行为税减免税明细申报附表、财产和行为税纳税申报表,具体申报时限和时间如表 6-2 所示。

表 6-2 资源税纳税申报时间及期限

项目	内容	
纳税义务发生时间	销售	收讫销售款或者取得索取销售款项凭据的当日
	自产自用	移送使用应税产品当日
纳税期限	按月或者按季	自期满之日起 15 日内申报纳税
	不能按固定期限计算纳税的,可以按次申报纳税	纳税义务发生之日起 15 日申报纳税
纳税地点	应税矿产品开采地或者海盐生产地税务机关	
	海上开采的原油和天然气资源税由海洋石油税务管理机构征收管理	

【案例导入的解析】 方案一:未分别核算铁矿石、锰矿石和铬矿石原矿销售额。

应纳资源税税额＝500×3％＋2 500×5.4％＝150(万元)

方案二:分别核算铁矿石、锰矿石和铬矿石原矿销售额。

铁选矿应纳资源税＝500×3％＝15(万元)

铁原选矿应纳资源税＝1 800×5.4％＝97.2(万元)

锰原矿应纳资源税＝300×3.5％×(1－30％)＝7.35(万元)

铬原矿应纳资源税＝400×5％×(1－30％)＝14(万元)

综上所得,该公司应该选择第二种方案,分别核算铁矿石、锰矿石和铬矿石原矿销售额。

任务二　其他小税种业务咨询

引入案例

W 经理:您好,我想咨询房地产项目为政府代收费用的税收问题。

L 顾问:根据财政局相关政策的通知是有两种情况,房地产项目的具体情况方便介绍一下吗?

W 经理:这个项目总的费用包括取得土地使用权费用 400 万元,开发成本 1 000 万元,开发费用 200 万元,转让房地产支付相关税费 150 万元。

L顾问：房地产项目出售不含税收入是多少？

W经理：3 500万元。

L顾问：为政府代收的费用是多少？

W经理：150万元。

L顾问：好的，根据贵公司的这个情况，我们根据政策测算两种情况的土地增值税的结果选出负担最小的方案。

小提示：我们国家现行的税种一共有18个，分别为增值税、消费税、企业所得税、个人所得税、资源税、城市维护建设税、城镇土地使用税、土地增值税、车船税、房产税、印花税、船舶吨税、车辆购置税、关税、契税、烟叶税、环保税和耕地占用税。

【知识点1】 土地增值税概述

一、土地增值税的概念及征税范围

土地增值税是以纳税人转让国有土地使用权、地上的建筑物及其附着物（以下简称转让房地产）所取得的增值额为征税对象，依照规定税率征收的一种税。

土地增值税征税范围：纳税人有偿转让国有土地使用权、地上建筑物及其附着物产权。

注意：不征收土地增值税的房地产赠与行为只包括以下两种情况：

(1) 房产所有人、土地使用权所有人将房屋产权、土地使用权赠与直系亲属或承担直接赡养义务人的行为。

(2) 房产所有人、土地使用权所有人通过中国境内非营利的社会团体、国家机关将房屋产权、土地使用权赠与教育、民政和其他社会福利、公益事业的行为。

注意：土地使用者转让、抵押或置换土地，无论土地使用者是否取得了该土地的使用权属证书，无论其在转让、抵押或置换土地过程中是否与对方当事人办理了土地使用权属证书变更登记手续，只要土地使用者享有占有、使用、收益或处分该土地的权利，且有合同等证据表明其实质转让、抵押或置换了土地并取得了相应的经济利益，土地使用者及其对方当事人应当依照税法规定缴纳土地增值税等相关税收。

二、土地增值税的税率

在我国土地增值税实行的是超率累进税率如表6-3所示。

表6-3 土地增值税税率表

级数	增值额与扣除项目金额的比率	税率	速算扣除系数
1	不超过50%的部分	30%	0
2	超过50%~100%的部分	40%	5%

(续表)

级数	增值额与扣除项目金额的比率	税率	速算扣除系数
3	超过100%~200%的部分	50%	15%
4	超过200%的部分	60%	35%

第一步：计算增值额。①计算收入：营改增后收入不含增值税；②计算扣除额：需要区分不同性质转让；③计算增值额，增值额＝①－②。第二步：找税率。④计算增值率，增值率＝③÷②；⑤对应税率：使用税率表中增值率对应的税率。第三步：计算应纳税额。⑥一般用速算扣除法：应纳税额＝增值额×适用税率－扣除项目金额×速算扣除系数。详细计算税率如表6-4所示。

表6-4 增值额计算税率表

增值额与扣除项目金额的比例	应纳税额的计算
1. 增值额未超过扣除项目金额50%	土地增值税税额＝增值额×30%
2. 增值额超过扣除项目金额50%未超过100%	土地增值税税额＝增值额×40%－扣除项目金额×5%
3. 增值额超过扣除项目金额100%未超过200%	土地增值税税额＝增值额×50%－扣除项目金额×15%
4. 增值额超过扣除项目金额200%	土地增值税税额＝增值额×60%－扣除项目金额×35%

【例6-2-1】 甲企业销售自行开发的房地产，取得不含税销售额为3 600万元，假定扣除项目金额1 000万元，计算应缴纳的土地增值税税额为多少？

【解析】 计算过程如表6-5所示。

表6-5 应纳税额计算表

计算步骤	计算过程
一、计算增值额	销售额＝3 600万元
	扣除额＝1 000万元
	增值额＝3 600－1 000＝2 600万元
二、找税率	增值率＝2 600÷1 000＝260%
	税率＝60%
三、计算应纳税额	应纳税额＝1 000×50%×30%＋(1 000×100%－1 000×50%)×40%＋(1 000×200%－1 000×100%)×50%＋(2 600－1 000×200%)×60%＝500×30%＋500×40%＋1 000×50%＋600×60%＝1 210万元
	应纳税额＝2 600×60%－1 000×35%＝1 210万元

三、土地增值税的计算

1. 应税收入额的确定

纳税人转让房地产所取得的收入是指转让房地产所取得的各种收入,包括货币收入、实物收入和其他收入在内的全部价款及有关的经济利益。

【问】 我公司是一家房地产开发企业,请问该房地产企业在土地增值税清算时,未开票的房产应如何确认收入?

【答】 根据《国家税务总局关于土地增值税清算有关问题的通知》(国税函〔2010〕220号)规定,已全额开具商品房销售发票的,按照发票所载金额确认收入;未开具发票或未全额开具发票的,以交易双方签订的销售合同所载的售房金额及其他收益确认收入。销售合同所载商品房面积与有关部门实际测量面积不一致,在清算前已发生补、退房款的,应在计算土地增值税时予以调整。

2. 扣除项目及其金额

(1) 取得土地使用权所支付的金额:出让土地的地价款,按土地出让金确认,行政划拨的按照补缴的土地出让金,转让的按照支付的地价款。根据国家规定缴纳的登记、过户手续费和契税按照实付金额计算扣除额。

(2) 房地产开发成本内容如表6-6所示。

表6-6 房地产开发成本内容

序号	房地产开发成本项目	开发成本具体内容
1	土地征用及拆迁补偿费	土地征用费、耕地占用税、劳动力安置费及有关地上、地下附着物拆迁补偿的净支出、安置动迁用房支出等
2	前期工程费	规划、设计、项目可行性研究和水文、地质、勘察、测绘、"三通一平"等支出
3	建筑安装工程费	增值税发票的备注栏注明建筑服务发生地名称、项目名称
4	基础设施费	道路、供水、供电、供气、排污、排洪、通信、照明、环卫、绿化等工程支出
5	公共配套设施费	不能有偿转让的开发小区内公共配套设施发生的支出
6	开发间接费用	工资、职工福利费、折旧费、修理费、办公费等

(3) 房地产开发费用的计算。

方法一:能够转让房地产项目计算分摊利息支出,并能够提供金融机构的贷款证明的,利息按照实际发生数。利息和取得土地使用权所支付的金额、房地产开发成本的总额5%以内的准予扣除。

方法二:不能按转让房地产项目计算分摊利息支出,或不能够提供金融机构贷款证明的,取得土地使用权所支付的金额和房地产开发成本之和的10%以内的准予扣除。

注意：方法一中利息按实际发生数扣除的问题：

第一，要满足条件：能分摊并提供金融机构证明；

第二，利率有上限：不能超过按商业银行同类同期银行贷款利率计算的金额；同时利息的上浮幅度按国家的有关规定执行，超过上浮幅度的部分不允许扣除；

第三，超过贷款期限的利息部分和加罚的利息不允许扣除。

既向金融机构借款，又有其他借款的，其房地产开发费用计算扣除时不能同时适用两种办法。全部使用自有资金，没有利息支出按照方法二扣除。实际工作中利息可能已按会计准则资本化进入开发成本——开发间接费，计算时要注意从开发成本中剔除。

扫码查看答案解析

【小试牛刀-单选题6-2-1】 甲房地产开发公司对一项开发项目进行土地增值税清算，相关资料包括：取得土地使用权支付的金额为40 000万元；房地产开发成本101 000万元；销售费用4 500万元；管理费用2 150万元；财务费用3 680万元，其中包括支付给非关联企业的利息500万元，已取得发票；支付给银行贷款利息3 000万元，已取得银行开具的相关证明，且未超过商业银行同类同期贷款利率。项目所在省规定其他房地产开发费用扣除比例为5％。不考虑其他情况，该房地产开发公司在本次清算中可以扣除的房地产开发费用是（　　）万元。

A. 10 050　　　　B. 10 375　　　　C. 10 550　　　　D. 10 730

(4) 财政部规定的其他扣除项目：成本加计扣除20％，只适用于从事房地产开发的纳税人房地产开发项目。加计扣除的计算公式为：

$$加计扣除＝(取得土地使用权支付的金额＋房地产开发成本)×20\%$$

(5) 代收费用：对于县级及县级以上人民政府要求房地产开发企业在售房时代收的各项费用，如果代收费用是计入房价中向购买方一并收取的，可作为转让房地产所取得的收入计税；如果代收费用未计入房价中，而是在房价之外单独收取的，可以不作为转让房地产的收入。

对于代收费用作为转让收入计税的，在计算扣除项目金额时，可予以扣除，但不允许作为加计20％扣除的基数；对于代收费用未作为转让房地产的收入计税的，在计算增值额时不允许扣除代收费用。

【案例导入的解析】 方案一：代收费用单独收取；方案二：代收费用并入房价收取。具体计算过程如表6-7所示。

表6-7　方案计算对比　　　　　　　　　　　　　单位：万元

项目	方案一：代收费用单独收取	方案二：代收费用并入房价收取
代收费用	150	150
房地产销售收入	3 500	3 650
取得土地使用权支付费用	400	400

(续表)

项目	方案一：代收费用单独收取	方案二：代收费用并入房价收取
开发成本	1 000	1 000
开发费用	200	200
转让房地产相关税费	150	150
其他扣除费用	280	280
可扣除费用	2 030	2 180
增值额	1 470	1 470

方案一：

房地产销售收入＝3 500(万元)

可扣除费用＝400＋1 000＋200＋150＋(400＋1 000)×20％＝2 030(万元)

增值额＝3 500－2 030＝1 470(万元)

增值率＝1 470÷2 030＝72.41％

应纳土地增值税税额＝1 470×40％－2 030×5％＝486.5(万元)

方案二：

房地产销售收入＝3 650(万元)

可扣除费用＝400＋1 000＋200＋150＋(400＋1 000)×20％＋150＝2 180(万元)

增值额＝3 500－2 180＋150＝1 470(万元)

增值率＝1 470÷2 180＝67.43％

应纳土地增值税税额＝1 470×40％－2 180×5％＝479(万元)

综上所得，该公司应选择方案二。

四、土地增值税的纳税申报

从事房地产开发的纳税人对土地增值税进行清算时，应当填报土地增值税纳税申报表(从事房地产开发的纳税人清算适用)。

纳税人因经常发生房地产转让而难以在每次转让后申报的，可以定期进行纳税申报，具体期限由税务机关根据情况确定。

纳税人因经常发生房地产转让而难以在每次转让后申报，是指房地产开发企业开发建造的房地产因分次转让而频繁发生纳税义务，难以在每次转让后，申报纳税的情况，土地增值税可按月或按各省、自治区、直辖市和计划单列市税务局规定的期限申报缴纳。纳税人选择定期申报方式的，应向纳税所在地的税务机关备案。定期申报方式确定后，一年内不得变更。

土地增值税向房地产所在地主管税务机关办理纳税申报，并在税务机关核定的期限内缴纳土地增值税。纳税人转让房地产坐落在两个或两个以上地区的，应按房地产所在地分别申报纳税。

【知识点 2】 印花税概述

印花税——知识精讲

印花税——操作视频

【案例】 W 经理：您好，我想咨询印花税有关政策。

L 顾问：好的，请您介绍具体业务事项。

W 经理：我们公司因业务需要向乙公司购买了集装箱 300 个，每个 1 万元。并租用了乙公司的场地委托他们保管 1 年，仓储保管费 50 万元。我们需要缴纳多少印花税？

L 顾问：合同是怎样约定的？

W 经理：草拟了一份合同约定上述购买集装箱并履行保管义务合计金额 350 万元。

L 顾问：好，这里有两种方案供您参考。

一、印花税的纳税人和征税范围

印花税的纳税人是指在中国境内书立、领受、使用税法所列凭证的单位和个人，主要包括：立合同人、立账簿人、立据人、领受人和使用人。

印花税共 13 个税目，包括购销合同、加工承揽合同、建设工程勘察设计合同、建筑安装工程承包合同、财产租赁合同、货物运输合同、仓储保管合同、借款合同、财产保险合同、技术合同等 10 类经济合同，以及产权转移书据、营业账簿、权利、许可证照。

【知识拓展】 财政部、税务总局关于继续实施高校学生公寓房产税、印花税政策的公告，为继续支持高校办学，优化高校后勤保障服务，现将高校学生公寓房产税和印花税政策公告如下：

（1）对高校学生公寓免征房产税。

（2）对与高校学生签订的高校学生公寓租赁合同，免征印花税。

（3）本公告所称高校学生公寓，是指为高校学生提供住宿服务，按照国家规定的收费标准收取住宿费的学生公寓。

（4）纳税人享受本公告规定的免税政策，应按规定进行免税申报，并将不动产权属证明、载有房产原值的相关材料、房产用途证明、租赁合同等资料留存备查。

（5）本公告执行至 2027 年 12 月 31 日。

二、印花税应纳税额的计算

按比例税率计算应纳税额的公式：

$$应纳税额＝计税金额\times适用税率$$

按件定额计算应纳税额的公式：

应纳税额＝应税凭证数量×单位税额

同一应税凭证载有两个以上税目事项并分别列明金额的,按照各自适用的税目税率分别计算应纳税额;未分别列明金额的,从高适用税率,印花税税率表如表6-8所示。

表6-8 印花税税率表

税目		税率	备注
合同 (书面合同)	借款合同	借款金额的0.5‰	指银行业金融机构经国务院银行业监督管理机构批准设立的其他金融机构与借款人(不包括同业拆借)的借款合同
	融资租赁合同	租金的0.5‰	
	买卖合同	价款的3‰	指动产买卖合同(不包括个人书立的动产买卖合同)
	承揽合同	报酬的3‰	
	建设工程合同	价款的3‰	
	运输合同	运输费用的3‰	指货运合同和多式联运合同(不包括管道运输合同)
	技术合同	价款、报酬或者使用费的3‰	不包括专利权、专有技术使用权转让书据
	租赁合同	租金的1‰	
	保管合同	保管费的1‰	
	财产保险合同	保险费的1‰	不包括再保险合同
	仓储合同	仓储费的1‰	

【例6-2-2】 甲公司于2024年5月成立,注册资本为3 000 000元;领取工商营业执照、房产证、商标注册证、土地使用证、基本存款账户开户许可证各1件;建立资金账1本、其他账簿10本;当月与乙公司签订商品销售合同,货款不含税金额为200 000元,由甲公司负责运输;与两运输公司签订运输合同,合同金额为20 000元,其中运费15 000元、装卸费5 000元。已知购销合同的印花税税率为0.3‰,资金账簿及运输合同的印花税税率为0.5‰。权利、许可证照的定额税率为每件5元。计算甲公司应纳印花税税额。

【解析】 工商营业执照、房产证、商标注册证、土地使用证4种权利许可证照,以件数为计税依据。从2018年5月1日起,对纳税人设立的资金账簿按实收资本和资本公积合计金额征收的印花税减半,对按件征收的其他账簿免征印花税。

权利许可证照应纳印花税税额＝4×5＝2(元)

销售合同应纳印花税税额＝200 000×0.3‰＝60(元)

运费应纳印花税税额＝15 000×0.5‰＝7.5(元)

资金账簿应纳印花税税额＝3 000 000×0.5‰×0.5＝750(元)

甲公司应纳印花税税额合计＝20＋60＋7.5＋750＝837.5(元)

【案例解析】 方案一，约定上述购买集装箱并履行保管义务合计金额350万元，其印花税计算如表6-9所示。

表6-9 印花税计算　　　　　　　　　　　　　　　　　　　　　单位：万元

经济事项	费用	适用税率	印花税税额
购买集装箱并履行保管义务	350	0.10%	0.35
合计		—	0.35

方案二，约定购买集装箱金额300万元，仓储保管费50万元，其印花税计算如表6-10所示。

表6-10 印花税计算　　　　　　　　　　　　　　　　　　　　　单位：万元

经济事项	费用	适用税率	印花税税额
购销合同	300	0.03%	0.09
仓储保管费	50	0.10%	0.05
合计		—	0.14

同一凭证，因载有两个或者两个以上经济事项而适用不同税目税率，如分别记载金额的，应分别计算应纳税额，相加后按合计税额贴花；如未分别记载金额的，按税率高的计税贴花。

方案一：费用为350万元；适用税率：0.10%；印花税税额＝350×0.10%＝0.35(万元)

方案二：购销合同费用为300万元；购销合同适用税率：0.03%；购销合同印花税税额＝300×0.03%＝0.09(万元)；仓储保管费费用为50万元；仓储保管费适用税率：0.10%；仓储保管费印花税税额＝50×0.10%＝0.05(万元)

合计税额＝0.09＋0.05＝0.14(万元)

因此，该公司应选择方案二，将购买集装箱费用与保管费分开核算，应纳印花税税额较低。

三、印花税应纳税申报

根据税额大小、贴花次数以及税收征收管理的需要，印花税采用以下申报方法：①自行贴花；②汇贴或汇缴；③核定征收；④委托代征。

印花税一般实行就地纳税。对于全国性商品物资订货会（包括展销会、交易会等）上所签订合同的应纳印花税，由纳税人回其所在地后及时办理贴花完税手续；对地方主办、不涉及省际关系的订货会、展销会上所签合同的印花税，其纳税地点由各省、自治区、直辖市人民政府自行确定。

纳税人对印花税进行纳税申报时,应当填报印花税纳税申报(报告)表。

【知识点3】 契税概述

一、契税纳税人和征税范围

在中华人民共和国境内转移土地、房屋权属,承受的单位和个人为契税的纳税人。以下行为需缴纳契税:①土地使用权出让;②土地使用权转让(包括出售、赠与、互换);③房屋买卖、赠与、互换。

【问】 张某将拥有的房地产投入自己的个人独资企业,是否需要缴纳契税?

【答】 《财政部 税务总局关于继续执行企业、事业单位改制重组有关契税政策的公告》(财税〔2021〕17号)规定:"同一投资主体内部所属企业之间土地、房屋权属的划转,包括母公司与其全资子公司之间,同一公司所属全资子公司之间,同一自然人与其设立的个人独资企业、一人有限公司之间,土地、房屋权属的划转,免征契税。"因此,张某将拥有的房地产投入自己的个人独资企业,免缴契税。

二、契税的税率与计税依据

契税采用比例税率,并实行3%～5%的幅度税率。契税的具体适用税率,由省、自治区、直辖市人民政府在上述规定的税率幅度内提出,报同级人民代表大会常务委员会决定,并报全国人民代表大会常务委员会和国务院备案。

1. 只有一个价格的情况下契税的计税依据

土地使用权出让、出售,房屋买卖,契税的计税依据为土地、房屋权属转移合同确定的成交价格,包括应交付的货币以及实物、其他经济利益对应的价款。

2. 无价格的情况下契税的计税依据

土地使用权赠与、房屋赠与以及其他没有价格的转移土地、房屋权属行为,契税的计税依据为税务机关参照土地使用权出售、房屋买卖的市场价格依法核定的价格。

3. 补缴契税的情况下契税的计税依据

以划拨方式取得的土地使用权,经批准转让房地产时,契税的计税依据为补缴的土地使用权出让费用或者土地收益。

三、契税的计算

契税的应纳税额按照计税依据乘以具体适用税率计算。其计算公式为:

$$应纳契税 = 计税依据 \times 税率$$

【问】 甲公司准备出售一块价值2 000万元的土地,再购买一块符合公司经营的土地使用。乙公司现有一块同等价值的土地刚好符合要求,也准备通过出售置换土地。请问甲、乙公司的土地交换是否需要缴纳契税？（契税税率为4%）。

【答】 根据《中华人民共和国契税暂行条例》及其实施细则规定：土地使用权、房屋交换，契税的计税依据为所交换的土地使用权、房屋的价格差额，由多交付货币、实物、无形资产或其他经济利益的一方缴纳税款，交换价格相等的，免征契税。

【问】 我公司完成购置房屋的交易后，已按规定缴纳了契税但后来因人民法院判决导致房屋权属转移行为被撤销，且房屋权属变更至原权利人，请问我公司是否可以申请退还契税？

【答】 根据《财政部 税务总局关于贯彻实施契税法若干事项执行口径的公告》（财税〔2021〕23号）的规定，纳税人缴纳契税后发生下列情形，可依照有关法律法规申请退税：①因人民法院判决或者仲裁委员会裁决导致土地、房屋权属转移行为无效、被撤销或者被解除，且土地、房屋权属变更至原权利人的；②在出让土地使用权交付时，因容积率调整或实际交付面积小于合同约定面积需退还土地出让价款的；③在新建商品房交付时，因实际交付面积小于合同约定面积需返还房价款的。因此，你公司可以申请退还契税。

【知识点4】 附加税概述

一、城市维护建设税

城市维护建设税的纳税义务人是指负有缴纳增值税和消费税（以下简称"两税"）义务的单位和个人。

城市维护建设税是以纳税人实际缴纳的增值税、消费税税额为计税依据，随增值税、消费税同时征收，其本身没有特定的课税对象，其征管方法也完全比照增值税、消费税的有关规定办理。

城市维护建设税的计税依据是指纳税人实际缴纳的"两税"税额和出口已批准免抵的增值税。纳税人违反"两税"有关税法而加收的滞纳金和罚款，是税务机关对纳税人违法行为的经济制裁，不作为城市维护建设税的计税依据，但纳税人在被查补"两税"和被处以罚款时，应同时对其偷（逃）漏的城市维护建设税进行补税、征收滞纳金和罚款。

城市维护建设税采用比例税率。按纳税人所在地的不同，设置三档差别比例税率，具体如表6-11所示。

表6-11 附加税税率表

纳税人所在地	税率
市区	7%
县城和镇	5%
市区、县城和镇以外的其他地区	1%

二、教育费附加和地方教育附加

教育费附加和地方教育附加对缴纳增值税、消费税的单位和个人征收，以其实际缴纳的增值税、消费税为计征依据,分别与增值税、消费税同时缴纳。

教育费附加和地方教育附加以纳税人实际缴纳的增值税、消费税税额为计征依据,随"两税"同时征收,其本身没有特定的课征对象,其征管方法也完全比照"两税"的有关规定办理。

1. 教育费附加和地方教育附加计征依据的确定

教育费附加和地方教育附加的计征依据是指纳税人实际缴纳的"两税"税额和出口已批准免抵的增值税。纳税人违反"两税"有关税法而加收的滞纳金和罚款,是税务机关对纳税人违法行为的经济制裁,不作为教育费附加和地方教育附加的计征依据。

2. 教育费附加和地方教育附加的征收率

现行教育费附加征收率为3%。地方教育附加的征收率统一为2%。

3. 教育费附加和地方教育附加优惠政策的运用

对海关进口的产品征收的增值税、消费税,不征收教育费附加和地方教育附加。

对由于减免增值税、消费税而发生退税的,可同时退还已征收的教育费附加。但对出口产品退还增值税、消费税的,不退还已征的教育费附加和地方教育附加。

对国家重大水利工程建设基金免征教育费附加和地方教育附加。

思政小案例: 税务赋能热企　百姓温暖过冬

扫码了解详情